U0593555

厦门文献丛刊

厦门古籍序跋补编

陈峰 编纂 厦门市图书馆 编

厦门大学出版社

图书在版编目(CIP)数据

厦门古籍序跋补编/陈峰编纂;厦门市图书馆编. —厦门:厦门大学出版社,2017.7
(厦门文献丛刊)
ISBN 978-7-5615-6458-5

Ⅰ.①厦… Ⅱ.①陈…②厦… Ⅲ.①古籍-序跋-汇编-厦门 Ⅳ.①G256.4

中国版本图书馆 CIP 数据核字(2017)第 086712 号

出 版 人　蒋东明
责任编辑　薛鹏志
封面设计　鼎盛时代
技术编辑　朱　楷

出版发行　厦门大学出版社
社　　址　厦门市软件园二期望海路 39 号
邮政编码　361008
总 编 办　0592-2182177　0592-2181406(传真)
营销中心　0592-2184458　0592-2181365
网　　址　http://www.xmupress.com
邮　　箱　xmup@xmupress.com
印　　刷　厦门市明亮彩印有限公司

开本　889mm×1194mm　1/32
印张　10.625
插页　4
字数　280 千字
印数　1～2 000 册
版次　2017 年 7 月第 1 版
印次　2017 年 7 月第 1 次印刷
定价　45.00 元

本书如有印装质量问题请直接寄承印厂调换

厦门大学出版社
微信二维码

厦门大学出版社
微博二维码

厦门文献丛刊

总　序

　　厦门素有"海滨邹鲁"之誉，文教昌明，人文荟萃，才俊辈出，灿若群星。故自唐代开发以来，鸿章巨著，锦文佳作，层见叠出，源源不绝，形成蔚然可观的厦门地方文献。作为特定地域之人文精神的载体，这些文献记录了厦门地区千百年来之历史发展与社会变迁，讲述着厦门地区千百年来之政教民生与人缘文脉，是本地宝贵之文化遗产，更是不可多得的地情信息资源，于厦门经济建设之规划与文化发展之研究，具有彰往考来的参考价值。

　　然而，厦门地处滨海扼要，往昔频遭战乱浩劫，文献毁荡散佚颇多，诸志艺文所载之厦门文献，十不存三。而留存于世者，则几成孤本，故藏家珍如拱璧，秘不示人，这势必造成收藏与利用之矛盾。整理开发厦门文献，是解决地方文献藏用矛盾的有效手段。它有利于地方优秀传统文化之传播，有利于发挥地方文献为当地社会和经济发展服务之作用，从而促进地方文献的价值提升。因此，有效地保护、整理与开发利用厦门地方文献，俾绵延千百年之厦门地方文献为更多人所利用，已成当务之急。

　　保护人类文化遗产是图书馆的重要职能之一，而开发利用文献资源更是图书馆的一个重要任务。近年来，厦门市图书馆致力于馆藏地方文献的搜集、整理与开发，费尽心思，不遗余力。为丰富地方馆藏，他们奔走疾呼，促成《厦门地方文献征集管理办法》正式颁布，为地方文献征集工作提供法规保障；为搜罗地方珍本，他们千里寻踪，于天津图书馆搜得地方名士池显方的《晃岩集》完本，复制而归，俾先贤文献重返故里；为发挥馆藏效用，他们更是联袂馆人，群策群力，编纂《厦门文献丛刊》，使珍藏深闺的地方文献为世人所利用。厦门图书馆人之努力，实乃可贺可勉。

余观《厦门文献丛刊》编纂方案，入选书目多为未曾开发的地方文献，其中不少是劫后残余、弥为珍贵之古籍。如明代厦门文士池显方的《晃岩集》、同安名宦蔡献臣的《清白堂稿》等，皆为唯一存世的个人文集，所载厦门、同安之人文史事尤多，乃研究明代厦门地方史之重要文献；又如清代厦门文字金石名家吕世宜的《爱吾庐笔记》、《爱吾庐题跋》等作品，乃其精研文字，揣摩金石之心得，代表清末厦门艺术研究之时风；再如宋代朱熹过化同安时所著的文集《大同集》、明代曹履泰记述征剿海上武装集团的史料文献《靖海纪略》、清代黄家鼎权倅马巷时所著的文集《马巷集》、清代沈储记述闽南小刀会起义的史料文献《舌击编》等，亦都是厦门地方史研究的重要资料。这些古籍文献，璞玉浑金，含章蕴秀，颇有史料价值。更主要的是这些文献存世极少，有的可能已是存世孤本，亟待抢救。《厦门文献丛刊》之编纂，不以尽揽历代厦门文献为能事，而是专注于这些未曾开发之文献，拾遗补缺，以弥补厦门地方文献开发利用之空白，实乃匠心独运之举。

《厦门文献丛刊》虽非鸿编巨制，然其整理、编纂点校工作繁重，决非一蹴可就。愿编校人员持续努力，再接再厉，使诸多珍贵的厦门文献卷帙长存，瑰宝永驻，流传久远，沾溉将来。

是为序。

罗才福

己丑年岁首

编 纂 凡 例

一、是编乃《厦门古籍序跋汇编》之续补，其所称之厦门古籍，系指自唐以迄清代末年厦门地方人士之著述，与关涉厦门地区社会经济、历史文化诸层面之典籍。其地域范围囊括清末以前之同安县辖境（含金门），以及今属厦门的原马巷厅和原海澄县部分辖境；其著述者以上述地域范围的属籍和宦居人士为主，兼采个别非厦门籍人士有关厦门地方历史文化之著述。

二、是编所辑之序跋，主要文献来源有三：一是见藏厦门古籍之刊刻、铅印、手抄、影印或点校本；二是存录厦门古籍序跋佚文之方志艺文典籍；三是载录著者自叙或为人所作序跋之别集文献。具有不同文献来源之同一序跋，尤加参互校勘，其中相异之处，采用注释给予说明。

三、序跋之书目，均按古籍分类方法，分别划归经、史、子、集四大部类。收辑之文献序跋，体例概由题名、作者、书目提要、序跋正文、注释等部分构成。

四、各部文献之书目提要，主要概述该文献之名称、卷数、著者、籍贯、生平阅历、题解、馆藏存佚与序跋出处等项。多种著述之著者，其生平阅历仅在首部文献简介；再次出现时，则作"参见某篇"之说明。

五、各篇序跋之正文，均按原刊本照录，改用横排版式，并遵循现代汉语规范进行段落划分与标点校注之处理。原刊本之繁体字、异体字，均改用简化字；如在词义上易生混淆，则仍用本字；通假字一般照旧，必要时加以注解。此外，在排版上因简化字字库之局限，不能不延用个别繁体字。

六、原刊本之中，凡遇有错、讹、别等字，予以校正，正字加方括弧［ ］；遇有脱、漏字，予以补上，补字加尖括弧〈 〉；遇有衍字，衍字加圆括弧（ ）；遇有缺字而无法以他校、理校者，用符号□表示。凡属纂辑刊误、笔误处，径予改正，或在注释中加以说明。少数古今字、假借字，为便于理解，亦加［ ］处理。

七、是编广搜博采、汇辑录存历史资料，力求反映古代厦门著述之胜概，供有志研究者之利用。故就编纂者之学力与可据资料，于文中之人物、文献著述及相关的古今地名、甲子纪年等略作注释，以省读者索查之劳。

目　　录

经　　部

史　部

子　部

经部

周礼定本序

[清] 朱彝尊[1]

《周礼定本》，丘葵撰。

丘葵（1244—1333），字吉甫，宋末元初福建同安县小嶝（今属厦门市翔安区大嶝街道）人。理学家，有志朱子之学。宋亡，不应科举，杜门励学。居海屿中，因自号钓矶翁。元延祐四年（1317年），御史马祖常（字伯庸）携款邀其出仕，葵以诗明志拒聘，马祖常悉取其书而去。所著有《易解义》、《书解义》、《诗口义》、《春秋通义》、《四书日讲》等，多已散佚。关于此书，《补元史·艺文志》著录有《周礼全书》六卷，《同安县志·艺文》著录的有《周礼定本》三卷和《周礼补亡》六卷，实际上为一书。该书以俞庭椿、王次点"冬官不亡说"的观点，进一步论证了《周礼》"冬官未尝缺"，乃"错见于五官中"，并重新编定六官之属。《四库全书总目》云："其书世有二本。其一分六卷，题曰《周礼注》；其一即此本，不分卷数而题曰《周礼冬官补亡》。《经义考》又作《周礼全书》，而注曰一作《周礼补亡》。此书别无他长，惟补亡是其本志，故今以补亡之名著录焉。"可见《周礼定本》也就是《周礼全书》，亦称《周礼补亡》。是书今可见之版本，多题为《周礼补亡》，有明葛钦刊本三册藏国家图书馆、河南省图书馆；明弘治十四年钱后民刻本藏北大图书馆；明李缉刻本藏上海图书馆、吉林省社科院、山东省图书馆、安徽省图书馆、南京图书馆；清光绪刊本一册藏泉州市图书馆，另有四库全书本，属经部礼类。而题为"周礼定本"的则未见，唯《曝书亭集·卷三十四》存有朱彝尊为《周礼定本》所作之序。本序录自《曝书亭集》清乾隆年间刻本。

《考工记》[2]可补冬官之阙乎？曰：周官三百六十，多以士为之。若《记》之所云："直百工焉尔矣。"夫玉府有工有贾，而巾车、弁师、追师、屦人之属。府史胥徒而外，咸有工以执事，亦犹大府、典丝、典妇功、庖人、羊人、马质之各有其贾也。贾不与士齿，工顾可充司空之官乎？典丝则颁丝矣，掌皮则颁皮革矣，橐人则掌六弓、八矢、四弩矣。是则涑丝者，工也；而颁丝外内者，考工者也。函、鲍、韗、韦、裘者，工也；以式法颁皮革者，考工者也。刮摩、攻木，以为弓矢者，工也；而受财于职金，以赍其工，书其等，乘其事，试其工弩者，考工者也。以是推之，则《记》之所载三十工。郑氏以为司空之官，非矣。新昌黄氏度[3]，作《周礼说》，置《考工记》不解。至临川俞氏廷椿[4]《复古编》，谓司空之属，分寄于五官。同安丘氏，畅其旨，取五官所属，归于冬官，六属适各得六十，著为《周礼定本》。昔人皆言冬官阙一篇，盖读此而宛如全书焉。繇汉迄唐，说经者义虽纷纭，往往存其疑而不改。逮宋、元诸君子，生千载之后，一旦厘正其文，若朱子之《孝经》、《大学》[5]，蔡氏之《武成》[6]、金氏之《洪范》[7]、蔡氏之《杂卦传》[8]、吴氏之《礼记》[9]，以及俞氏、丘氏之《周礼》，皆自信而不惑。后学者莫敢议其非。虽然，无数君子之学识，苟好奇穿凿，则或失之僭，或失之诬，殆亦难乎免矣。丘氏名葵，字吉甫，隐居海屿，自号钓矶翁。盖宋人而不仕元者，书成时八十余，可谓老而笃学者也。

注释：

[1] 朱彝尊（1629—1709），字锡鬯，号竹垞，又号金风亭长，清代浙江秀水（今嘉兴市）人。康熙十八年（1679年）举科博学鸿词，授翰林院检讨，

入直南书房，参加纂修《明史》。曾出典江南省试。罢归后，殚心著述。工诗，与王士禛为南北二大宗，为浙西词派的创始者。著有《日下旧闻》、《经义考》、《曝书亭集》等。

　　[2]《考工记》是中国目前所见年代最早的手工业技术文献，书中保留有大量的先秦手工业生产技术、工艺美术资料，记载了一系列的生产管理和营建制度。今天所见《考工记》，是作为《周礼》的一部分。《周礼》原名《周官》，由《天官》、《地官》、《春官》、《夏官》、《秋官》、《冬官》六篇组成。西汉时，《冬官》篇佚缺，河间献王刘德便取《考工记》补入。刘歆校书编排时改《周官》为《周礼》，故《考工记》又称《周礼·考工记》或《周礼·冬官考工记》。

　　[3] 黄氏度，即黄度（1138—1213），字文叔，号遂初。南宋浙江绍兴新昌人。隆兴元年（1163 年）进士，授嘉兴知县，迁监察御史，官至礼部尚书。曾著《周礼说》，宋陈振孙《直斋书录解题》称其"不解《考工记》"。

　　[4] 俞氏廷椿，即俞廷椿，字寿翁，南宋江西临川（今抚州）人。乾道八年（1172 年）进士，历南安主簿、古田县令、江西安抚使等。治学不受先儒经传疏释束缚，敢于抒发己见。《周礼》六官，冬官司空已亡佚，汉时采《考工记》补之。而俞廷椿《周礼复古编》则言《周礼·司空》三篇实"杂出于五官之属"，因五官所属皆六十，不得超出，其超出者皆取以补《冬官》。开创了《周礼》研究中"冬官不亡"的新学派。对后世颇有影响。

　　[5] 朱子之《孝经》、《大学》，指朱熹增补《大学》，删减《孝经》之举。朱熹之所以删改《孝经》，仍疑《孝经》非圣人之言。

　　[6]《武成》，古文《尚书》篇名。宋蔡模曾考订伪《尚书·武成篇》。蔡模（1188—1246），字仲觉，号觉轩，建安（今福建建阳）人。师事朱熹，著有《四书集疏》。

　　[7]《洪范》，古文《尚书》篇名。金履祥，字吉甫，兰溪（今浙江兰溪）人，宋亡入元，不仕，专意著述，为一代名儒，学者尊称为仁山先生。著有《尚书表注》等。

　　[8]《杂卦传》，即《易经·杂卦传》，说明《易经》六十四卦卦名的含义和特点。东汉以降，多数易学家认为《杂卦传》末尾八个卦存在错简。

　　[9] 吴澄（1249—1333），字幼清，晚字伯清，学者称草庐先生，元代江西抚州崇仁人。官至翰林学士、经筵讲官。为元代名儒，与许衡同名，并称

"南吴北许"。因惜《仪礼》尚不完备，乃将《礼记》、《大戴礼记》、《小戴礼记》以及郑玄《三礼注》肢解，核订异同，重新编纂，使之成为《仪礼》的传注。

两孝经序

[明] 叶向高[1]

《两孝经》，黄文照撰。

黄文照（1556—1651），字丽甫，又字季弢，号毓源，明代福建同安县长兴里金柄村（今属厦门翔安区新圩镇）人，寓居泉州。明万历中诸生，然不意仕途，何乔远曾疏荐于朝，未征。笃志性学，潜心力行，述经谈道，是朱熹学派的理学传人，有"品高嵩岱，学溯关闽"之誉，学者尊称为"黄布衣先生"。其论学，"必依程、朱、虚斋正派"，以朱子晚年之理论，调和理学诸家学说，自成一统。晚年隐居同安轮山，卒于清顺治八年（1651年）。其著述有《理学经纬》、《太极图解》、《仁诠》、《琴庄》、《随笔》、《问答约言》、《道南一脉》、《两孝经》等，《同安县志·艺文》等著有存目，然皆失佚，其中尚可考者，唯有叶向高为其《两孝经》所撰之序，存于《苍霞续草·卷四》。本序录白《苍霞续草》。

《两孝经》者，同安季弢黄君取《礼经》[2]之言孝者，汇而列之，以俪于《孝经》[3]，故称两也。夫子固云："吾行在《孝经》。"然夫子蚤[4]孤，其所为事亲者，不少概见。经中所言，皆自天子以至庶人修齐治平之事，而其发端即云："先王有至德要道，以顺天下，民用和睦。"然则圣人之所为孝，可思已。其与曾子论学亦云："明明德于天下。"而究其指归，不外于孝弟慈，明德明，此新民新，此止至善止。此孟氏得曾氏之传，直揭其统。曰亲亲、长长而天下平。尧舜之道，孝弟而已矣。故论学而不本于孝，必不足以为学；论孝不至于塞天地，横四海，平治天下，必不足以为孝。

季敩之纂集《礼经》，虽自寝兴坐立之末，器佩浴瀚之细，言动声容之先，戏叹欢戚之外，纤微曲折，无不备具而大，较与《孝经》相为发明。《孝经》极其大，而《礼经》尽其详，亦如《大学》之有经有传，彼此互证。但以其事不分属，义各自见，故不可为传而并称经，即此两经，而六经之蕴具是矣。近世学术不明，谈性命者往往求之玄虚奥渺之地，即格物一解，纷如聚讼。夫不知止至善之即在仁、敬、孝、慈、信，治国平天下之即在孝、弟、慈，而别言学问。是物之本末且不能知，何以言格？此夫子所谓本乱而末治，必无之理者也。季敩兹举，其有功于学脉甚大，又不但以补《孝经》之未备者。

余向过温陵，读季敩所论著，皆卓有意见，而粹然一出于正心，甚慕之。适何稚孝[5]以《两孝经》遗余，属为之序，故不敢辞。今天子孝治天下，而季敩以布衣推明百行之原本，使天经地义昭然于世，一反衰漓怪诞之习。倘有修历代阙典，以此两经布之学宫，俾与六籍并行，亦千载之一时矣。余窃有厚望焉。

注释：

[1] 叶向高（1559—1627），字进卿，号台山，晚年自号福庐山人。明代福建福清县孝义乡（今港头镇后叶村）人。万历十一年（1583年）进士，授庶吉士，进编修，历南京国子监司业，升任南京礼部右侍郎，后改任吏部右侍郎。万历三十五年（1607年），晋礼部尚书兼东阁大学士。次年，升为首辅。天启四年（1624年）致仕。著有《纶扉奏草》、《苍霞草》。

[2] 《礼经》，中国古代讲礼节的经典，常指《仪礼》而言。通常所云《礼》、《礼经》、《礼古经》，即谓《仪礼》。清皮锡瑞《经学通论·三礼》："汉所谓《礼》，即今十七篇之《仪礼》，而汉不名《仪礼》，专主经言，则曰《礼经》，合记而言，则曰《礼记》。许慎、卢植所称《礼记》，皆即《仪礼》与篇中之记，非今四十九篇之《礼记》也。其后《礼记》之名为四十九篇之记所夺，乃以十七篇之《礼经》别称《仪礼》。"

[3]《孝经》，中国古代儒家的伦理学著作。传说是孔子自作，清代纪昀在《四库全书总目》中指出，该书是孔子"七十子之徒之遗言"，成书于秦汉之际。自西汉至魏晋南北朝，注解者及百家。

[4] 蚤，通"早"。

[5] 何稚孝，即何乔远（1558—1631），字稚孝，号匪莪，晚号镜山，明代福建晋江人，万历十四年（1586年）进士，除刑部主事，历礼部仪制郎中。坐累谪广西布政使，以事归，里居二十余年，专心著述。泰昌元年（1620年）起光禄少卿，进光禄卿、通政使，以户部右侍郎致仕。撰有《名山藏》、《闽书》等。

致良知四书摘序跋（二篇）

《致良知四书摘》，蔡献臣撰。

蔡献臣（1563—1641），字体国，号虚台，别号直心居士，明代福建同安县平林（今属金门县）人。万历十七年（1589年）进士，授刑部主事。调兵部职方主事、礼部主客郎中，迁湖广按察使。罢归，寻起浙江提学，后官至南光禄寺少卿。尝师事杨贞复，于理学探索极早，终身不倦，颇有心得。是书乃蔡献臣笺注诠释四书之笔记，未见成书，亦未见诸志艺文著录，唯《清白堂稿·卷四》存有蔡献臣自序。本序录自《清白堂稿》崇祯刻本。

序

[明] 蔡献臣

自阳明子揭致良知之说[1]，迄今学士多宗之。乃墨守紫阳者，不无异同，曰："是专知而遗行，只启高明眇修者窦耳。"愚以此三言者，天下之至妙。至妙者也，非阳明子之言，而孔孟之言也。知之不致，而使人致疑于良知，亦不致者之咎也，非阳明子之咎也。

尝试言之：夫天下有不真知而能行者乎？则何知水火之不可蹈者之必不蹈乎？天下有不力行而得为知者乎？则何谈京师者，必问途、必赢[2]粮、必百舍重茧而后帝都之美可见乎？夫致良知之学，是知行合一之学也。即以事亲敬长论，非邹孟所谓良知者乎？然《中庸》论事亲而推极于天道、人道，乃其功则学、问、思、辨居四焉，而行居一焉。夫其所以博之、审之、慎之、明之者何物，而所以笃之者又何物，非此知也欤哉？废一焉不致矣。譬之重阴冱寒之下，一阳来复，瞥见天地之心，浸而为临、为泰、为壮、为夬、为乾，胥从此起。《系辞》言，乾以易知，坤以简能。夫坤，承天而行者也，则行安得与知畸也，此良知之妙也。故知则为圣哲，不知则为庸愚；知而致则为圣哲，不致则为庸愚；知而致则为明明德，不致则为弄精魂。可俟百世不惑者耳。紫阳、阳明奚岐焉？

丁巳至后，献臣校士吴兴。困顿之余，不寝以思，忽悟四子之书与致良知之旨若合符节[3]，因摘而录之，以自警省，且疏一二肤见，以印之知学君子，非牵合也，非敢决裂也。虽然，物不格则知不致，今物何物，格何格，尚为千古不决之疑，安得真能致者，而与之言良知，又安得真能格者，而与之言致知也哉？

丁巳

后

〔明〕蔡献臣

予校湖时，虽笺注数语于四子摘条之下，而科试急逼，东西奔走。己未秋，里居之暇，乃续成之。尝谓道无定体，谈者不必专执一名，譬水中盐味，入口自知，欲觅形相，了不可得。孔圣说仁，孟氏说仁义，程朱说居敬穷理，虽其大意固然，亦未尝事事而标帜之也。即阳明子曰："除却良知，无学可讲。"然昭昭乎持此为的，犹未免有厌且忽者。故道在心悟，不滞言诠；学在实证，不立名目。今予所提掇"致良知"三字，几乎在处着盐矣，要亦实见天地间，横冲直撞，无非此知，非强附会人唾余者。夫致岂虚想而已，程子亦云："知所往，然后力行以求至焉。"非致知之谓耶？特所入微有顿渐耳。志学者第求端于知而求致于心，则四子之书皆我注脚，而况末学之肤言乎。

　　己未

注释：

　　［1］阳明子，即王守仁（1472—1529），字伯安，别号阳明，明代浙江绍兴府余姚县（今属宁波余姚）人。因曾筑室于会稽山阳明洞，自号阳明子，学者称之为阳明先生。明代著名的思想家，陆王心学之集大成者。致良知之说，王守仁的心学主旨。其所说的"良知"，既是道德意识，也指最高本体。"致良知"就是将良知推广扩充到事事物物。"致"本身即是兼知兼行的过程，因而也就是自觉之知与推致知行合一的过程，"致良知"也就是知行合一。

　　［2］嬴，疑为"赢"之误。

　　［3］若合符节，比喻两者完全吻合。

四书肤证序

[明] 蔡献臣

《四书肤证》，蔡献臣撰。

蔡献臣，里居、阅历见前篇。是书今未见，亦未见诸志艺文著录，唯《清白堂稿·卷四》存有蔡献臣自序。本序录自《清白堂稿》崇祯刻本。

予公暇于四子之书，偶有所窥，辄识之。丁巳，试吴兴，粗有悟于致良知之说，复节摘而点缀之，得百余条。然偶识者，时出传注之外，而于举业犹近良知。摘虽于明德之旨时有触发，然用之举业中人，且诧为赘疣，此为谈学者言则可耳。不揣欲两存之间，持就正于敬夫[1]先生。敬夫亦时出卓诣以起予蒙也。既而思之，扣盘扪钥，不如识口，千蹊万辙，终祈适道。圣贤之书，同归一理，固非判然悬殊，可容人另辟一途径者，乃总加订证，汇为一帙，不知其于四子之精神有少窥见与否？至其为紫阳也、非紫阳也，为阳明也、非阳明也，其可用之举业与不可用之举业也，则观者自择，无庸家为之置喙矣。

注释：

[1] 敬夫，即蔡复一（1577—1625）字敬夫，号元履，明代福建同安刘浦保蔡厝（今属金门）人。万历二十三年（1595年）进士，授刑部主事。历湖广按察使，陕西、山西布政使等职，后以都察院右佥都御史总督贵州、云南、湖广三省军务兼贵州巡抚，卒于任上。

十三经通考序

[明] 蔡献臣

《十三经通考》，陈尚宾撰。

陈尚宾，福建同安人，阅历不详。是书今未见，亦未见诸志艺文著录，唯《清白堂稿·卷四》存有蔡献臣所撰之序。本序录自《清白堂稿》崇祯刻本。

前辈学者占一经外，他经亦皆淹贯，其次乃旁及诸史古文，故其言行不悖于圣人。而其为举业亦有根据，非空疏饾饤者比。迩来举子，文日幻，而古意日微，大抵涉猎浮华，而叩以经学，则茫然不省为何语，去前辈之风远矣。

吾同陈君尚宾，发愤下帷，焚膏继晷。其于经史百家之学，贯串蕴酿，而出之为举业，有前辈矩矱。盖非今之务华绝根者也。一日，持其所纂《十三经通考》示予。分门别类，既富且精，犁然有当，于予则谓此学者碎金也。曷公诸夫涉江者必溯岷，登山者必宗岱？学不通经，虽多而何为！大烹之调，珍美具备，而尝鼎一脔者，亦可以饱，此君类纂诸经意也。为业举者，方便法门也。然得其意，虽格致、诚正、修齐、治平之义例，亦不越此。有力者能由此而举其全，则经学其有兴矣。

庚申

质疑集序（二篇）

《质疑集》二卷，黄涛撰。

　　黄涛，字天水，号文川，清代福建同安县积善里锦宅（今属龙海市角美镇）人。乾隆十五年（1750年）举人，联捷进士。授湖北长乐知县，政声颇佳。为诸生时，与兄讲濂洛关闽之学。晚年，讲学于厦门玉屏书院，为诸生解经析义，甚为严谨，闽南学者仰之如泰岱北辰。是书乃黄涛评注宋儒学说以授后生。书名页总题为《性理四书质疑集》，上卷为《性理质疑集》，下卷为《四书质疑集》。有黄涛及其侄黄宽所作序各一篇。是书尚存，清乾隆三十五年（1770年）活字本二册，藏厦门同安区图书馆。本序录自该刻本。

自　序

[清]　黄　涛

　　古者理明而后辞修，未有为修辞而后明理者。自乡举里选废，代以文艺取士，而科名遂为学者进身之阶。虽孔孟复生，亦必由文艺而进。原朝廷设科之意，谓士不通经，不足用，望以经书校其文艺，文艺通者理必融，理融者行必端，是欲以此觇素学，非以此重文艺也。上以文艺觇素学，而士乃以科名重文艺，下矣。而为文艺，又鲜能自出所见，只以剿袭相沿，下之又下矣。

　　余少时亦以剿袭为文艺者也。长与叔兄从华岩先生[1]游。先生未尝教人不求科名，惟以科名求在文艺，文艺妙在明理。日取四子书，阐发天人性命之原义利理，欲之辨闻所未闻。余兄弟耽之，寝食俱忘，专心体究，幸以文艺登科甲。夫此非圣贤立心为己之学也，然自是知义理须从当身体验。虽气质难变，而是非出入之际，亦时检焉而不敢苟。此程子所谓"由经以求道，由词以得意"者，其亦从流得源之一法与。

今余老矣，愈觉圣贤所言亲切有味。叨主华圃[2]、玉屏两书院[3]教席，不敢以占学者苟人，惟以身所经历为引导，而诸生囿于摭掇捷径，有窃笑先生为迂者。又近来考校命题，好为搭截，断裂书理，使后生凭心杜撰，毫无当于圣贤本旨，恐言理诸书并将束之不观矣。余甚悯之，乃取程朱全书及元明以后诸儒论著，辨其异同，权其可否，都为一集；又将旧注《四书要义》择其精切而参与所独见者，都为一集，标曰《质疑》。明非敢自信也，愿与高明商酌之耳。

夫论理难，论理而笔之书更难。吕晚村论儒者正学，为《蒙》、《存》、《浅》[4]诸讲章所晦，岂知讲义一书，其晦正学处亦不少，况鲁钝如余者乎？倘阅是集者，择其是者存之，辨其非者抹之，岂特余一人实受益，而其人已杰然有志理学，且将赖以大声疾呼，共挽俗学之迷途，尤余之所眷眷瞩望也夫。

乾隆庚寅岁孟秋中浣，栖岩了叟黄涛撰

黄　序

［清］黄　宽[5]

三代而下，道学之传莫盛于宋。周、程倡于先，朱子集其成，一时天人奥义，阐发无遗，昭如日星。自元、明以后，姚江顿悟塞之，纂辑多门误之，讲章盛行焚之。虽其中不无精论可翼传注，而意见互殊，支离错谬者，亦复不少。盖理以经著，论而反晦者，有矣。

文川先生少有志于学，闻乡先正陈华岩先生精于理奥，与兄巨川先生[6]从之游。于先圣贤微言奥旨，不殚精研虑会通焉，而得其要。又兄弟互相砥砺，以当身体认实践为见真。故其居官与居乡也，皆动履不逾，卓然有以自见其所学焉。今者巨川先生已往，文川先生年七十余矣，开讲堂于华圃山阳，犹日引诸生以明理为宗。取周、程、张、朱之书及元、明以来群儒所著论，同者略之，异者剖之，常以独得为参断。著性理、四书二册，名曰《质疑集》。其为言也，简而赅，约而明，自天人性命之微，以及存养、知行之要，无不的然不易，权衡罔差也。学者得是集而潜读之，则胸有定识而不为名利所溺，理无疑似而不为异说所纷，进则为醇儒，次亦不失为正士。然则斯集也，谓非要约精言为学道者之指南欤。是为序。

时乾隆岁次庚寅年孟夏望日，愚侄宽顿首拜撰

注释：

[1] 华岩先生，即陈重琳，字次雍，清代福建同安县马銮（今属厦门集美）人。雍正二年（1724 年）举人。潜心钻研宋儒性理，突破陈见，洞彻其原委。求学者达数百人。学界尊称为"华严先生"。著有《四书汇钞》、《经义纂要》、《华严文集》等。

[2] 华圃，即华圃书院，古代闽南闻名学府，遗址位于福建龙海市角美镇白礁村的文圃山龙池岩。绍兴十八年（1148 年），宋理学家朱熹主簿同安时，在龙池岩建讲堂，名"华圃书院"。清乾隆二十六年（1761 年），同安进士黄涛解祖归田时，力倡重建书院，次年正月动工，越十月告成。

[3] 玉屏，即玉屏书院，厦门岛创建最早、影响最大的书院，坐落在厦门老城东北角的玉屏山麓。清康熙二十年（1681 年），威略将军吴英在山麓旧时义学的遗址上创建文昌殿，创办书院。后渐荒废。乾隆十六年（1751 年），总兵官水师提督倪鸿范、都督李全庵重兴书院。因讲堂后有巨石屹立如如屏

障，故称玉屏书院。道光十五年（1835年）兴泉永道周凯重修拓建玉屏书院。清末废科举，改名厦门中学堂。今旧址改为厦门五中。

　　[4]《蒙》、《存》、《浅》，即蔡清的《四书蒙引》、林希元的《四书存疑》和陈琛的《四书浅说》。

　　[5] 黄宽（1709—1773），字济夫，号巽亭，清代福建同安县积善里锦宅（今属龙海市角美镇）人，黄涛侄。乾隆十三年（1748年）进士，授江西崇义知县。

　　[6] 巨川先生，即黄江，字岷水，号巨川，黄涛之兄。清雍正二年（1724年）举人。师从名儒陈重琳，潜心苦读，博通经史，著有《四书日抄》、《河田洛书》等。

重编周易求义序 （二篇）

《重编周易求义》十卷首一卷，郭迈撰，刘先登修订。

郭迈，字亦皋，号拱山，清代福建同安县在坊里后郭（今属厦门市同安区大同街道）人，乾隆三年（1738年）举人，乾隆七年（1742年）进士，授浙江景宁知县。丁内艰，起补四川奉节知县。尝主讲厦门玉屏书院。刘先登，字二山，号静轩，清代福建同安县在坊里康浔（今属厦门市同安区大同街道）人，乾隆三年（1738年）举人，授直隶定兴县令。该书为刘先登对郭迈的《周易求义》进行重新修订，由其子刘逢升辑编，有刘先登于乾隆四十五年（1780年）所作之序。首一卷为刘先登所撰的《读易法十三则》、《周易杂卦图》等文；正文为刘先登修订郭迈的《周易求义》。道光二十六年（1846年），刘先登之孙刘宗成重新校订欲刊行，亲自撰写凡例，并请李嘉端作序，增补于卷首。是书尚存，有清抄本藏厦门同安区图书馆，然只存首一卷及第一卷。本序录自该抄本。

李 序

[清] 李嘉端[1]

说经之家，莫详于《易》，亦莫难于《易》，非好学深思之士，不能求其故。近代讲易学者，以汉学、宋学为二宗。汉儒则取象之说、卦气之说也，宋儒则先天之图、卦变之图也。承朱门遗绪者，如平菴《玩辞》[2]、云峰《通释》[3]，极意厘正矣，而于此数大端尚未能释然，盖言《易》若斯之难也。

刘二山先生夙承闽学，究心经义，于《易》尤多所发明。尝总汇诸儒之说，折衷于一。是著《易求》若干卷，剖释精微，不泥于卦气，不牵于卦变，原委悉贯，体用毕具，兼有平庵、云峰二家之长。而其歉然未足，名以易求者，殆亦假年学《易》，韦编三绝之遗旨欤！余视学闽中，其嗣孙默存[4]广文出书请序。余重先生之昌明正学，而于广文乔梓之校雠签记，兢兢乎笃承祖训，弥可嘉也，故书此以归之。

道光丙午孟冬既望，大兴李嘉端作于岚石山房

自　序

［清］刘先登

《易》何昉乎？自庖羲一画始也[5]。而康节[6]教学者，直溯诸未画以前。夫画前之易，生天、生地、生人者也。举天地不能出其范围，而易于是乎见矣。学画前之易，即心见易；学画后之易，即易见心。故曰，易心画也。由一画而知之，至三百八十有四变，易变易妙。有权衡求之匪易，或仰求诸天，或俯求诸地，或中求诸人，变化生心，万理具备，聊以待夫神而明之者，而未获一遇也。

越数千载，文王作于前，周公继于后[7]，一则求羲之画，合而为象，有象下之辞；一则求羲之画，分而为爻，有爻下之辞。读其辞，离奇奥衍，非上智茫不得其解。洁净精微之教难言矣。

越数百载，天纵孔子而假之年，画求羲，象求文，爻求周公，用成《十翼》[8]。《易》由此为古今完书，开五经之祖，标四书之宗，神灵呵护，虽秦火不能焚也已。嗣是而后，言易者无虑数十家，若焦延寿[9]、若京房[10]，若郭璞[11]，其表表者，然皆相传为

卜筮之书，以自神其术数云尔。唯韩康伯之注[12]、王辅嗣之疏[13]，粗知义理，惜旁求老庄，未免影响支离，揣摩其皮肤而无由洞见其腠理也，洁净精微之教难言矣。

越千四百载，得伊川程子[14]。其人以周元公[15]为师，《太极图》、《通书》既有以求其源流；以明道[16]为兄，家庭间讲习讨论，又有以求其体用行。年七十有三，尚冀少进，不轻以其书示人。竭终身之力，破除术数小技，归乎纲常名教，洗涤注疏陋说，征乎日用行习，原本孔翼发挥三圣之蕴，以教天下来世于无穷一人而已。虽然，作者固难知者亦未易。孔子而后，唯伊川为能作是书，唯考亭为能明是书本义，翼程为二传功臣，正犹程传翼孔为《十翼》功臣也。读者不察，判然视为两书，可谓知言乎？

国家以制科取士，考其始程之传、朱之本义，盖尝并列学宫，其既也。厌博而就约，避难而趋易，于是专主本义，程传不得而兴焉。业易者，童而习之，白首而不知为何书，其所为举业家言，则又仿佛于不可知之象，驰骛于无所用之辞。程之奥旨，宏纲弃置，有如隔世；朱之微言，约义奉行，又徒具文。易所可见者，画焉耳；易所可读者，辞焉耳。若夫义理之存，盖寥寥也。义理亡而简编存天下，岂复有易哉。洁净精微之教，难言矣。

登也，有惑之。窃以为学易者，学画、学象、学爻，功大固有次第，使非肆力于孔子之翼，以求作易者之心于忧患之中，则义之画、文之象，周公之爻憭如也。学画、学象、学爻者，学《十翼》功夫，乃有着落，使非肆力于程子之传，以求赞易者之心，于韦编之外，则孔子之翼憭如也。夫是以矻矻穷年纂辑成书，大都以孔子《十翼》为三圣之阶梯，以程子二传为孔子之阶梯，或录其辞而表章之，或述其志而推广之，而亦间以朱义补程传所未备，而亦间以诸儒及己意补程朱所未备。总之，求朱以合于程，求程以合于孔，求孔以合于羲文、周公，统四圣二贤之易，为一心之易。内省吾心，一易之注存也；外观吾身，一易之发见也，而至于家、于国、于天下，何莫非一易之洋溢也哉？夫然后学画后之易，可学画前之易，亦无不可矣。

　　乾隆庚子孟夏吉，大同范阳旧吏刘先登二山氏撰

注释：

　　[1] 李嘉端（？—1880），字吉臣，号铁梅，清代顺天府大兴（今属北京）人。道光九年（1829年）进士，道光二十三年（1843年），以内阁学士兼礼部侍郎提督福建学政。官至安徽巡抚。

　　[2] 平莽，又作平庵（"莽"古同"庵"），即项安世（1129—1208），字平父，一作平甫，号平庵，南宋括苍（今浙江丽水）人。淳熙二年（1175年）进士，历校书郎兼实录院检讨官、池州通判、鄂州知府、户部员外郎等，官至太府卿。于易学研究颇有造诣，著有《周易玩辞》。

　　[3] 云峰，即胡炳文（1250—1333），字仲统，号云峰，南宋徽州婺源（今属江西）人。历信州路学录，创建明经书院。一生致力于朱子理学研究，尤精于《易》，著有《周易本义通释》等。

　　[4] 默存，即刘宗成，字念修，又字默存，刘先登之孙。清嘉庆十三年（1808年）举人，道光六年（1826年）以大挑一等试用保定大名，历东明、唐山、迁安、南宫诸县令，到处皆有政声。道光十七年（1837年）丁母艰，辞官归里，后又授南靖教谕。著有《省心记》等。

　　[5] 庖羲，即伏羲，中国神话中人类的始祖。因始创庖食以变如腥之食，因而曰"庖羲"或"庖牺"。初无文字，伏羲画易，以八卦寓其象数，而天地万物之理、阴阳始终之变具焉。

　　[6] 康节，即邵雍（1011—1077），字尧夫，谥号康节，生于河北范阳，晚年隐居洛阳。是北宋哲学大师。其理论特色表现为"尊先天之学，通画前之易"。所谓"画前之易"，即伏羲未画易之前已有之理。

　　[7] 文王作于前，周公继于后，相传文王被囚羑里时，演伏羲八卦而为六十四卦，并作卦辞；周公治世以《易》为本，作八卦爻辞。

　　[8]《十翼》，即《易传》，是对《易经》（《周易》）的注释，共有十篇，因此又称《十翼》。传统认为孔子所作。

　　[9] 焦延寿，字赣，一说名赣，字延寿，梁国（今河南商丘南）人。西汉易学家，长于以灾变说易，旧传其曾以一卦变六十四卦，六十四卦共演变

为四千零九十六卦，每卦之下皆有韵文爻辞，用以占验吉凶。

　　[10] 京房（前77—前37），本姓李，字君明，西汉今文易学"京氏学"的开创者，曾学易于孟喜门人焦延寿，以通变说易，好讲灾异。

　　[11] 郭璞（276—324），字景纯，西晋河东闻喜（今山西闻喜县）人。西晋末东晋初著名学者、术数名家。深研易理，并精通天文历算，五行卜筮之术。著有记载筮验事的《洞林》。

　　[12] 韩康伯（332—380），名伯，字康伯，以字行。东晋颍川长社（今河南长葛东）人。东晋玄学家，仕至吏部尚书。精研《周易》，魏尚书郎王弼注《周易》时，《系辞》、《说卦》、《序卦》、《杂卦》等部分由韩康伯作注。

　　[13] 王辅嗣，即王弼（226—249），字辅嗣，魏国山阳（今河南焦作市东）人。官至尚书郎。三国魏玄学家，以老庄玄学解易的创始人，魏晋易学义理学派代表。其易学主张注《易》时须注重阐明《周易》所包含的义理，开后世以义理说《易》之先河。

　　[14] 伊川程子，即程颐（1033—1107），字叔正，世称伊川先生，谥正公，北宋河南洛阳人。著名哲学家和易学家，理学创立者之一，通过对卦爻辞的解释，提出卦变说、当位说、相应说、随时取义说，说明卦爻象和卦爻辞之间的联系，使取义说得到充分发挥。

　　[15] 周元公，即周敦颐（1017—1073），字茂叔，号濂溪，谥号元公，北宋道州营道县（今湖南道县）人。北宋思想家、理学家、哲学家。精通《易》学，著有《太极图说》、《通书》。

　　[16] 明道，即程颢（1032—1085），字伯淳，世称明道先生。和其弟程颐学于周敦颐，世称"二程"，同为北宋理学的奠基者。

篆千字文序

[明] 池显方[1]

《篆千字文》，洪朱祉编纂。

洪朱祉，字尔蕃，明代福建同安翔风柏埔（今厦门市翔安区洪厝村）人，洪觐光之子。贡生出身，历官鸿胪寺序班、广西南海卫经历，崇祯四年（1631 年）至七年（1634 年），任广西藤县主簿（见同治《梧州府志》，而民国《同安县志》则作"知藤县事"）。该书于方志艺文中未见著录，唯池显方的《晃岩集·卷十二》中收有《篆千字文序》，称作者为"吾友洪尔蕃氏"。查民国《同安县志·卷十五选举》有贡生洪朱祉"篆释《千字文》及《诗韵》"之记载，且"国学大师"网站（http://www.guoxuedashi.com）有"《正谷堂千字文》二卷/（明）洪朱祉释篆"清雍正间抄本的著录。由此可证，《篆千字文》作者洪尔蕃即洪朱祉，尔蕃为其字。本序录自《晃岩集》明崇祯十五年刻本。

书札小艺也。然杨子云[2]曰："书，心画也。"心画形而君、子小人见矣，是书可以定品也；蔡中郎[3]曰："凡书先端坐静思，沉密神彩，如对至尊"，是书可以观敬也；虞弘文[4]曰："心既悟夫至道，书则契于无为"，是书可以合道也；程伯淳[5]曰："某书字时，甚敬，非要字好，即此是学"，是书可以通学也；苏子瞻[6]云："退笔如山未足珍，读书万卷始通神"，是书可以验博也。艺之至者与精神通，今始信矣。自四目公仿八卦为六书，达三才之气象，备万数之情形，混沌一开繁而实简，史籀著大篆十五篇，犹存古意。至秦变为小篆、为八分、为隶书，而古文绝矣。至汉变为草、为行，而愈失真，欲简实繁者也。今人书法惟宗晋而遗古文，犹学诗者宗唐而遗三百篇，学绘者宗宋而遗汉唐也。夫古制书者，仰观俯察，以一字传一物之神；今习书者，不能逖稽返照，以一心传一字之神，何以称学？

吾友洪尔蕃氏，笃学嗜古，工诗善绘，皆希唐以上，不染近代。宦游归隐，复追神古篆。日搜残碑名帖三十六种书体，于《千字文》下集七千七百有六字，敌《说文》九千三百余字，括《玉篇》[7]二十余万字，以课儿曹，仿周礼八岁入小学，教六书、汉律，十七岁已上试籀书之意。

予阅而叹曰："昔善学古文者八人，而杜北山为最善；学大篆者九人，而李上蔡为最善；学小篆者十七人，而曹仲则、李少温为最甚矣。古篆之难也，又书贵风神，今仅摸形貌，似少生动之致。第观其点画诂释，渊静周详无丰，岂束宋之讹，无戴侗、周伯温之谬，无王介甫之忙，进乎艺矣。忆予友姑苏赵宧光[8]，学书四十年，与予谈篆法甚悉，然所著《说文长笺》颇繁，不如兹书义明而文简也。"

注释：

[1] 池显方，字直夫，号玉屏子，明代同安县中左所（今厦门岛）人，池浴德之子。天启二年（1622年）举人。善诗，平生喜游山水，举山川磅礴清华之气，尽缩入毫楮间。

[2] 杨子云，即扬雄（前53—公元18），字子云，西汉著名文学家。

[3] 蔡中郎，即蔡邕（133—192），字伯喈，东汉著名文学家，官至左中郎将，故称。

[4] 虞弘文，即虞世南（558—638），字伯施，隋唐时著名书法家、文学家，曾任弘文馆学士，故称。

[5] 程伯淳，即程颢（1032—1085），字伯淳，北宋哲学家，"洛学"代表人物。

〔6〕苏子瞻，即苏轼（1037—1101），字子瞻，北宋著名文学家、书法家。

〔7〕《玉篇》，顾野王撰。顾野王（519—581）字希冯，南朝梁陈间吴郡吴县（今江苏苏州）人，太学博士。是书系一部按汉字形体分部编排的字书，分 30 卷，主要按照义类相近与否排列部首。撰于梁武帝大同九年（543 年）。

〔8〕赵宦光，（1559—1625），字凡夫，一字水臣，号广平，又号寒山梁鸿，明代南直隶太仓（今江苏太仓）人，宋王室后裔。国学生，精六书，工诗文，然一生不仕，隐于寒山，以高士名冠吴中，著有《说文长笺》、《六书长笺》、《寒山蔓草》、《寒山帚谈》、《寒山志》等。

八音定诀序

[清] 觉梦氏[1]

《八音定诀》，叶开温撰。

　　叶开温，又作叶开恩，清同治、光绪年间人，里居、阅历不详。据其名"温"与"恩"两种称法，于闽南语乃同音，故可认定为闽南人。该书是一部以厦门音为主，混合着漳泉腔的闽南方言韵书，成书约在光绪元年（1875 年）。作者因《康熙字典》之反切音不易辨读，而最便于商贾之用的《十五音》，则"字义既繁，帙数尤多，而且一字一音欲识何字，本中难于翻寻"，于是"将《十五音》之中，删繁就简，汇为八音，订作一本，颜曰《八音定诀》。商贾之人尤为简便，不但舟车便于携带，而且寻字一目可以了然"。与《十五音》等其他闽南方言韵书相比较，该书在继承的基础上，从排列格式、选取用字和例字组词三方面进行改造，克服了《十五音》存在的缺点，形成了自己的特色。而其更为主要的特点是以厦门音为基础编纂而成，保留了百年前厦门话的语音面貌，可作为研究厦门乃至闽南地区方言发展变化的佐证。因甚为实用，该书广为流布。其最初刊本为光绪元年（1875 年）厦门倍文斋活版本；其后有光绪二十年（1894 年）甲午端月版木刻本，此刻本之校抄本藏福师大图书馆；光绪七年（1881 年）又有重抄本，藏厦大图书馆；光绪二十二年（1896 年）厦门会文斋重刊；光绪三十年（1904 年），福州福灵堂和厦门倍文斋亦曾刊刻；宣统元年（1909 年）厦门倍文斋以活版铅字排印，次年又刊第三版，此两种版本今藏厦大图书馆；民国十三年（1924 年）厦门会文书局石印本藏厦

门市图书馆，至 1940 年，会文堂仍有石印本问世。本序录自厦门
会文书局石印本。

- -

　　文字之设，由来久矣。自古结绳为政，至仓颉、沮诵两圣人始
制文字，以便民用。然其间字数甚繁，字义甚奥，不特行商坐贾之
人茫然罔觉，即举业者亦难尽识。其后《字汇》[2]一出，音释虽明，
犹未全备。迨圣祖仁皇帝《康熙字典》出，音释既明，字义又正，
而后天下无疑难之虞也。虽然，《康熙字典》固为天下第一要书，
其中反切之音，实未易辨，商贾之人亦用不及。惟《十五音》[3]最
便商贾之用，倘有字不识，或人名，或器物，一呼便知，诚商贾之
金丹也。书坊刻本字义既繁，帙数尤多，而且一字一音欲识何字，
本中难于翻寻。叶君开温近得钞本，将《十五音》之中，删繁就
简，汇为八音，订作一本，颜曰《八音定诀》。商贾之人尤为简便，
不但舟车便于携带，而且寻字一目可以了然。叶君不敢私为秘宝，
欲行剞劂，公诸同好。嘱序于余，余不敢以不文辞，爰掇数语，以
应叶君之盛意焉尔，是为序。
　　光绪二十年甲午端月，觉梦氏书

注释：
　　[1] 觉梦氏，里居、阅历不详，当为名号。
　　[2]《字汇》，梅膺祚撰。梅膺祚，字诞生，安徽宣城县人，明国子监太
学生。所撰《字汇》一书，对《说文解字》作重大改革，将其 540 个部首，
归类合并成 214 个部，并首创按笔划多寡排列部首和单字，使字典具备通俗
实用和便于检索的特点。全书 14 卷，收 33179 字，采“正俗兼收”原则，保
存大批古今俗字，故最负盛名。
　　[3]《十五音》，是根据闽南话编纂的字书，在闽南潮汕地区流行很广，
为一种家喻户晓的学习文化工具书。已知的有“渡江十五音”、“雅俗十五
音”、“拍掌十五音”、“汇音妙悟十五音”等。

华夷通语序跋 （三篇）

《华夷通语》，林衡南撰。

林衡南，名光铨，字衡南，清代福建同安县金门人，咸丰末年（约 1861 年）旅居新加坡，创设新加坡最早华人印务馆——古友轩印务馆，经营印刷业务，承印中西文图书，兼印马来亚文书籍，被誉为新加坡文化先驱。光绪十七年（1891 年），以其子林光铨名义注册创办《星报》，为新马最早正式华文报之一。是书为华夷语言通译之著作，旨在便于华人学习马来亚文，光绪三年（1877 年）出版，原名《通夷新语》。光绪九年（1883 年），再请星华社会名人李清辉校订，易名为《华夷通语》，益臻善美，畅销新马各地。该书尚存，有清光绪九年（1883 年）石印本藏上海图书馆。此刊本有驻新加坡领事官左秉隆的序、林衡南的自序和校订者李清辉的跋。本序跋录自该刊本。

左　序

[清] 左秉隆[1]

南洋群岛旧本巫来由[2]部落，自通商以来，我华人寄居其间者，实繁有徒，而闽之漳、泉，粤之潮州称尤盛焉。但其初履异域者，每因言语不通，遂致经营难遂。林君衡南有见于此，爰取巫来由语注以漳、泉、潮音，辑成一书，名曰《华夷通语》，使我华人熟习而强记之，自可与彼族交谈，畅所欲言，洵快事也。

是书初名《通夷新语》，刻于光绪三年，迄今葛裘屡易，犹觉光景常新。然而林君之意则欲新益求新也，近复出其书于李君清辉，反复校正，并易今名，盖视初刻益加美备矣。书既成，林君属余为序，情词恳切。余重违其意，爰弁数语归之，行见吾华之人得读是书，而言语相通，经营日遂，是则余所厚望也夫。

光绪九年重阳节日，驻叻领事官左秉隆撰

李　跋

[清]　李清辉[3]

新加坡为南洋名胜之区，我华人生长于斯，年愈繁产，延师执贽，比户皆然。其中聪颖子弟固不乏人。间有诵书执业多历年所，而于书理实获所少，卤莽[4]未多，其故抑又何耶？盖其生长是邦，唐音鲜晓。为师长者，夷语未通，而讲授概以唐音，未能以夷语相导，则又何怪其扦格[5]难以入门哉？

余友林君衡南前著《通夷新语》一书，原为有裨世务之作，同人咸欣赏焉。然审其语音，大纯之中，不无小疵。而林君欲其精益求精，嘱为厘正。余不揣固陋，勉为校订，以期音义贯通，有美必备。新刻告竣，易名曰《华夷通语》。彼小子而欲有造也，曷不购置案头以为讲学之资，则师若弟质疑问难，庶有津梁，不至诲之谆之而听之藐藐。由是唐音日熟，学问自必日进，则三年之学不患其不至于榖也。推之我华人初历是邦，得此书则语言可通，而经营交涉，自能畅逮其情，斯其尤切者也。是为跋。

光绪九年菊月榖旦，文焕李清辉敬撰

自　序

［清］林衡南

　　盖闻不朽有三，立功而外，其次立言；设科有四，德行之余，厥为言语。是言语一节，其所关岂浅鲜哉？第以五方之风气不齐，而斯民之声气亦因之而各异。故有以来为离，以登为得，以虎为於菟者，列国之称谓已属支离，况华夷为中外之交，其为咿哑泄沓，更不待言。然欲联其声气，协其喉舌，而于名物象数中惟能了于心而复了于口者，则知《华夷通语》一书而谓，盖可忽乎哉？特以前刻虽无千里之谬，终不免有毫厘之差，然尚非货而不售，业已善价而沽之。但踵门欲购者，日有其人。故余仍不敢自诩聪明，视为善本，乃再延高明先生，惟能精于方言、通于音韵者，相与就正焉。其于一名一物之中，是必剖析分明，详加研究，至此可称毫发无遗憾矣。如能置一集于案头，熟视强记，则无论语齐语楚，自然理明词达，舌底澜翻。爰印以售之世，而为当世之士大夫及诸商贾家系属周旋世故者，虽不敢云圭臬之奉，亦聊当刍荛之采云尔。

　　光绪九年岁次癸未季秋之月望日，古友轩主人谨识

注释：

　　［1］左秉隆（1850—1924），字子兴，清代广州人。清政府派驻新加坡的首位专业外交官。精通英文、法文。光绪七年（1881年）至十七年（1891年），任驻新加坡领事；光绪三十三年（1907年）擢升为总领事，兼辖海峡殖民地，前后在任十三年，，创设会贤社，设立英语雄辩会，出资设立奖学金，致力中国侨民文化水平之提高。有《勤勉堂诗钞》遗世。

　　［2］巫来由，即马来亚的土著人。巫来由原是苏门答腊现在占卑地方的古名，马来人来自苏门答腊，故自称为"巫来由人"。中国的古籍尝写作"末罗瑜"、"末罗游"等。

　　［3］李清辉，闽南籍新加坡华侨，著有《东游纪略》。

［4］卤莽，马虎，得过且过。

［5］扞格，互相抵触。

一目了然初阶序

[清] 卢戆章

《一目了然初阶》，卢戆章撰。

卢戆章（1854—1928），本名担，字雪樵，清代同安县感化里古庄（今属厦门市同安区）人。自幼资质聪颖，九岁入学，十八岁科举落第。同治十三年（1874 年），赴新加坡，半工半读，专习英文。光绪四年（1878 年）返厦，寓鼓浪屿日光岩下，应英国教士马约翰之聘，助译《华英字典》。感于汉字不易习认，阻碍教育普及，萌生改革之意，专心研究切音字，发明汉字拼音之法，于清光绪十八年（1892 年）在厦门五崎顶倍文斋自费出版《一目了然初阶》。是书乃"中国切音新字"之厦腔读本，内容包括卢戆章创制的中国切音总字母表、切音方法以及五十五篇用汉字对照的切音字通俗读物。在此书基础上，卢戆章于次年，又在厦门出版节本《新字厦腔》。而后，又有《中国切音新字》于光绪三十一年（1905 年）在上海点石斋石印出版，改书名为《中国字母北京切音教科书》。此后，又由点石斋出版一本《中国字母北京切音合订》。回厦后，卢戆章又先后出版《中国新字》（包括国语字母和厦语字母）、《中华新字》（包括国语通俗教科书和泉漳语通俗教科书），不遗其力地宣传推广其切音新字。是书尚存，有光绪十八年厦门倍文斋刻本。1956 年编入文字改革出版社编辑的《拼音文字史料丛书》。本序录自许长安著《语言现代化先驱卢戆章》一书。

余自九岁读书，十八岁应试，廿一岁往叻，专攻英文。廿五岁回厦，遂即蒙英教士马君约翰聘请帮译《英华字典》。闲隙之时，欲自著《华英十五音》，然恐漳泉刻本之十五音字母不全，于是苦心考究，至悟其源源本本。则以汉字、话音字与英话横列对排，然页地有限，恒嫌话音字、数字母合切为一字，长短参差，甚占篇幅。忽一日，偶触心机，字母与韵脚（即十五音）两字合切即成音。自此之后，尽弃外务，朝夕于斯，昼夜于斯，十多年于兹矣，无非考究作字之法。因将天下三百左右腔字母之至简易平稳者，又参以己见，选此五十余记号画，为中国第一快切音字之字母。

中国字或者是当今普天之下之至难者。溯自黄帝时，仓颉以象形、指事、会意、转注、形声、假借造成为字以来，至今已有四千五百余年之遥。字体代变，古时用云书鸟迹，降而用蝌蚪象形，又降而用篆隶八分，至汉改为八法，宋改为宋体字，皆趋易避难也。明以上，无一定之字母，汉许氏《说文》用五百四十字为字部，隋用五百四十二，宋用五百四十四，至明《六书本义》用三百六十。明下百余年，《字汇》一书始删至二百一十四之字旁字为字母。圣祖仁皇帝仍之，成为《康熙字典》之四万零九百一十九个之记号字。然常用者不过四五千字而已。"四书"有二千三百二十八不同字者，"五经"有二千四百二十七不在"四书"内者，"十三经"共总有六千五百四十四字之不同者，其中除《尔雅》九百二十八罕用之字，平常诗赋文章所用者不过五千余字而已。欲识此数千字，至聪明者非十余载之苦工不可，故切音字当焉。

窃谓国之富强，基于格致；格致之兴，基于男妇老幼皆好学识理；其所以能好学识理者，基于切音为字，则字母与切法习完，凡字无师能自读；基于字话一律，则读于口遂即达于心；又基于字画简易，则易于习认，亦即易于捉笔；省费十余载之光阴，将此光阴专攻于算学、格致、化学，以及种种之实学，何患国不富强也哉！

当今普天之下，除中国而外，其余大概皆用二三十个字母为切音字，英美二十六，德法荷二十五，西鲁面甸三十六，以［意］大利及亚西亚之西六七国皆二十二。故欧美文明之国，虽穷乡僻壤之男女，十岁以上，无不读书。据客岁西报云：德全国每百人中不读书者一人而已，瑞士二人，施哥［苏格］兰七人，美八人，荷兰十人，英十三，比利时十五，爱尔兰二十一，澳大利亚则三十。何为其然也？以其以切音为字，字话一律，字画简易故也。日本向亦用中国字，近有特识之士，以四十七个简易之画，为切音字之字母，故其文教大兴。据去年日本之文教部清单，现国中已设一万零八百六十二之学塾，教授之师计有六万二千三百七十二人，已在学受业者有二百八十万左右。又光绪十年，男学生有三百一十九万余名，女学生有二百九十六万名。外国男女皆读书，此切音字之效也。

中国亦有切音，止以韵脚与字母合切为一音，此又万国切音之至简易者也。其法即在一千三百八十二时梁朝间，西僧沈约与神珙[1]以印度之切音法传入中原，唐以二百零六字为字母，宋用一百六十，又以三十六字为韵脚，《康熙字典》依其法以切音，如字典首之见溪群疑等三十六字是也。即以两汉文合切而成音，为注明某字当读何音之用，非以简易字母合切为切音字也。若以切音字与汉字并列，各依其土腔乡谈，通行于十九省各府州县城镇乡村之男女，编甲课实，不但能识切音字，亦可无师自识汉文，兼可以快字书信往来，登记数项，著书立说，以及译出圣贤经传，中外书籍，腔音字义，不数月通国家家户户，男女老少，无不识字，成为自古以来一大文明之国矣，切音字乌可不举行以自异于万国哉！又当以一腔为主脑，十九省之中，除广、福、台而外，其余十六省，大概属官话，而官话之最通行者莫如南腔。若以南京话为通行之正字，为各省之正音，则十九省语言文字既从一律，文话皆相通，中国虽大，犹如一家，非如向者各守疆界，各操土音之对面无言也。而凡新报、告示、文件，以及著述书籍，一经发出，各省人等无不知悉；而官府吏民亦可互相通晓，免费传供之枝节也。余不过尽一片之愚忠，聊献刍荛而已。

　　光绪十八年壬辰孟夏既望，闽泉同古庄卢氏戆章自序于鹭江鼓浪屿旅次

注释：

　　［1］沈约（441—513），字休文，吴兴武康（今浙江德清）人，南朝齐史学家、文学家。撰《四声谱》，对四声韵的创立做出贡献。其时佛教盛行，佛经梵音对四声的创立产生一定影响。沈约撰《四声谱》，或受其影响，但此处称其为西僧有误；神珙，唐代西域沙门，约唐元和以后人，音韵学家。类聚双声字，同四声以叠韵而结合，作《四声五音九弄反纽图》。其所谓"纽"，指纽切，即声和韵的拼合。反纽即反切。

史部

华夷鲁卫信录总序

[宋] 苏　颂

《华夷鲁卫信录》，苏颂主撰。

苏颂（1020—1101），字子容，北宋福建同安县在坊里人。庆历二年（1042年）进士，历任知县、知府、馆阁校勘、知制诰、刑部尚书、吏部尚书兼待读等职，元祐七年（1092年）拜尚书右仆射兼中书侍郎。为官五十五载，兴利除弊，处事精审，卒后谥"正简"，赐司空魏国公。该书乃元丰四年（1081年）八月，宋神宗诏苏颂置局主持编撰，是记录宋辽关系史的重要史料文献，收录宋与契丹通好以来，有关盟誓、聘使、岁币、仪式，乃至地界、边防诸事，于元丰六年（1083年）成书。全书二百二十九卷，事目五卷，分类编次，以"叙事"开头，"蕃夷杂录"为终，后附"经制方略"、"论议奏疏"。该书未见，唯《苏魏公文集·卷六十六》载有《华戎鲁卫信录总序》一文，可窥其内容、体例于一斑。本序录自《苏魏公文集》清道光二十二年（1842年）苏廷玉刻本。

元丰四年八月，奉诏编类北界国信文字。臣窃伏惟念国家奄宅四海，方制万区，九夷百蛮罔不率俾。瞻兹北陲早已面内，章圣皇帝[1]因其丧师请和，许通信好，岁时问遗，寖以修讲。陛下钦若成宪，羁縻要荒[2]，及命儒臣讨论故事，将欲垂于方册，副在有司，其所以虑远防微纤意及此者，皆以偃兵息民故也。顾臣愚陋，不足以奉承明诏，黾勉期月，初见纲领，诠次类例，皆禀圣谟前诏。

断自通好以来，以讫于今，将明作书之由，故以叙事冠于篇首。厥初讲和，始于继忠[3]书奏辽主乞盟之请，赐以俞旨，由是行成，故次之以书诏。既许其通好，乃有载书以著信，故次之以誓书。昔之和戎，则有金絮彩缯之赂，我朝岁致银绢以资其费，故次之以岁币。恩意既通，又有好货以将之，故次之以国信。信好不可单往，必有言词以文之，故次之以国书。异国之情，非行人莫达，故次之以奉使。奉使之别，则有接送馆伴所经城邑邮亭次舍。山川有险易，道途有回远，若非形于缋事[4]，则方向莫得而辨也，故作驿程地图。前后遣使，名氏非一，职秩不同，南北群臣交相礼接，年月次序散而不齐，既为信书不可无纪，故作名衔年表。夫如是而使事尽矣。

通好肇于戎人，我从而听之。凡问遗之事，皆列北使、北信、北书于前，朝廷所遣乃报礼也，故载之于后，所以著其所从来也。凡使者之至，在道则有邮馆宣劳之仪，入朝则有见辞宴赐之式，礼意疏数并有节文，故次之以仪式，又次之以赐予。彼待王人亦有常矩，无敢违越，故以持礼过界。及北界分物系以后使者，宜通宾主之欢，而贽见之礼不可阙也，故次之以交驰。问劳往返，诏宣书札，体范存焉，故次之以诏录，又次之以书仪。信币则有赍操之勤，导从则有舆隶之众，沾赍所及，无不均遍，故次之以例物。使者至都，上恩顾恤，靡所不至，或贸易货财，或须索供馈，或丐求珍异，许予多矣，故次之以市易，而供须求丐附焉。南北将命往还约束细大之务，动循前比，故次之以条例。凡此皆常使也。

诞辰岁节，致礼而已。至若事干大体，则有专使导之，故次之以泛使。疆场之虞，帅守当任其责，则接境司州得以公牒往复，故次之以文移。事非司州所能予定夺，至待命官及疆吏对议者，代州移徙巡铺界壕是也，故次之以河东地界。疆界既辨，则边圉不可不谨，故次之以边防。其别则有州郡壁垒之缮完、寨铺塘泺之限断载于舆地，所以示守备之严也。凡为此书本于通好辽人，则彼之种族自出，不可不知。辽本契丹也，故次之以契丹世系。辽与中国，言语不通，饮食不同，便习弓马射猎为生，难以常礼拘也。朝廷所以能固结而柔服之，盖知其爱好之实也，故次之以国俗。耶律氏修好中华有年数矣，爵号官称往往仿效，故次之以官属，而宗戚、俸禄三者相须并见于后。朔漠之俗，恃险与马，由古然矣，故次之以关口道路，又次之以蕃军马。辽之为国，幅员不过三千余里，而并建都府，兼致州县。辂车所过，宜详其处，故次之以州县。彼荒服也，并有奚渤，故土外接大荒之境，其可见者，宜兼著之，所以示天声之逮远也，故终于蕃夷杂录。而经制、方界、论议、奏疏附焉。

臣窃观前世制御朔漠之道，载籍所记不过厚利和亲以约结之，用武克伐以驱除之，或卑辞逊礼以诱其衷，或入朝质子以制其命，汉唐之事若可信也。然约结一解则陵暴随之，彼岂不得其术耶？盖恃一时之安而不图经久之利故也，渊谋硕画，无代无之。至于我朝乃得上策，年历七纪而保塞无患，岁来信币而致礼益恭，行旅交通，边城晏闭，黎民土著至老而不知兵革。自书契以来，戢兵保定，未有如今日之全胜者也。

圣上方恢天下之度，以威怀远人，犹虑有司慢令取侮，遂案图籍揭为令典，使之循守，无得而逾后。虽有忿鸷悍黠之敌，欲启事端，绳以章条，彼当自屈。若然举辽朔之众，唯上之令则是书之作，可谓规橅宏达而德施无穷矣。然以今日承平之势，当彼百年既往之运，狃我函煦，侈心渐萌，侈极而微形兆，兹见蘽街质馆行可致其俘入矣。今姑撮其大概，副圣宸经远之虑。总二百卷，卷有楦酿，则厘为上、中、下，谨条事目，具于左方，次年编类成书，先具目录进呈。六年六月五日，蒙降宸笔赐名《华夷鲁卫信录》。

注释:

[1] 章圣皇帝,即宋真宗赵恒(968—1022),宋朝第三位皇帝。景德元年(1004年),辽朝入侵。率师亲征,会战于距都城东京三百里外之澶渊,虑及双方交战已久,与辽签订"澶渊之盟"。此后宋、辽之间百余年间再无大规模战事,礼尚往来,通使殷勤。乾兴元年(1022年)驾崩,谥号为文明章圣元孝皇帝,庙号真宗。后累加谥至膺符稽古神功让德文明武定章圣元孝皇帝。

[2] 钦若,敬顺;成宪,原有的法律、规章制度;羁縻,笼络、怀柔;要荒,古称王畿外极远之地。

[3] 继忠,即王继忠,宋代开封人。仕宋为郓州刺史、殿前都虞候。咸平六年(1003年),率军抵御入侵辽兵,受围殊战,不幸被俘。辽太后知其贤,授户部使。宋辽澶渊会战,两军相峙不下。王继忠乘间劝萧太后与宋朝讲和。辽恐腹背受敌,遂提出和约。

[4] 缋事,绘画之事。

安南奏疏引

[明] 林希元

《安南奏疏》，林希元撰。

林希元（1481—1565），字茂贞，号次崖，别署武夷散人，明代福建同安县翔风里十三都山头村（今厦门市翔安区新店镇埯山社区山头村）人。正德十一年（1516年）、十二年（1517年）联第进士，初授南京大理寺左评事，擢寺正。议狱被论，谪泗州判官。大臣交荐，起大理寺寺副，升广东按察司佥事，擢南京大理寺右寺丞。辽东兵变，因极言谪钦州。时安南不贡，廷议征讨，起广东按察司佥事，兵备海道。嘉靖二十年（1541年），以与督臣异议，罢归。《安南奏疏》，乃其任钦州知州及兵备海道时所上之奏疏。归田后，尝见于同安知县袁杉。袁杉"奇之，用倳刻之"。然其刻本未见，亦不曾见之于志书艺文诸目，唯有《同安林次崖先生文集·卷四》收有《安南奏疏引》一篇及有关征讨安南之奏疏六篇，始知曾有《安南奏疏》一书存世。本引录自《同安林次崖先生文集》清乾隆诒燕堂刻本。

安南奏疏凡六[1]，其前五疏知钦之日所上，其末一疏分巡海北之日所上也。尚有五疏，其四皆其枝叶，其一未上，故弗刻。

予素有安南之志，顷以云中、辽左之事谪守钦州，因得熟知其国山川、道路险易、夷情强弱、虚实。适圣天子问罪安南，予以佳会难逢，故以生平所闻见历陈于上，卒之交人震慑，逆庸[2]纳款，削国归地凡百，一一如予所料。天下人无智愚不肖，罔弗称元之功，而予反坐是失官，岂非舛与？然予之官虽以此去，予之志业则有不可泯者。疏稿数通，不忍弃去，录而藏于家。县大夫方洲袁公[3]见而奇之，捐俸刻之，因书其故于编端。

注释：

[1] 安南奏疏凡六，指林希元关于安南的六篇奏疏，前五篇为《陈愚见赞庙谟以讨安南疏》、《走报夷情请急处兵以讨安南疏》、《陷夷旧民归正复业疏》、《定大计以御远夷疏》、《条上南征方略疏》等，作于钦州知州任上；后一疏乃《速定大计以破浮议以讨安南以解倒悬以慰民望疏》，作于分巡海北。此六疏今可见于《同安林次崖先生文集·卷四》。

[2] 逆庯，指莫登庸。莫登庸，越南莫朝开国君主，祖籍中国广东。因武艺而为越南黎朝将领，护国有功，权势日炽。1527 年，逼黎恭皇禅位，自立莫朝。1529 年，以年老让位儿子莫登瀛，退隐家乡宜阳县古斋，遥控朝政。1537 年，明嘉靖帝探知其篡位，欲出兵讨伐，但在严嵩、张瓒等人劝说下取消计划。后云南巡抚汪文盛抓获莫朝间谍，使嘉靖帝大为震怒，下令依原计划征讨。得此消息，莫登庸知躲避不过，于 1540 年亲率大臣四十余人自缚入关，往汪文盛军中投降。嘉靖帝封其为安南都统使，子孙世袭此职，安南内政悉听其管理。

[3] 方洲袁公，即袁杉，号芳洲（依民国《同安县志·循吏录》），明代扬州人，举人，嘉靖二十一年（1542 年）任同安知县。

仪曹二难存稿自序

[明]　蔡献臣

《仪曹二难存稿》，蔡献臣撰。

蔡献臣，里居、阅历详见经部《致良知四书摘序后》篇。该稿乃蔡献臣任职吏部仪制司郎中时所作之文稿，未见成书，亦未见诸志艺文著录，唯蔡献臣《清白堂稿·卷四》存有其自序。《清白堂稿》中，收有大量蔡献臣任职仪制司时所作之奏疏、时务等文稿，其原文应为该《存稿》。本序录自《清白堂稿》崇祯刻本。

予为郎八载，备兵五载，而为拥载者所簸弄以归。自惟生平信心，于事无趋避，于人无德怨，惟两载仪曹[1]，乃觉步世之难。罪废以来，读书谈艺，侍母余年，自谓拜言者之赐矣。

间有知已过而问曰："子去仪曹六春秋矣，而人犹用是扼子，仪曹诚难哉？何难也？"

予曰："有二焉，在朝班，在楚评。柱史既上，其势不可得下，则难。铨台均也，谁能偏护而直道，又不可必行，则难。假王事大，而发于妇人女子之口，则难。议勘自部，而旁观者不能无异同，则难。勘未毕也，而庙堂又另有主张，则难。兼是二者，欲晏然而无患害，得乎？"

问者曰："骇矣，子之言难也，宜其及也。子之所难者，乃在左右两宗伯、两公皆负当世望，而果于行其意。前是曹属尝争，而胜方作意，欲一发舒。而子以宗室名封之故，拘文守例，不能奉行宽政，以至移怒胥史，而略不逊谢，犹得累资而出。子则幸矣，二者何难哉？"

予曰："唯唯否否。自予为仪曹，堂官曰：'夫夫也，刚如炼，是数持例以与我争者。'同官曰：'夫夫也，柔如绕，一惟堂翁之所为而莫可奈也。'即予亦自谓兼有之。盖尝发愤叹曰：'水去山在、僧去寺在、官去法在。'侍郎、正郎总能几时？要以见行，自有例耳，安得略法而任意为。"

闻予言者，即同舍田亿伯亦为缩颈。虽然，予过矣！予过矣！君子见几而作，不俟终日，予求去屡矣，而隐忍不一决，何也？屏居之暇，聊次仪曹诸稿，而题之曰"二难"，并附以所谈仪曹事者凡五卷，志实也，且志予过，知我罪我，所不隐尔。

　　甲寅

注释：

　　[1] 仪曹，即仪制司之称。

南台奏疏序

［明］何乔远[1]

《南台奏疏》，黄华秀撰。

黄华秀，字居约，明代福建同安人。万历十六（1588年）、十七年（1589年）联捷进士，授韶州推官，因功升南京浙江道御史，卒于任上。是书未见，方志艺文亦无著录，唯有何乔远所作之序载于《何氏万历集·卷十七》，本序录自《何氏万历集》明万历四十年刻本。

黄居约氏以己丑岁成进士，予时隶西曹，过从甚欢。及居约有司李[2]韶州之行，予方视狱事严，不敢往来。居约入狱厅别我，小僮从予送至门外，稍前再致词。予见居约拱小童手，予窃窃识之曰："丗有古君子若此哉！"及居约为韶州司李，迨下仁明，而事上端执，两广制台欲召治其吏胥，抗不与。寮友有失名而丧位者，身周旋之，乃作伟丈夫气。予坐罪谪籍，居约召为南御史。是时主上怒群臣之不逮，东方有辽左之虑，中原有矿税之兴，楚藩有小人之构。居其位者，势不得不言主上，又时时督责言者。而居约当前弗却，开口无所忌讳，乃其敷奏明达，词旨优裕，上亦不得而罪也。主上既久，竟从言者言，可以见居约挽回之先几，其一时未从者，居约所言亦足备当世之存论。居约诚不旷其官、溺其职者矣！

居约没，其疏稍稍行于世。其兄国子先生居朏[3]已先合而刻之，而使予序。盖居约在南台时，从德兴祝无功[4]、上虞何〈禹门〉[5]、潜江欧阳〈东凤〉[6]及吾郡骆启新、李狷卿[7]为读书之会，相剽相厉如诸生。其没也，无一日之积。僚友经纪其家，乃始得归榇。其为人也如此。

注释：

[1] 何乔远，字稚孝，里居、阅历见经部《两孝经序》注。

[2] 李，通"理"；司李，即司理，意即掌狱论之官，为明至清初对推官的的习称。

[3] 国子先生居朏，即黄华瑞，原名之瑞，黄华秀之兄，居朏或为其字。万历十六（1588年）与黄华秀俱由南安学考中举人，授南京国子监助教。

[4] 祝无功，即祝世禄（1539—1610），字延之，号无功，明代江西德兴人（一作鄱阳人）。万历十七年（1589年）进士，授休宁知县，历南科给事、尚宝司卿。

[5] 何禹门，即何大化，明代浙江上虞（今绍兴上虞区）人，禹门或为其字。万历十七年（1589年）进士，官参政。本处原名字空缺，据《镜山全集·卷三十六》补。

[6] 欧阳东凤，字千仞，号宜诸，明代湖广荆州府潜江（今属湖北）人。万历十七年（1589年）进士。历江苏兴化知县、常州知府。复建常州"龙城书院"。本处原名字空缺，参考《同安县志·乡贤录》补。

[7] 骆启新，即骆日升（1573—1623），字启新，号台晋，明代福建惠安人。万历二十三年（1595年）进士，累官至四川布政司参政，死于奢崇明的叛军之手。李狷卿，即李范廉，字狷卿，号九台，明代福建晋江人。万历二十三年（1595年）进士，授南京太常博士，改礼部员外郎。

正俗编序（二篇）

《正俗编》，李春开撰。

李春开，字晦美，号青岱，明代江西建昌府广昌县人。万历二十五年（1597年）举人，三十七年（1609年）任同安县知县，重修文公书院，清疏双溪河道，修筑旧有城墙，力请减免税赋，同安乡绅勒石纪念。该书未见，但《镜山全集·卷三十八》载有何乔远的序，《清白堂稿·卷四》载有蔡献臣的序。据序称，该书所论乃同安之风俗，旨在纠流俗之弊，矫陋习之谬，以正风而成治。何序录自福建省文史研究馆整理的《镜山全集》，蔡序录自《清白堂稿》明崇祯年间刻本，原题为《李邑侯正俗编序》。

何　序

[明] 何乔远

周末文胜，孔子生当其会，如有用我则当参商之质、本夏之忠。夫文始未尝不庄严而流乃浮靡也，言焉而不揆夫心之所安，行焉而不顾夫道之所合，虽离文远矣，其原皆起于文胜。质焉则具有其体矣，忠焉则必出于诚矣！令天下之人皆出诸诚心而不离其本体，则隆古之风而比屋之尚也。文也者，君子之所以贲其身，俾其合于物采节奏之宜，而究也伪士窃之以为伪，又其究也小人坏之以为非，而其原皆不出于其心之忠。忠散而质漓，质漓而文之伤也，莫之救挽矣，故曰："文而不惭。"夫为治者能使天下之人生其惭心，耻不义而重为邪，于以救文，其庶几乎！

同安令君建武[1]李公示予《正俗》一编，其所以论同之俗，极闾巷之情而尽风谣之变，慨然思所以挽之者，力禁而详言。而予以为同之有此俗也，非同之俗，亦闽中之俗，而天下之俗也。何也？今天下文胜也，君子野人始离其忠质末流之弊，至于破绳毁尺而不知。公慨然以正俗为意，既已力禁而详言，而又思夫欲民之质必己之质，欲民之忠必己之忠，其于树表标轨已得其本原，而公尚叹于世之为令者多传舍其官，坐其以四五载代去，以不得成化于久道。予谓国初官制合于虞氏之三考，正、嘉之间，率用三载迁，而有宋士大夫徙官尤亟，其贤者皆能有以维风而成治，不然何以云期月而可俄顷功化之神哉！天下之事患于不知，知之，患不为。公知而为之，何问旦夕，何问四五载！孟子舆云："德之流行，速于置邮而传命矣夫。"

蔡　序

〔明〕蔡献臣

汉贾谊通达治体，而其疏曰：夫移风易俗，使天下回心而向道者，类非俗吏之所能为也。俗吏之所务，在于刀笔筐箧，而不知大体，知言哉！知言哉！夫汉去古未远，一经秦余，而俗流失、世败坏，遂至可为长太息。使谊生今世、睹今俗，不知作何痛哭流涕也。夫今之俗亦极敝矣，总其凡则，曰淫靡、曰浮薄、曰横恣、曰奇险、曰嗜利无耻，犹未易更仆悉也。

吾同为紫阳过化之邑，号称"海滨邹鲁"。献臣犹记为儿时，父兄所称说风俗淳厚，绝无吴越浇诡之态。即通籍，逮兹仅二纪耳，而耳目睹记，月异而岁不侔。盖地窄民稠，繁费日滋，浮竞日炽，而凌嚣诟诼，忠不顾行，下户窭夫，非寄人篱下，几不能自存活。予欲挽之，而力不能。

　　建武李侯之莅同也，既匝岁矣，惠洽民和，乃出所为《正俗编》示予。予读而叹曰：是救时针砭也。虽公之宇内犹可，况同乎？且邑侯非第言教而已，盖实身有之，却交际、省讌[2]会，示之以俭；禁图赖、严匿名，示之以法；惩投献、听和息，示之以睦；抑奔竞、表节烈，示之以礼。是编一行，吾见同民之饮醇复朴者，非复今之民，而紫阳之遗民也。夫章好示恶、道德齐礼者，良师帅之事也。处乎吏与民之间，而蹈道迪德以阴维颓靡者，贤士大夫之责也。侯所为，属望于缙绅乡先生者，意惓惓甚盛，即不敏敢不嘉欤，士大夫矜式砥柱，以无忝贤侯之教。

　　庚戌[3]

注释：

　　[1] 建武，即今江西抚州市，北宋开宝二年（969 年）始置的建武军，太平兴国四年（980 年），改为建昌军，明洪武元年（1368 年）改为建昌府。隶属于建昌军的广昌县，建县于南宋绍兴八年（1138 年），明至清一直隶属于建昌府。李春开为广昌县人，故文中以古地名称其为"建武李公"。

　　[2] 讌，通"宴"。

　　[3] 庚戌，即万历三十八年（1610 年），为李春开莅同第二年。

齐河县志序（五篇）

《齐河县志》十卷首一卷，上官有仪主修、许琰编撰。

许琰，字保生，号瑶洲，清代福建同安县后浦（今属金门）人。雍正五年（1727年）进士，授翰林庶吉士。因生性傲兀，为睚眦者所中，逐飘然琴剑，放浪于燕、齐、楚、豫、吴越之间，尽发牢骚不平之气，境益穷而诗益工。晚赋归来，杜门啸歌，萧然自得。是书乃许琰往齐河县访其友、知县上官有仪时，应邀编修，成书于清乾隆年间。今尚存，乾隆元年（1736年）刊本藏台北"中央研究院"傅斯年纪念图书馆；乾隆二年（1737年）刻本六册藏中科院；同治五年（1866年）刻本藏上海图书馆。本序录自同治五年刻本。

程　序

［清］程开业[1]

山川宗海岱，文章祖六经。人物以圣贤为极，一方兼备，天下从之，万世尊之，山左固称极盛。雍正壬子冬，余奉命守济南。东方都会，接壤皇畿，首率群僚以襄盛治。尝欲考其山川、人物、文章之美，沿革、废兴、损益，迹旧邦文献，舍志乘奚先？于时郡之属邑，凡十有六，旧志详略不同，纯疵各见。或前人草创而未成全书，或古本虽详而未经续纂。司民社者得毋以簿书日昳而视为不急务乎？我朝一统车书，化极无外。内廷有方舆统志之辑，而各省奉诏纂修通志，盖以久道化成王政，民风日新而月盛。旧志之规模未备、依据失实者，不无望于后人之踵事增华用光兴则也。

齐河距省四十里，当九省之冲，皇华荟会，诸使络绎星驰，北辙南辕，殆无虚日。余因公事往来戾止，见其土瘠民玩。五里之城，紧环济水，河流冲激，横亘东南。夏秋之交，聚潦溯湃，行旅或濡其轨，田庐且狎其波。鱼盐商贾帆樯，风逐云屯。稽匪察奸，尤所注意，纵非险要岩疆，而实此邦之保障。采风问俗者，軿轩之所必驻，噢咻而抚绥之，诚非旦夕间事。考古准今，当必有传信之书焉。

邑令上官，为秦中名进士，治齐有政声。修废举坠，凡有裨于民事者，汲汲无怠。询其旧志缘起，则在前明神庙时，盖宋始易祝阿[2]为齐河镇，金始筑城置县，故实寥寥，记载未广，修于康熙八年，稍分卷帙。而历年既久，残缺荒略，人物典章之盛、土田户口之增、水道桥梁之疏通创建，漫无所稽。而且碑亭感颂、特恩坊表、发扬潜德未登诸志，何以信今而传后？上官令发愤续修，芟芜汰冗，补遗正讹，分类三十有三，厘为十卷。应略者略，应详者详，纲举目张，可鉴□前而为法于后者，靡不备焉。此固体国经野之准绳，吏治民风之实录，而系于人心世道非浅也。

余莅首郡五年，于兹日以循吏与通属诸君子交相儆勉，何以奠黔黎于衽席，何以跻风俗于熙和？材俊蔚兴，井疆丰美，稂莠之奸不作，商旅之至如归，一时兴革可勒成书，以备盛世方舆之采录，不谓上官令已先获我心也。书成，上官令以课最登上考，征朝京师，请序于余。书此以志上官令之克尽厥职，并以风济郡同事诸君子。

乾隆元年余月哉生明[3]，赐进士出身、山东济南府知府加八级、婺州程开业序

上官序

[清] 上官有仪[4]

天地若是其大，古今若是其远，其间之包罗变化，宁有纪极哉？盖山川流峙原委分矣，土田经画疆域别矣，户口之登耗、赋役之增减，若人物、若学校、若兵防，又极其浩且博矣。使无文献以稽其全，虽有囊括宇宙之意，上下千百年之心，究无以观其异而辨其同。是故九丘有著，八索有作，禹贡之星罗棋布，周官之条分缕析，以及夫司马氏、班氏、欧阳氏诸家之书，皆所以穷天地之蕴奥，尽古今之变态，令披览之下，了然若烛照而较然若指掌。即寻章程于会典，求舆图于一统，志亦无不本之于经，协之于史，而何遗于一邑哉！盖犹云霞丽天，而文绣亦焕其采；江河行地而沟洫亦润其流。云霞、江河自成其大，而文绣、沟洫自成其小，天地之间正以大小并存而益彰其盛，则邑乘之作，何能已已。故虽齐邑之在天下，犹沧海之一粒，即齐邑之在山东，无异于泰岱之卷石，而其中之流者、峙者、经者、画者、登耗者、增减者，人官物曲，文事武备，亦各范围于天地而绵亘于古今。其前之所有，今之不必无者，可以观其因；前之所无，今之必当有者，可以观其革。顺天之时，因地之利，以人经之，以事纬之，广搜博采，著为成书，亦可以记往事而昭来兹。况圣天子运际昌期，属在郡邑，莫不蒸蒸蔚起，以彰同文之盛。而齐邑地当要冲，东连会城，西通运道，北接京畿，南入江闽，车马轮蹄，络绎辐辏，兼之三卫绣错者□十□屯，青卫并辖者五十□庄，似非僻壤简邑，落落无所考稽者。

比有仪待罪于兹，逾四载矣。壬子办赈、癸丑办蠲，日无宁晷。然幸蒙国家休养生息之恩、移风易俗之政，俾瘠土化为沃土，而民困以舒，民气以和。虽逋赋积欠，亦无输纳殆尽。更承各宪耕嵘训诲，不至覆辙踬足，得以优其岁月。而诸务渐理，稍有起色。

间从簿书之暇，披阅旧志，知其镇于东汉，邑于金，隶德州于元，
隶济南府于前明，而国朝因之，为前今京口浦公鉴定、闽中蓝公续
辑之者也。观其分门别类，纲举目张，先达耆旧不乏其人已，彬彬
乎可以传信。然自康熙甲寅以迄于今六十余年，虽山川无改，而疆
域、户口、赋役、人物以及夫文章政事，可以参沿革，酌损益者，
指不胜屈。爰暨儒学进邑之闻人故老，咨谋增订。其摭拾所至，搜
罗所及，亦不过为乡邑之故实，非敢谓其合于经而类于史，然而吏
治民风因之以著，所谓天地之大，古今之遥，云霞不弃文绣之微，
江河不择沟洫之细，而为观风问俗之一助者，此物此志也夫。

　　二年岁次乙卯孟□上浣，齐河县关中上官有仪谨撰

许　序

　　　　　　　　　　　　　　　　　　　［清］许　琰

　　今天下车书一统，梯航无阻。余幸际盛世，得恣游观之乐，计
生平驰驱，盖数万里，独未历秦、蜀、滇、黔及邕、桂五管耳。足
迹所至，每欲穷名胜，询习俗，周知天下风土人情，以扩其胸中见
闻，然岂能历历其山渎而眄眄其乡间耶？问地主索志乘，竟日翻
阅，则凡疆域之沿革，古今异变；山川之胜概，兴废有时，无不领
略之，上下千古凭吊。欷歔！往往发为咏歌，以舒其意。而其地民
庶之登耗，人文之盛衰，亦可具见焉。此余随游所到，不肯放过之
一法也。

　　岁在甲寅[5]，出燕赵，过齐鲁，瞻泰岱，涉济汶、龟蒙、邹
峄[6]先圣贤之故里，宫墙树木，往返低徊，腊暮乃抵齐河税驾焉。
齐邑侯上官公度为余同年友，曩在京邸僦屋毗近，杯酒时频。磊磊
恢恢，抱负渊闳。及谒选，得齐。齐右有入都者，余辄询侯起居。
金曰："侯明以断吏，畏民怀凡，修废举坠，道侯所以治齐者，甚

悉。"余固喜为同谱之光矣。

今兹来齐，至其疆，田野修治；晋其城，学校巍焕。肩摩毂击，人犹是也，而斗鸡走狗，一变而为负耒横经矣。《经》曰："入其国，其教可知也。"而非齐人乎？何以大异于昔所闻耶？

迨谒侯，岁晚务闲，欢接故人。敲新韵，吊旧踪，知齐故晏子食邑，豚肩狐裘[7]，轶事犹有传者。盼子守高唐，赵人不敢渔河[8]，荒址仅在。而绵驹[9]以后，歌声犹或善乎？耿弇[10]拔祝阿功勋烂焉。寒烟冷渡，萧萧日暮矣。韩淮阴饮马之池，刘总管看花之台，英雄际会，繁华景象，古丘幽径，俱迷离不可复识。余既喜齐之习俗胜于畴曩，无复功利夸诈之遗，复悲其名胜何以至今举无有存也。侯曰："昔时人已没，今日水犹寒，子无过唤奈何也。欲穷齐之梗概，请与子晤言一室之内，可乎？邑有志，山川、人物具是。不修者，六十余年，久将益梦以泯。子其为襄之。辞取其质，毋或华也；情求其核，毋或徇也；理持其正，毋或颇也。"余曰："此固余游历所索而乐阅者也，愿效一得以助三长矣。"

阅月，书成。上下千百年间典文大备，封建之沿革可溯，景地之兴废可稽，民庶之昔凋敝而今蕃滋，人文之昔寥落而今振起者，俱班班可考。事缘旧以增，文宁野而远。史工既竣，侯属余一言。余曰："昔有之志者识也，昭往古镜来兹也。"又曰："志者，志也。存心于其地者，加意于其志也。君之于齐，教诲而滋殖之，又复征文考献，裁酌精详，以成一邑典故，□□志足□垂后矣。若夫旁搜而博采之，邑诸人士与有劳焉。余学殖荒落，何能赞词？顾余游客也，因述其游之所至，明其乐游之心，而不放过乎游。"如此者以应，而侯遂命梓，以附于简云。

闽中□□许琰瑶洲氏题

宋　序

[清] 宋　焘

方域广而时代遥，建置、沿革、疆里分合之殊，樊然其不一也。世阅世，人阅人，其间盛衰得失，往迹新猷，可法可传之成效甚多，不有纪载，后何述焉？《周礼》职方氏掌天下之籍，以天下土地之图，周知九州之地域广轮[11]之数，辨其山林川泽丘陵坟衍原隰之名物，班史志地里，兼及民风俗尚，历代方隅郡邑，或记山川，或记风土，或记先贤耆旧，至今犹有传者。逮故明而一统有全志，下及郡县，莫不修定成书以昭文献，要皆综古人纪载之体而修书之，俾为政者有所考据，得悉兴除鉴治之要务，民各安其俗而乐其生，志有裨于治也久矣。

齐河，古祝阿，在会城西四十里，当南北要冲。虽地瘠民贫，然近圣人之居，俗颇醇美，忠孝节义，代有闻人。旧志修于康熙十二年癸丑，迄今六十余年无继而辑之者，其间湮没不可枚举。幸邑侯上官公以关中名进士来宰是邦，三年间政简刑清，循声茂著，修废举坠，诸凡就理，兴学劝农，固已桑麻遍野，人文蔚起矣。公余，传绅士父老于明伦堂叙之，以重修为念，捐俸首倡，阖邑欢欣，乐勸乃事。盖考天文，足以省灾祥，顺四时之序以导民；考地利，足以辨土性，则三壤之宜以养民；考建置、食货，足以察古今，鉴得失，因时损益以利民。至于官政有考，某无以某贤以传，足以自镜；选举人物有考，足以为善者奖，不肖者劝；艺文有考，足以见世道人心之升降，知政事之治忽，志之修，乌可已哉？

雍正十三年正月，延聘博学通雅用史笔纪载，遴诸生能文者，多□□搜索参校而纂修之。历五月而告竣，于□□□之往迹新猷，灿然垂诸简册，巨细事备矣，公之所成志也。他日宣付史馆用襄一统之志，将传信于天下后世无难，则志也而通于史矣，宁仅为一邑之盛事已耶！余司铎齐邑，附诸君子之后，躬逢盛事，因叙其事于简末。

教谕宋焘撰书

韩　序

[清]　韩　濋

县之有志，由来旧矣。其区山川别坟壤疏贡赋筐篚者，祖《禹贡》；其标山镇著巨浸泽薮约畜谷户口之算者，祖《周礼·职方》，天象機祥灾沴，祖《洪范》；庶征大易测候，臧否人物，善善务长，祖《麟经》[12]；博稽物产，杂及鸟兽虫鱼，祖《本草》、《尔雅》，又祖《诗》之多识；至于马史《世家》、《列传》之体，《平准》、《河渠》诸书[13]及班固所广八志之例，又经纬而驰骤之，志可易言乎哉！阮亭先生云[14]：天下志乘无过于秦者，于古则有《三辅黄图》、《决录》、《华阳国志》、《太平寰宇记》[15]诸书。后乃有康对山《武功》、王渼陂《鄠邑》、吕泾野《高陵》、韩五泉《朝邑》[16]诸志，莫不文简事核、训词尔雅，得汉唐遗意，盖其人皆才具三长，故其文独甲天下也。

齐邑侯上官公，以秦川名进士，东抚兹土，学优才敏，政通民和。暇乃取齐六十年缺略之书而续成之。其颉颃于《武功》、《高陵》等书也宜也。余忝邑铎，得附简末，幸矣，何赞一词哉！虽然，窃有言焉。齐，故齐域也，齐之名始于殷周太公，履河距海，土宇益广。邑之以齐河称，则始金之齐豫山东，故齐鲁遗封，应号为齐者地固不一，而独斯邑仍名为齐，意此地虽褊小，尊贤尚功，其意犹独存乎？抑功利田猎，其习为尤甚乎！然吾闻风俗与化转移，善治者，不易地；善教者，不易民。今观侯之治齐，俭以律身，慈以待众。修县署以肃观瞻，新圣庙以兴教化，奖有德，褒好义，举节烈，励孝悌，劝农桑，养贫乏，凡所以遵奉上宪加意地方，以仰体朝廷爱养元元德意者，无不实心实政，经画周详。齐之人士沐其政教，秀者勤于庠，朴者安于亩，闾井礼让，嚣竞不生，熙熙然共游太平之盛，以视重礼教、崇信义者，其风宁有异耶！侯之德被于齐者深矣，县志之修不过出其绪余，为齐之景地文献留于永年耳。侯岂区区效章缝铅椠，竞采芳而争漱润，以自夸藻缋已哉。然而文简事核，训词尔雅，实可与从前诸作者相角猎善哉！侯之为志，使侯得操史管当亦如此志矣。是为序。

儒学训导韩瀻

注释：

　　[1] 程开业，浙江永康人。清雍正二年（1724 年）进士，补户部贵州司额外主事，历湖广司主事、山东司员外郎、山东司郎中。雍正十年授山东济南府知府。

　　[2] 祝阿，古地名。位于山东西北部，今山东省德州市齐河县境内。金代置齐河县，以祝阿县城。

　　[3] 余月，即闰月；哉生明，每月初三日。

　　[4] 上官有仪，字空谷，号公度，陕西朝邑（今大荔县朝邑镇）人。清雍正五年（1727 年）进士。雍正十年任齐河知县，乾隆元年修县志，邀其同年友许琰编撰。

　　[5] 甲寅，当为清雍正十二年（1734 年）。

　　[6] 济汶，即山东的济水、汶水；龟蒙，龟山、蒙山的合称，在山东新汶县东南一带；邹峄，即峄山，又名邹峄山，雄峙于孔孟之乡邹城市东南处。

　　[7] 豚肩狐裘，典出《史纲评要·周纪》。春秋时期齐国上大夫晏婴一件狐皮大衣穿了三十年，祭祀祖先的猪腿不能掩满豆器，而心中惦记的是救济生火做饭的士人。豚肩，猪腿。

　　[8] 眄子守高唐，赵人不敢渔河，典出《资治通鉴·周纪二》。齐威王、魏惠王会田于郊，惠王问威王国中有宝否，威王答有"四宝"，其中之一即"吾臣有眄子者，使守高唐，则赵人不敢东渔于河"。

　　[9] 绵驹，春秋时高唐人。齐国歌唱家，后世把他奉为十二音神之一。

[10] 耿弇（3—58），字伯昭，扶风茂陵（今陕西省兴平市东北）人，东汉开国名将、军事家。建武五年（29年），耿弇渡黄河后先攻取祝阿，后横扫山东，平定齐地。

[11] 广轮，指土地的面积。

[12]《麟经》,《春秋》的别称。

[13] 马史，指司马迁所著的《史记》。《世家》、《列传》,《史记》中的诸侯传记和人臣传记;《平准》、《河渠》,《史记》的八书之两种。

[14] 阮亭先生，即王士祯（1634—1711），原名王士禛，字子真，一字贻上，号阮亭，又号渔洋山人，世称王渔洋，谥文简。清代山东新城（今桓台县）人。顺治十五年（1658年）进士，官至刑部尚书。清初杰出诗人、文学家。王士祯曾在《新城县新志序》（见《蚕尾集》卷二）列出康对山的《武功志》、王渼陂的《鄠志》、吕泾野的《高陵志》、韩五泉的《朝邑志》等明代颇有影响的方志，称其"文简事核，训词尔雅"。

[15]《三辅黄图》，古代地理书籍。作者佚名。记载秦汉时期三辅的城池、宫观、陵庙、明堂、等，间涉及周代旧迹，为研究关中历史地理的重要资料;《决录》，即《三辅决录》，东汉赵岐撰。是书为中国最早的杂传作品，主要收录从汉光武帝以来至赵岐之前已卒之人物，凡三辅地区人物，不分贤愚，一并录之。同时还收录三辅地区的名物;《华阳国志》，又名《华阳国记》，东晋常璩撰。是书为现存最早的地方志，记述古代中国西南地区地方历史、地理、人物等;《太平寰宇记》，宋乐史撰。北宋初期记述中国疆域版图的地理总志。

[16] 康对山，即康海（1475—1540），字德涵，号对山、沜东渔父，明代陕西武功人。文学家，明"前七子"之一。《武功》，即《武功志》，是康海所纂修的武功县志;王渼陂，即王九思（1468—1551），字敬夫，号渼陂，明代陕西鄠县（今户县）人。文学家。《鄠志》，是王九思所纂修的鄠县志;吕泾野，即吕柟（1479—1542），原字大栋，后改字仲木，号泾野，明代陕西高陵人。正德进士，累官至南京礼部右侍郎。明代学者、教育家。《高陵》，即《高陵志》，是吕柟所纂修的高陵县志;韩五泉，即韩邦靖（1488—1523），字汝庆，号五泉，明代朝邑（今陕西大荔东）人。正德三年（1508）进士，官至山西左参议。《朝邑》，即《朝邑志》，是韩邦靖所纂修的朝邑县志。

重镌嘉庆同安县志序（五篇）

　　《嘉庆同安县志》，三十卷，吴堂主修，刘光鼎等纂。

　　吴堂，清代江苏毗陵（今常州武进区）人，举人。嘉庆二年（1797 年）署同安知县。是志系嘉庆三年（1798 年）吴堂续乾隆《同安县志》而修，书前有兴泉永兵道备巴哈布之序和吴堂自序，述修志经过。光绪十一年（1885 年），因原本存世无多，而板毁于兵燹，故同安知县朱承烈筹款重刻。重刊本保持原版模样，唯增朱承烈等人之序。民国八年（1919 年），同安知县高梅仙因考察山川形势之需，寻无县志完本，乃捐俸修补朱承烈的残版，重印刊行。补刊本又增高梅仙的序。该志记述颇为详备。卷一为建置沿革，卷二为疆域、城池，卷三为山川、水利，卷四为都图，卷五为田赋，卷六为学校、典礼，卷七为兵制，卷八为海防，卷九为征抚，卷十为坛庙、寺观，卷十一为公署、驿传，卷十二为古迹、坊表，卷十三为灾祥、恤政，卷十四为风俗、物产，卷十五与十六为职官，卷十七与十八为选举，卷十九为名宦，卷二十至二十六为人物，卷二十七至二十九为艺文，卷三十为外纪、旧序等。卷首列有纂修人姓氏以及凡例、图。清嘉庆三年（1798 年）原刻本藏福建省图书馆；光绪十一年（1885 年）朱承烈重刊本藏福建省图书馆、福师大图书馆、上海图书馆、中科院、辽宁省图书馆、南京图书馆、国家图书馆；民国八年（1919 年）高梅仙补刊本藏厦门市图书馆等。原刻本巴哈布和吴堂的序已收入《厦门古籍序跋汇编》，本光绪重刊本序和民国补刊本序录自民国高梅仙补刊本。

光绪重镌朱序

[清] 朱承烈[1]

　　《同安县志》，合厦、马、金汇为一编。其地大，其物博，洵巨观也。惟是编成于嘉庆年间，延今八十余载，未及重修，而原板毁于兵燹，求其残编断简藏在民间者，不过数帙而已。前之官斯土者，亦尝创议重刊，而卒不果。承烈莅任以来，日与诸君子筹款兴工，乃甫觅一善本付之剞劂。适奉檄调署邵武，幸赖黄蔚斋广文[2]商同诸绅共蒇其事。从兹博雅之儒得以家置一编，互证其所闻所见。即来宰是邦者，亦可藉以考古证今，采风问俗，则是编之重刻，未始非资治之一助也。若夫踵而增之，续而辑之，纲罗散佚，采掇遗闻，则非一朝一夕之功，姑以俟夫后之继起者。

　　光绪十有一年小春月穀旦[3]，赐同进士出身、知同安县事朱承烈撰

光绪重镌钟序

[清] 钟芝贵[4]

　　大凡邑必有志。邑之志，即邑之史也，所以纪民俗之污隆，政治人物之盛衰及疆域、建置等类，悉载于此。志之所关非浅鲜矣。

　　《同安县志》续修于嘉庆三年，迄今八十余载。其板毁于兵燹，即原本藏在绅士家者，亦寥寥无几，多残缺破坏。恐迟之又久，即欲求一断简残编以征文考献而不可得。芝贵于数年前曾与前邑侯张君仲勋、任君东初[5]捐资筹款，商同诸绅议重刻焉，而竟中止。是岁十月冬，幸邑侯朱伟轩毅然筹款，会商广文黄蔚斋及诸绅，亟召

手民重镌焉。不数月，克蒇厥事。因思莅斯土者，若不亟为重刊，恐一遭泯灭，将何以考污隆、鉴得失而察盛衰者乎？夫同为朱子过化之区，素称海滨邹鲁。此数十年中，其间忠孝节义与宦游政绩，卓卓不朽者，想难枚举。更愿诸君子广为搜罗，详为采访，果能协力而续修焉，尤余之所厚望也夫。是为序。

时光绪十一年乙酉嘉平月[6]穀旦，钦赐花翎副将衔、特授福建陆提同安营参将钟芝贵拜撰

光绪重镌章序

[清]　章国均[7]

《同安县志》于乾隆三十二年吴赓南[8]邑侯远聘篁村陶君[9]总纂续修。陶，浙中名宿也，与袁简斋[10]先生订文字交，声望噪一时。故所修之志，古藻纷披，条例精密，当日梓行，遐迩先睹为快。旋经杨蓣圃[11]方伯略加校核，更臻粹美。嘉庆二年，邑人高氏捐资重修，尚见义举。特将各门类序引概行更易，辞义转不如[12]前耳。前任朱伟轩明府，驰誉南宫，出宰斯土。因邑志书板已毁，亟议修镌，拟将前后续修两志斟酌损益，以复乾隆间遗矩。乃筹款甫备，而移调邵武，行李匆匆，未加厘订。以乾隆至嘉庆初，多获数十年纪闻，姑就嘉庆时志，嘱黄蔚斋司铎及诸绅董，暂付剞劂，以俟后来。国均于去年冬月承乏于兹，簿书鞅掌，征文考献未遑也。既而询悉志书刊竣，而刷印需费，爰再设筹蒇事，并略抒管见，附于序末。计自嘉庆迄今又经九十余载矣，后君子续修有日，取前后两志而絜较之，删繁补缺，当必有椠椠[13]大笔而增一邑之光者。是为序。

光绪十二年端月[14]穀旦，诰授奉政大夫、同知升衔补授台北

府宜兰县知县、知同安县事、沅陵章国均撰

光绪重镌黄序

[清] 黄庆熺

《同安县志》续修于嘉庆二年，迄今八十余载矣。叠经兵燹，板毁无存。时乙酉[15]冬，明府朱伟轩筹款重镌，嘱熺及诸绅董之，且曰："及今不刷，后恐湮没难稽。"阅四个月而告峻。噫！计自嘉庆至今数十年间，邑之节烈、仕宦者不计其数，欲综核而续修之，非容易事也。姑就断简遗编，刷而存之。后之君子有能博采遐稽而增修焉，尤予之所厚望也。夫谨缀数语附于序末。

光绪十二年丙戌端月，调补同安学教谕黄庆熺撰

民国重镌高序

[民国] 高梅仙[16]

戊午秋，余奉大府檄权理同篆，适当兵燹以后，四郊多垒，遍野莪苻，载道流亡，不遑安集，簿书外无暇他及。会浙东童公[17]统师莅此，考察山川形势，询及邑志。遍寻无完本，未有应也。承乏数月，幸免丛脞[18]，暇乃搜集原板，缺坏已多。于是自捐俸资，残者补之，损者益之，亟付剞劂，藉成全璧。

余维志者，记也，其名始于《汉书》十志。县之有志，所以纪一邑之掌故，关系甚重。同安自入民国，金、鹭两岛割隶他邑，原有疆域亦稍削矣。后之君子必有踵旧志而制作者，则此日之抱残守缺，或即为他年考献征文之一助，要亦邦人士所乐于赞同也。既蒇事，用书数语以志鸿雪。

民国八年己末孟春，知县事彭城高梅仙撰

注释：

［1］朱承烈，号伟轩，浙江会稽（今绍兴市）人，清光绪六年（1880年）进士，授处州教授，迁同安知县，后调任邵武知县。

［2］黄蔚斋，即黄庆煐，号蔚斋，清光绪十一年（1885年）任同安县学教谕。广文，唐天宝九年设广文馆，设博士、助教等职主持国学。明清时因称教官为"广文"。

［3］小春月，农历十月的别称；穀旦，旧时常用为吉日的代称。

［4］钟芝贵，广东人。清光绪十一年（1885年）任同安营陆路参将。

［5］张君仲勋，即张元鼎，字仲勋，清代浙江仁和（今杭州市）人。光绪年间任同安知县；任君东初，即任时昕，字东初，清光绪年间任同安知县。

［6］嘉平月，农历十二月的别称。

［7］章国均，清代湖南沅陵（今沅陵县）人，监生。同治六年（1867年）任台北府艋舺县丞，后以同知升衔补授台北府宜兰县知县，光绪十一年（1885年），任同安知县。

［8］吴赓南，即吴铺，字赓南，清代浙江钱塘（今杭州市）人，举人，乾隆二十九年（1764年）至三十四年三任同安知县。

［9］篁村陶君，即陶元藻（1716—1801），字龙溪，号篁村，清代浙江会稽（今绍兴市）人，乾隆贡生，九试棘闱，屡荐不得上，遂南北游历，诗文均负盛誉，时称"会稽才子"。著有《全浙诗话》、《泊鸥庄文集》等。

［10］袁简斋，即袁枚（1716—1797），字子才，号简斋，晚号随园老人，清代浙江钱塘（今杭州市）人。乾隆四年（1739年）进士，官江宁（今南京）知县。以诗名闻于时。著有《小仓山房集》、《随园诗录》等。

［11］杨蘅圃，即杨廷桦（？—1787），号蘅圃，清代顺天府大兴县（今属北京市）人。乾隆二十二年（1757年）进士，乾隆三十六年（1771年）由浙江金华府调补泉州府知府，乾隆四十一年（1776年）卸事。乾隆四十七年（1782年），任福建分巡台湾兵备道。乾隆五十二年（1787年），任山东按察使与布政使。因罪谪台湾知府。

［12］转不如，倒不如。

［13］槃槃，形容大的样子。

［14］端月，农历的正月。

［15］乙酉，即光绪十一年（1885 年）。

［16］高梅仙，江苏彭城（今徐州市）人。民国七年（1918 年）任同安县知事。

［17］浙东童公，即童保暄（1886—1919），字伯吹，浙江宁海人。辛亥革命时，参与浙江革命党人谋划起义，举为起义军临时总司令。民国七年（1818 年）四月，闽、粤军阀混战，浙督命童保暄为援闽浙军副司令，率一混成旅援闽，驻扎同安。

［18］丛脞，琐碎；杂乱。

国策评林序

［清］张星徽

《国策评林》，张星徽评注。

张星徽，字北拱，号居亭，清代福建同安县十七都青屿（今属金门县）人。康熙五十六年（1717年）举人，授望江县令。乾隆六十年（1721年）会试榜出第五名，因对策颠倒被废，自是绝意进取，筑塞翁亭，广罗书籍，读书其中。生平好学慕古，遍读四书五经，尤喜左史、战国策，肆力著述，年老愈加执着。是书于《同安县志·艺文》中著录为两部，一为《天下要书》十八卷，一为《评注战国策全集》十八卷。查清雍正渔古山房刻本，书名页题为《国策评林》，而书口则题为《天下要书》。该书乃张星徽评注《战国策》之著述，有张星徽撰自序、凡例及《历代名公评论战国策》。各卷分别为《周策》、《秦策》、《齐策》、《赵策》等。故可知《同安县志·艺文》所著录的两部，实为一书。该书尚存，清雍正五年（1727年）刻本四册藏中科院；清渔古山房刻本十册藏南京图书馆、残卷五册藏厦门同安区图书馆；清末广州启智书局刻本十册藏南京图书馆。本序录自渔古山房刻本，与《厦门古籍序跋汇编》中录自《同安县志·艺文》的《天下要书》自序对比，此序略有不同，故此补录。

史学之重于天下久矣。有史而即经者，典谟训诰[1]是也；有史以传经者，左国公穀[2]是也。若夫史而庚于经，而史之功实自可孤行于千万世者，则《战国策》[3]而已。编年始于左氏，纪传创自司马，之二体者，《策》未有一焉。然《策》则实鼎峙于左史之间者，盖雄杰之气、精密之法，直接左氏薪传。至于奥窔理腠、曲折起灭，无不缒幽凿险，而出以成其窅深刻峭、高冷回盘之致，则又与左分道扬镳，貌似而神不同也，太史公因之以成《史记》。后之谈史法者，于兹问津焉，《策》之功可谓伟矣。若乎叛经离道，则岂作者之罪哉？纪述之体，期于实录，虽有巧妆，不能为无盐嫫母掩其丑[4]也，夫而后成一代之信史。后世作史不公，毁誉失实，如班固受金，陈寿索米，魏收使人升天入地，[5]则遂有本无其事其言而傅会之者。且自魏晋以降，不乏丰功盛列，烜赫宇宙，而其间贞夫节妇、忠臣孝子、幽人逸士之畸行，亦多接踵于世，峻绝可喜者也。终以才非写生，事嫌寡色，令读者唯恐卧，往往阅一史而不能卒业。[6]夫周季之风声气习，其可耻亦甚矣。阴谋权变，谲诞倾危，至纵横捭阖之计，而无以加矣。虽使当时之人，犹有心知其事而不能言，言之而不能如其纡回曲折。顾彼著书者，独能以数十字或一二字而尽之，且使览观者如亲接行事于耳目前，则真有工夺造化之奇焉，岂特画笔而已哉[7]？若使之成魏晋以降之书，其为可骇可愕、可歌可泣，又当何如也。[8]盖古今史才之不相及如此[9]。

　　是书自刘子政校正而后，再订于曾南丰。注家则有高诱、鲍彪、吴师道，评家则唐荆川、茅鹿门而外，又指不胜屈。诸公用意若是，其勤者得非如袁悦斋以还，都所称"天下要惟此书者"耶！夫书不必尽合于经义者而后可存。《梼杌》与《晋乘》并列，则亦经之余也。况《策》上承左氏而下引子长，并史家开山祖，其功又匪浅鲜哉！近坊本摘录颇多挂漏，学者以不得见全书为恨，器出于秦汉以上，犹婆娑而珍惜。古书之存者希矣，先秦尤古之最。于其依稀之仅存者，奚堪再刊落也。余不揣固陋，捃摭诸家同异而参核之，字比句栉，裒为全集。盖亦有昔人至宝之好，而乐与世之耽古玩者，共击节而欣赏之也。因据袁氏厚加推崇之意，而颜之曰"天下要书"[10]。

时雍正七年岁次己酉中秋前一日，温陵张星徽北拱氏题于金浦湖野山房之塞翁亭

注释：

[1] 典谟训诰，《尚书》中《尧典》、《大禹谟》、《伊训》、《汤诰》等篇的并称。

[2] 左国公穀，《春秋左氏传》、《国语》、《春秋公羊传》、《春秋穀梁传》的并称。

[3]《战国策》，是一部国别体史书。主要记述战国时期纵横家的政治主张和策略，展示战国时代的历史特点和社会风貌，是研究战国历史的重要典籍。西汉末刘向编定为三十三篇。宋时已有缺失，由曾巩作了订补。有东汉高诱注，今残缺。宋鲍彪改变原书次序，作新注。吴原师道作《校注》。

[4] 无盐嫫母掩其丑，"无盐"即战国时代齐国无盐县（今山东东平县东部）的丑女钟离春，有形容丑女的"貌似无盐"之语；"嫫母"，传说为黄帝之妻，古代最出名的丑女。汉王子渊《四子讲德论》中云："嫫母倭傀，善誉者不能掩其丑。"

[5] 班固受金，乃南朝学者刘勰《文心雕龙·史传篇》中所谓"班固述汉"，"征贿鬻笔"之事；陈寿索米，乃《晋书·陈寿传》中所谓陈寿与丁仪之子语，"可觅千斛米见与，当为尊公作佳传"之事；魏收使人升天入地，乃《资治通鉴》中所谓齐中书令魏收撰《魏书》，颇用爱憎为褒贬，毫不秉公之事。此三件事其实失实，后世不少学者据史考辨，为其"辩诬"。

[6]《同安县志·艺文》的《〈天下要书〉自序》无"无不缒幽凿险……往往阅一史而不能卒业"一段，代之为"又开《史记》法门"一句。

[7]《同安县志·艺文》的《〈天下要书〉自序》无"岂特画笔而已哉"句。

[8]《同安县志·艺文》的《〈天下要书〉自序》此句为"若使之成忠孝节义之书，其可歌可泣又当何如？若使之成忠孝节义之书，其可歌可泣又当何如？"

[9]《同安县志·艺文》的《〈天下要书〉自序》无"盖古今史才之不相及如此"句。

[10]《同安县志·艺文》的《〈天下要书〉自序》，此句为"因据袁氏之说，名之为《天下要书》，海内好古之士，其以余言为不谬否"？

营务杂集序

[清] 陈广耀

《营务杂集》，陈广耀撰。

陈广耀，祖籍厦门，清代福建水师提督陈汶环之裔孙。陈汶环，清代福建同安县厦门人。顺治年间因征战有功，授福建水师提督。康熙十七年（1678 年），沙俄军队进犯，满洲马队不能御敌。康熙二十二年（1683 年），宁古塔都护萨布素奏调南方水师，由提督陈汶环统辖，带艨艟巨舰赴黑龙江征战沙俄。事平后，陈汶环所统率水师遂编为水师营，驻守瑷珲，后随将军衙门迁至墨尔根，再迁齐齐哈尔，成为齐齐哈尔水师营，乃黑龙江史上首支水军。陈汶环及其所率南方水师官兵之后代则世世代代驻守于黑龙江。陈广耀于嘉庆五年（1800 年）拣放水军镶黄旗领，嘉庆九年（1804 年）授黑龙江兵司满汉笔帖式。因感于水师营中"出营入旗者，始而带缺充差，继而霸缺为例，互相争执"，遂于公事稍暇时，将其祖陈汶环"航海而来于平俄所冲之波涛，与营人所受之波折，一一并记"，辑为一书，名曰《营务杂集》，旨在告示同乡同营同荷厚德者，以"恢复衣钵"。该集约成书于嘉庆二十二年（1817 年），然"欲付梓行世，奈所如不合，有志未逮"。光绪二十六年（1900 年），陈汶环九世孙陈福龄授都护总理旗务，继其先祖之业。为补其先人未逮之志，故将"有关营务升途之例，辄旁搜远绍，兼收而并储之"，"或抄袭全案，或摘录一斑，陆续纂入，积成书编"该书除了录入自康熙中叶征剿沙俄以来有关营务船政的奏摺、禀牍外，还补入陈福龄本身所历之事，仍定名为《营务杂集》。至民国三年（1914 年），其友何廷珊披阅是书，改名为《宦海伏波大事记》，并由原水师营员弁捐资刊刻行世。该书尚存，有民国三年（1914年）线装铅印本存世，又有台北文海出版社出版的《近代史料丛刊》本，为第二十九辑，系以民国三年本影印，计三册。本序录自《近代史料丛刊》本，原题"耀祖谱序摘录"。《宦海伏波大事记》尚有民国三年撰写的序言多篇，因多涉及陈福龄增补之史事，故略之。

　　耀不肖，不能有所建树以阐扬先泽于万一，惟橐笔当差，虚縻廪粟。复谬蒙天恩眷顾，于嘉庆九年授黑龙江兵司满汉笔帖式[1]。受任以来，勉竭驽钝，谨守绳尺，岂耀自知策励哉？盖皆缘我祖考代传遗范，郁极将伸，耀曷敢忘其所自耶！

　　兹溯维我始迁祖考，系福建泉州府同安县厦门人氏，讳汶环。公于顺治年间闽地骚动，我始迁祖征剿有功，遂授为福建厦门提督水师军门。康熙十七年，俄人即兴犯中原，满洲马队事不量力，纵其旅若林，罔不敌于俄军，盖以其水陆不相济故也。二十二年，经宁古塔[2]都护萨普素[3]公奏调南方水师数处，悉命我祖统率之。是时，黑龙江无战船。我祖随带艨艟巨舰，并将宁古塔官船拨派一百艘，又将宁古塔台丁、永吉州民人以及十家户流徙自耕自食者，亦拨派随船而为丁壮。惟我族随船征剿而为水军者，盖有其半焉。

　　平定之后，旋蒙谕旨著令我祖为勘定疆界之营主。是功虽勤王而勋同开国，故齐齐哈尔城先无水师营，特以康熙二十三年始设水师总管，在黑龙江瑷珲城驻扎。二十九年，跟将军移驻墨尔根城。三十九年，又跟将军移驻齐齐哈尔城。雍正八年，方设定水军额数，各理差务。嗣于乾隆年间奉旨，在呼兰河城设立运粮船十艘，所用水军即在齐齐哈尔城水师营内拨派前往。我族中之拨派在呼兰河城当差者，故有二户人口焉。且康熙中叶年间，更拨派我族人于宁古塔当差者尚多。雍正八年，吉林省设立砍伐修造战船木植水军三百名，又将我族中拨入此营当差者若干户。自是齐齐哈尔城以及呼兰河城并吉林省城均有我族当差之人。乾隆十年，复蒙恩谕，查黑龙江水师营兵丁内有康熙年间征俄有功之子孙，当与旗兵一样升补，故从此我族中衣冠如旧，不啻连旬霪雨，候睹青天；廿载征途，忽归故里焉。

乾隆五十八年，耀年二十二岁，因思自立，欲勉为国家效力之人，故发愤读书，设家塾、立诚斋，延江右生员程瑞屏先生训课子侄。年二十九岁，蒙恩拣放水军镶黄旗领催。是年，补用达呼哩镶红旗嫩济佐领下额内委官，即委满汉副笔帖式，著在将军印务处行走。年三十一岁，蒙鉴斋观将军、宗室信斋斌将军行文，咨报吏部文选司，照例补授兵司正笔帖式。差务纷繁，恪恭奔走，幸无蹉跌，弥切悚惶。然于公事稍暇时，即将吾祖航海而来，于平俄所冲之波涛与营人所受之波折，一一并记，不得谓与营务无小补焉。

时在嘉庆二十二年岁次丁丑三月十八日，陈广耀谨记于吉林备木水师营衙门之留春馆

注释：

[1] 满汉笔帖式，清代官府中低级文书官员，主要职责是抄写、满汉文翻译。

[2] 宁古塔，有新旧两城。旧城位于松花江左岸支流海浪河南岸，今黑龙江省海林市长汀镇旧古塔村。康熙五年（1666年）迁建新城于今黑龙江省宁安市城地。是中国清代统治东北边疆地区的重镇，清代宁古塔将军治所和的驻地。从顺治年间开始，宁古塔成了清廷流放人员的接收地。

[3] 萨普素，即萨布素（1629—1701），富察氏，满洲镶黄旗，生于宁古塔南马场（今宁安市卧龙乡）。康熙三年（1664年），任宁古塔骁骑校，带兵抗击沙俄入侵，康熙二十二年（1683年），任首任黑龙江将军。康熙二十八年（1689年），参与清俄尼布楚谈判，率水师溯流至尼布楚，以护清朝使团安全。

海疆要略必究序跋（二篇）

《海疆要略必究》，李廷钰撰。

李廷钰（1791—1861），字润堂，号鹤樵，室名"秋柯草堂"，清代福建同安县民安里后滨村（今属翔安区马巷镇）人。承袭养父李长庚封爵，嘉庆十八年（1813年）补二等侍卫，后授南昌城守副将，历九江、南赣、潮州等镇总兵、道光二十二年（1842年）年任浙江提督。咸丰三年（1853年）会办泉属团练，旋进兵厦门剿黄潮，督办厦门军务，授福建水师提督。该书乃咸丰六年（1856年）李廷钰自校刊刻并撰序。分为广东海疆岛澳、福建海疆岛澳、浙江海疆岛澳、江苏海疆岛澳等四目，记述东南沿海海疆概况。其内容乃李廷钰访自舵工、水手而获得的第一手资料，对于当时海上航行具有指南作用。该书著录于《同安县志·艺文》，题作《七省海疆纪程》；著录于《厦门市志·艺文志》，题作《海疆要录》。咸丰六年之刻本今未见存世，唯有清光绪二十五年（1899年）刻本尚存，题为"海疆要略必究"，乃李廷钰之孙李维实重刊并题跋，今藏厦门市同安区图书馆。本序录自该刻本。

序

[清] 李廷钰

从来筹海之书多矣，类皆文人之敷衍，笔墨虽工，然无裨于实用。就中惟陈公《海国闻见录》[1]，庶几为济世之具，且图说兼备，了如指掌，犹虑其所见，诚然所闻，殆未敢深信也。此册既非亲历，亦非摭拾传闻，盖出之于老操舟者，身历其处，辄笔于册。惜乎无图可索，第较之盲人赴路者，不犹有把握乎？爰是与寮寀黄参戎诸君校订，粗可观览，俾我同人各挟一册以自随，庶几履险如夷，共跻安善，夫然后得以同心戮力，扫荡幺氛，以冀毋负我国家设立水师至意。予□□□□，不敢强解，愿诸君之留□。

咸丰丙辰秋仲，润堂李廷钰

跋

[清] 李维实[2]

《海疆要略必究》一书，先大父提师鹭岛时所刊，皆诸将校所述，据事直书，不敢润色，使读者易晓。如黄公挺秀[3]、颜公青云[4]，皆一代伟人。而所载沿海岛屿港澳、沙汕礁石，皆诸公亲历其境，知之最详，非耳闻者可同日而语也。先大父笔而记之，久而成书，遂为校刊，意欲使后辈有所遵循。后不戒于火，板遂毁焉。戊戌春，实官于平潭，晤黄君紫标[5]，谈及往事，出《海疆要略必究》相示。实恐年久无传，为之重刊，以备航海者有所准绳，因识数语于后。

光绪己亥十月廿有一日，李维实谨识

注释：

[1]《海国闻见录》，陈伦炯撰。陈伦炯（1687—1751），字次安，号资斋，清代福建同安县厦门人。少从其父出入东西洋五年。由诸生得荫，充侍卫。康熙六十年（1721年），朱一贵事变起，奏陈易平状。及平，授台湾南路参将。雍正间，晋澎湖副将，旋补台湾镇总兵。后移广东高雷廉、江南崇明、狼山诸镇总兵等职，乾隆七年（1742年）升为浙江宁波水师提督。任职期间，

熟闻海道形势、留心海外风情，故以生平见闻著述成书。是书作于雍正八年（1730 年），分二卷，上卷记八篇，包括天下沿海形势录、东洋记、东南洋记、南洋记、小西洋记、大西洋记、昆屯记、南澳气记。下卷图六幅，包括四海总图、沿海全图、台湾图、台湾后山图、澎湖图、琼州图。

[2] 李维实，李廷钰之孙，袭壮烈伯，任金门协标。

[3] 黄公挺秀，即黄光华，字挺秀，清代福建同安县在坊里岳口保人。由金门左营游击升烽火营参将。咸丰八年（1858 年）阵亡，赐云骑尉世袭、祭葬，加封拓鱼将军。

[4] 颜公青云，即颜青云，字耀登，号梯航，清代福建同安县人。咸同间值国家多故，投笔从戎，历南澳、海坛、福宁等处总兵官，同治六年（1867 年），任福建水师提督。

[5] 黄君紫标，即黄紫标，字贤直，黄光华之子，袭云骑尉，任金门右营千总，征小刀会有功，升金门镇标左营游击，调署水中军参将，封武功将军。

厦门港纪事跋

[清] 姚　衡[1]

《厦门港纪事》，窦振彪撰。

窦振彪（1785—1850），字升堂，清代广东高州吴川（今为湛江吴川市）硇洲岛人。嘉庆十九年（1814年），由行伍拔补为水师千总，擢守备、都司、游击、参将、副将，道光九年（1829年），署琼州镇水师总兵。道光十一年（1831年），升任福建金门镇总兵。次年，奉命平定台湾嘉义县张丙、陈办起事，获赏戴花翎。道光十九年（1839年），曾督舟师击退进犯的英夷兵船。道光二十一年（1841年），英军攻陷广东，临危受命，擢任广东水师提督，旋转调福建水师提督。道光三十年（1850年），卒于厦门任上，赠"太子太保"，谥"武襄"。该书记录南自海南、北至锦州的我国海疆概况，包括岛澳形势和海道水程，间有潮信气候等资料。全书编排较为无序，其内容可分为三：一为记录厦门港口形势与潮汐、风信，篇幅虽不多，然该书题名或由此而来；二为记录沿海各港湾的深浅与礁石辨别；三为沿海海域的航线"针路"，所占篇幅较多。该书今有清三千客斋抄本存世，藏于上海图书馆。本跋录自该抄本。

怡悦亭[2]尚书于道光二十二年十二月初日，奉命至台湾密访总兵达洪阿、道〈员〉姚莹[3]戮夷冒功一案，于次年正月十九日放洋金门镇，弁兵护至崇武海口而还。水师军门窦振彪，派千总蓝雄威带缭手与舵兵二名护行，携书二册，言沿山海诸山之状及沙线

［汕］[4]风暴，南起琼州，北尽金州，无不备载。归，乞窦将军录其副本，因乞武陵周敬五兄照录，而自绘图焉。校正既竟为识其后。

　　癸卯[5]六月二十四日，吴兴姚衡雪逸

注释：

　　[1] 姚衡（1801—1850），字雪逸，清代浙江归安（今吴兴）人。鸦片战争时期曾为怡良的幕僚，后官江西建昌府同知。喜藏书，著有《小学述闻》、《宾退杂识》。

　　[2] 怡悦亭，即怡良（1791—1867），姓瓜尔佳氏，字悦亭，满洲正红旗人。由刑部笔帖式提升员外郎，道光八年（1828年）任广东高州知府，历盐运使、按察使、布政使等职。道光十八年（1838年）任广东巡抚，曾与两广总督邓廷桢严禁鸦片走私。道光二十一年（1841年），接琦善署两广总督。八月被任命为钦差大臣会办福建军务，查实了闽浙总督颜伯焘失守厦门的经过。道光二十二年（1842年），实授闽浙总督。道光二十三年（1843年），被派渡台查办台湾道台姚莹和台湾总兵达洪阿抗击英军案，屈从于耆英等投降派的压力，将姚、达押解赴京。终为时论所讥。

　　[3] 达洪阿（？—1854），姓富察氏，字厚庵，满洲镶黄旗人。历任游击、同安营参将、绍兴协副将、漳州镇总兵等职。清道光十五年（1835年），调任台湾镇总兵；姚莹（1785—1853），字石甫，号明叔，晚号展和，安徽桐城人。嘉庆十二年（1807年）中举，次年为进士。历任福建平和、龙溪、台湾县知县和噶玛兰厅通判。道光十八年（1838年），出任台湾兵备道。鸦片战争爆发，达洪阿与姚莹协力保卫国土。南京条约签订后，英国侵略军璞鼎查借机讹诈，捏称战争期间侵台英军俘虏系遭风"难民"，要求清政府赔偿并惩办姚莹、达洪阿。清政府屈从璞鼎查压力，将达洪阿革职下刑部狱，后加恩免罪；姚莹以知州分发四川。

　　[4] 沙汕，原文作"线"，错字，改之。

　　[5] 癸卯，即道光二十三年（1843年）。

舌击编序

［清］陈维汉[1]

《舌击编》，五卷，沈储撰。

沈储，字粟山，清代浙江会稽（今绍兴市）人。咸丰三年（1853 年），就馆龙溪。其时，闽南小刀会起事于海澄，攻陷漳州、漳浦、厦门、同安等沿海府县，并在厦门建立政权。沈储避难温陵，为泉州知府召为幕僚，参与防剿。咸丰七年（1857 年），小刀会复揭竿而起，沈储又被邀为司徒观察襄治军书。事定，任职兴泉永道署，于闲暇中录摘当时之文移、禀帖，汇编成书。是书乃研究闽南小刀会起义的重要史料。尚存，清咸丰九年（1859 年）厦门刻本五册藏福建省馆、中科院馆、国家馆；旧抄本五册藏福师大馆。另有杭州古旧书店影印本；四库未收书辑刊本，为第二辑第二十一册，据咸丰九年刻本影印。原书有四序，《厦门古代序跋汇编》编纂时，漏录陈维汉序一篇，本书依清咸丰九年刻本补上。

高帝有言："运筹帷幄，决胜千里。"文人舌端固不钝于武士锋端也。余弃儒从戎，枕戈待旦者数载，思挟智谋之士，与偕风尘中，卒未获一遇。虽爪牙死力所向，克有成功，而发踪指示之劳，余亦几于唇焦舌敝矣。

今春三月，观察鹭门幕宾沈粟山先生，出所著《舌击编》以示余。余观其发愤太息似贾长沙[2]，议论风生如陈同甫[3]。自山川要害、民俗驯悍以及用兵险易、事后当成败，靡不若烛照数计而龟卜。窃恨见先生晚，使早遇先生于倥偬戎马间，安在三寸之舌不强于十万之师哉!

　　余独怪兵兴以来,白面书生,目不曾睹古,口不能道今,一旦系籍军中,转瞬之间,云蒸龙变者指不胜屈。而先生胸藏无数甲兵,伏处幕中,卒不能自显其光气。今年过半百,行将老矣。他日余或有事驰驱,为问先生伏枥之余,犹有千里云志乎? 先生当笑而起曰:"视吾舌尚存足矣!"

　　咸丰己未[4]六月既望,南海陈维汉拜题

注释:

　　[1] 陈维汉,清代广东南海 (今佛山市南海区丹灶镇) 人。由茶叶商蒙捐官职起家,募广勇参与福建剿匪。咸丰七年 (1857 年),任福建建宁府同知,以婴城固守并援剿有力,赏花翎。咸丰八年 (1858 年),以候补道员,率兵勇驻防将乐;同治三年 (1864 年) 驻防光泽、邵武,曾于南平西芹剿王贵生等。光绪十一年 (1885 年) 因所带防兵恃强扰民,被革职。其弟陈翀汉亦至闽捐得候补知府。

　　[2] 贾长沙,即贾谊 (前 200—前 168),西汉河南洛阳 (今河南省洛阳市) 人,著名的政论家、文学家。

　　[3] 陈同甫,即陈亮 (1143—1194),南宋婺州永康 (今浙江省永康市) 人。思想家、文学家。

　　[4] 咸丰己未,即咸丰九年 (1859 年)。

瀛环志略序跋 (二篇)

《瀛环志略》十卷，徐继畬撰。

徐继畬，号松龛，山西五台县人，进士出身。清道光二十年（1840年）署理福建汀漳龙道，力主禁烟，备战海防。道光二十三年（1843年）升任福建布政使，移驻厦门，兼办通商事务。徐继畬以为"以商制夷"必先考夷情，故自美国传教士雅裨理处钩摹世界地图册，又从郡守霍蓉生处得地图二册，反复询译，参与中外地理文献详加考证，撰成是书，于道光二十六年（1846年）离厦时完成初稿，初名《瀛环考略》，道光二十七年（1847年）定名《瀛环志略》，翌年于福州付梓。是书以图为纲，以说为纬，按洲分卷，以洲系国，除皇清一统地图外，共有总分图四十四幅，先叙地球中心，后叙四大洲，各国疆域形势、沿革建置、典章制度、气候物产及风土人情等均有详细叙述，为第一部中国人编撰的合乎地理学概念之世界地理图志。今尚存，清道光二十八年（1848年）徐氏刻本藏上海图书馆、山西省图书馆、香港大学图书馆；清道光三十年（1850年）福州抚署刻本六册藏香港中大图书馆；日本文久元年（1861年）阿阳对嵋阁刻本藏上海图书馆、香港中央图书馆；清同治五年（1866年）总理衙门刻本藏上海图书馆；清同治十二年（1873年）揆云楼刻本藏上海图书馆；香港中大图书馆；清光绪六年（1880年）楚南周鲲刻本藏上海图书馆；清光绪十九年（1893年）鸿宝斋石印本藏上海图书馆；清光绪二十三年（1897年）上海书局石印本藏上海图书馆；清光绪二十四年（1898年）老扫叶山房铅印本藏上海图书馆；清光绪二十四年（1898年）新化三味书室刻本藏上海图书馆。另有小方壶斋舆地丛钞本，入第十二帙；

续修四库全书本，入史部地理类。《厦门文献序跋汇编》收入道光二十八年（1848 年）徐氏刻本的四篇序，而日本文久元年阿阳对嵋阁刻本比之增出刘韵珂、刘鸿翱两篇序（缺陈庆偕之序），今补之。本序录自阿阳对嵋阁刻本。

刘　叙

[清]　刘韵珂[1]

　　粤自两仪奠位，八极造基，北辰悬象，南维凑汐，《周髀》[2]设四隤之喻，邹衍[3]创九州之说。固知高卑复绝，纵横可度其环周；盈冲显殊，经纬易循其布算。然而洪荒悠远，甄索实难。《禹贡》[4]纪要荒之域，未扩寰垠；《周官》[5]志职方之典，仅赅中宇。其有探赜殚纮，搜奇沈墨，则九都辽廓，名诡山经；十洲育渺，记侪郢说，以为定论，殆或未然。史氏代兴，殊方爱记。条支、奄蔡[6]，传坼大宛[7]；弱水、流沙[8]，迹穷西域。身毒启疆于博望，大秦[9]通译于永元。至若青羌丹粟之乡，县度绳行之国，六朝以降，载籍屡传。顾欲极亥章之步，掌示而数恒沙；探甲乙之藏，眉列而阵坤载。稽之群册，只益憒如。

　　松龛中丞，综贯百家，淹通七略，智绝舆图之学，识精形势之言。盖自簪笔西清，以迄建牙南峤，固已韫五岳于寸心，镜二垂于尺素。又以为，盘圜盂方，乃宙合自然之理；左舒右辟，实造化无穷之运。将牖荒而烛远，必践实以征详。于是旁搜四裔，遍求众说。爰有海西诸国，用呈缋事，原其帆樯之所经，测候之所及，约其围径，参厥广轮，准望分率，致为精审，译其未达，制以为图，并缀前言，藉成信志。效贾耽之画，能别华夷；诵倚相之篇，遂兼丘索[10]。方舆全体，粲然备焉。夫以大块之积，元模之广，绝以

穷荒，阻以巨浸，刚柔轻重，既殊其俗；阴阳燥湿，复异其宜。祝
发而裸，气炎以舒，鞹巾而裘，风肃而敛。蹶张十万，伺星月之盈
虚；摽搚三方，极风霆之变厉。托廪君于白虎，誓佽布于黄龙，露
紒而谒祆神，焚顶而亲梵法。袭屠耆之贵，则铢戟称雄；呈犁
鞬[11]之琛，则锥刀是竞。俶诡情状，控扼爰艰，要其盛衰迭代之
效，沿革迁流之故，割据并吞之势，祸福倚伏之形，前后同轨，古
今一辙，则观伏波之聚米，善审机宜；萧相之披图，皆知阨塞。有
心斯世者，宜可深长思矣。

　　近世志外域者，代不乏人。然或咫闻尺见，鄙儌无征，浩引曲
称，浮夸鲜实。舛东西之界，奋鹏翮而稽程；误转注之方，调鴂音
而变响。讹谬之袭，有识为讥。中丞独埽謷言[12]，衷诸一是。大
之襄括四隅，棋置六合；小之犀烛品汇，象图神奸；上之为远抚长
驾，考镜得失之资；下之为殚识博通，援核后先之本。而余又与中
丞共治海邦，抚辑彝夏，有以见其用志之密，度物之明，慎枢机于
一室，恢磅礴于万里者，盖如此也。

　　道光己酉[13]夏四月，汶上年愚弟刘韵珂拜撰

刘　序

［清］　刘鸿翔[14]

　　吾阅康熙年间西洋怀仁《坤舆全图》[15]，周围九万里，宇中山
川、城郭、民物了如指掌。古之言地球者，海外更有九州，今以图
考，则不止九州。或曰九州，天下八十一州之一，今以图考，则无
八十一州。或曰海则水溢出于地者，地尽处复有大瀛海环之，天地
之际在焉，图中亦不记。或曰较小于地，故能容光必照，长白何太
安易说，天一度二千五百里，共八千余万里，如此则日不逾时即周

天，地球乃天中之一丸，图中亦不载。上世《山海经》之奇怪，全属空撰。近时《海国图志》[16]，大半臆说。即《海国闻见录》[17]，与舆图尚未尽合，况能详舆图之所未详乎？

今福建中丞、五台徐松龛，博物君子也。自道光癸卯[18]于役厦门，得泰西人地图册子。每接晤英、美两国人，辄披图询译，于大地国土形势，知其涯略。复搜采杂书数十种，阅五载成《瀛环志略》，凡十卷。余读其书，地球环北冰海而生，披离下垂，如肺叶，凹凸参差不一其形。泰西人分为四土，曰亚细亚，曰欧罗巴，曰阿非利加，此三土相连在地球东半。别一土，曰亚墨利加，在地球西半。松龛先绘总图，次各绘分图，次考据，次论断。而曰"志略"者，如北冰海，人皆知之，南极之为冰海，怀仁舆图弗著焉，故不敢言详也。

夫中国天地之心，四夷天地之肢也。故自开辟，神灵继生，伏羲、神农、黄帝、尧、舜、禹、汤、文、武，代天立极。天君泰而百体从令，圣人出而万国咸宁，中庸称声名洋溢乎中国。施及蛮貊，舟车所至，人力所通，日月所照，霜露所坠，天之所覆，地之所载，凡有血气者，莫不尊亲。我朝幅员之广，亘古无二。中华十八省外，南极越南，北极俄罗斯，东极朝鲜，西极雪山葱岭，几得亚细亚之全土。松龛幸生车书人同之世，海洋诸国梯杭而至，谘其所经历欧罗巴、阿非利加、亚墨利加者，谨志其所可信，间补怀仁舆图之所未备，所以扬至诚配天之烈，百世言地球之指南也。

道光己酉孟春，友人潍阳刘鸿翱撰

注释：

[1] 刘韵珂（1792—1864），字玉坡，号荷樵，又号廉访，清代山东汶上（今济宁市汶上县）人。嘉庆十八年（1813年）拔贡，道光六年（1826年）由额外主事升员外郎，历徽州、安庆知府，迁云南盐法道、浙江按察使、四川布政使、广西按察使。道光二十年（1840年）升浙江巡抚，鸦片战争初期，坚决主战。道光二十三年（1843年）擢闽浙总督。

[2]《周髀》，即《周髀算经》，是我国最古老的天文学著作，约成书于公元前 2 世纪，主要阐明当时的盖天说和四分历法。相传成书于周公，故称"周髀"。髀，股也。

[3] 邹衍，战国时期齐国人，阴阳家的代表人物。提出大九州地理观念。

[4]《禹贡》，是《尚书》中的一篇，保留了非常重要的远古地理资料，是研究古代历史地理的重要文献。

[5]《周官》，见经部《周礼定本序》注。

[6] 条支，西亚古国名，在今伊拉克境内底格里斯河和幼发拉底河之间；奄蔡，古代亚洲西北部游牧渔猎民族建立的西域古国。

[7] 大宛，古代中亚国名，大概在今费尔干纳盆地。

[8] 弱水，古水名。《山海经》记载"昆仑之北有水，其力不能胜芥，故名弱水"；流沙，像液体一样可以流动的沙，其性质和弱水一样，也是什么都承担不住。

[9] 身毒，印度的古译名之一；大秦，古代中国对罗马帝国及近东地区的称呼。

[10] 贾耽，字敦诗，沧州南皮（今河北南皮）人。唐代宰相、著名地理学家；倚相，春秋时楚国左史，精通楚国《训典》；丘索，指八索九丘。相传都是上古典籍。

[11] 屠耆，即匈奴；犁轩，西域古国名。

[12] 埽，古同"扫"，打扫；謷，虚伪，欺诈。

[13] 道光己酉，即道光二十九年（1849 年）。

[14] 刘鸿翱（1778—1849），字蓥英，号次白，又号黄叶老人，清代山东潍县（今潍坊市潍城区）人。嘉庆十四年（1809 年）进士，官中书。道光二十年（1840 年）擢福建巡抚，代总督事。鸦片战争时，严防省垣，敌舰无隙可乘。道光二十二年（1842 年）署理闽浙总督。次年专任福建巡抚，道光二十五年（1845 年）致仕。著有《绿野斋文集》等。

[15]《坤舆全图》，南怀仁绘。南怀仁（1623—1688），字敦伯，又字勋卿，清初最有影响的来华传教士之一，1658 年来华，任钦天监（国家天文台）监正，官至工部侍郎，逝于北京，为近代西方科学知识在中国的传播做出了重要贡献。《坤舆全图》是中国古代中文版世界地图的集大成者，是近代以来世界地图史上第一份比较完整的世界地图，于康熙十三年（1674 年）木板印

制。

　　[16]《海国图志》，魏源撰。魏源（1794—1857），原名远达，字默深，清代湖南邵阳金滩人。中国近代启蒙思想家、政治家，清道光二十四年（1844年）进士，以知州用。依据林则徐所辑《四州志》，参以历代史志及当时夷图编成《海国图志》五十卷，乃一部划时代的著作，摒弃九洲八荒、天圆地方、天朝中心的史地观念，树立了五大洲、四大洋的新世界史地知识，传播了近代自然科学知识，开辟了近代中国向西方学习的时代新风气。

　　[17]《海国闻见录》，陈伦炯撰。陈伦炯（1687—1751），字次安，号资斋，清代同安县厦门人。父陈昂从施琅平定台湾，官至广东副都统。伦炯少由诸生得荫，充侍卫。后授台湾南路参将，迁澎湖副将，历台湾、广东高雷廉、江南崇明、狼山诸镇总兵等职，乾隆七年（1742年）升为浙江宁波水师提督。任职期间，熟闻海道形势、留心海外风情，故以生平见闻著述《海国闻见录》，为清代第一部综合性海洋地理名著。成书于雍正八年（1730年）。分二卷，上卷记八篇，下卷图六幅。

　　[18] 道光癸卯，即道光二十三年（1843年）。

显考鳌石府君自记年谱后记

[清] 苏士荣　苏士毓　苏士廉　苏士征[1]

《显考鳌石府君自记年谱》，苏廷玉撰。

苏廷玉（1783—1852），字韫山，号鳌石，清代福建同安县翔风里澳头村（今厦门翔安区新店镇澳头村）人。嘉庆十九年（1814年）进士，选为庶吉士，任刑部主事。擢刑部员外郎、刑部郎中，历松江、江宁、苏州等府知府，擢陕西延榆绥道、山东、四川按察使、四川布政使、署四川总督、加兵部侍郎衔等。道光二十年（1840年）以大理寺少卿致仕，归居泉州。著有《亦佳室诗文钞》和《从政杂录》。是书全名为《皇清诰授荣禄大夫大理寺少卿前四川总督兼管巡抚事显考鳌石府君自记年谱》，苏廷玉自记，其子苏士荣等补葺首尾，编次刊行。全书无细目，可分为三部分：第一部分为概述其家族世系情况；第二部分为自记年谱，乃苏廷玉述自乾隆四十八年癸卯出生至咸丰二年壬子其卒前之生平；第三部分为后记，乃其子苏士荣等追思苏廷玉从政期间的事迹功业。有清刻本藏于福师大图书馆。本文录自该刻本。

　　右《年谱》，府君所自记也。不孝等学疏识浅，莫能仰窥。先人嘉言懿行万一，而手泽所存，深恐久而就没，用是敬谨校刊并就凤所见闻者，吮血濡毫，略陈其概。

　　府君少失怙恃，依伯父母，事之如父母。孝友之性，族人至今历历言之。在厦门玉屏书院肄业，衣食不给者数年。诸生皆出游，惟府君披吟不倦。院长郭韶溪[2]先生异之，给予薪米，教以文艺，学益进。年十八，应马巷厅王南陔[3]先生观风，六试皆冠军。南陔先生奇之，曰："髫龄有此奇才也。"

后成进士，入词垣[4]，改刑部主事。在刑部十三年，所办疑难重案多所平反，刑部以廉能称。外除松江府。蒋砺堂[5]节相因安徽建德县典史秦学建之案京控三次，朱批甚严，案悬数载不得结，奏调江宁府专审此案。逐款审驳，秦学建心服，始行奏结。是数年所不能结者，府君一时结之，盖至诚动人，虽刁健无能为也。回松江任四阅月，松郡大治。即调苏州府，前任积案三百余件，拖累数百人。府君到任之日，事无巨细，躬亲擘划，匝月间剖决殆尽，囹圄为之一空，吴中有"苏州青天"之颂。事达天听，成皇帝曾为侯官林文忠公、莆田郭兰石廷尉[6]言之。吴赋甲天下，最难办者衿户减纳，民户加征，小民勤动不得养。府君悯之，饬各属衿户照纳，民户减完。自是民得以养。始大僚以为政不难，不得罪巨室，劝后乃依府君办法。权贵啧有烦言，府君不恤也。

接任八月，升陕西延榆绥道。未行，适四府粮道缺出，蒋砺堂节相以粮篆繁剧，非精明强干者不足以胜任，遂奏留调署运一次。大府欲再奏留，府君力求卸事，赴延榆绥之任。未行，即调苏松太道。不数日，升山东臬司。

东省积案浩繁，各属招解人犯错拟罪名甚多，如高密县李孟山一案，杀奸既系奸所又系登时，照律应勿论。府县均以擅杀罪人拟绞。府君提讯详加诘问，犯供甚确，遂提禁除去刑具，发回另拟。首府县胥差私设一屋，不见天日，湫隘异常。每遇户昏田土案，内稍有牵涉者，即私禁勒赎，名之曰"老虎洞"，东人受其害者数十年。府君密遣干员查察情形、地名，亲往勘办，被禁数十人皆发长数寸，面无生色，咸曰："非大人到此，某等不家产尽绝，必入枉死之城矣。"感泣而归。东人迄今歌颂不辍。

后调四川臬司。川中地广人稀，非聚族而居，皆零星小户。帼匪聚党闯入民居，先索酒食，继以轮奸，民不聊生。府君派兵拿获，置之法。在蜀八载，道不拾遗、门不夜闭，民赖以安者数十州郡。升四川藩司，升迁调动悉秉至公，僚属莫敢私谒。川米素贱，突然昂贵。时青黄不接，几成变故。府君开仓赈恤，川民全活者数十万户。升川督。以猓夷屡次荼毒边民，府君自为藩臬时蓄愤已深，将奏请兴师挞伐，以振国威；并请帑项，以应军需。僚属咸以他人节制多年，皆不敢实告。公节制数月，即据实直陈，毋乃骤乎。府君正色曰："不实告，是上欺九重，下罔百姓。不过为一官耳，吾不忍坐视边民水火也。"遂入告。奉朱批以"未能筹画万全"，左迁臬司。

旋升大理寺少卿，致仕回里。复奉旨办理江苏粮台。肃纪陈纲，不遗余力。然所到各任，虽有公明慈惠之称，而为时未久，不若蜀之入人深也。故去蜀之日，万民遮道泣送，父老攀辕卧辙，留靴顶炉，以彩结舆。府君视此赤子依依，亦不禁潸然泪下。此皆不孝等所目睹者也。到京后，祝蘜畦[7]尚书谓府君曰："公白足而坐彩舆，同谱与有荣焉。"京师传为美谈。

府君自筮仕以来，一以国计民生为重，一以开诚布公为心，准情酌理，吏无怨言，民多感德。至历任修葺书院、校刊经书、训饬士子，皆府君生平所乐为者，不可胜述。即不孝等所陈，亦不过千百什一。自癸卯[8]归田，凡敬老慈幼、周恤戚党，无不曲尽人情。闽省义举，如英逆犯顺，招延神枪教式于福州五虎门，训练一带壮氓，皆成劲旅。又命不孝士荣偕弟士准捐资筑土堡于泉州海口，为防夷之具。数载以来，凡有裨于国家桑梓者，皆极力图成。盖精神尚健，虽退居林下，亦不肯宽闲自处也。

不孝等窃喜爱日方长，岂料辛亥二月忽患偏枯[9]之症，延医疹视，参苓罔效，逾年七十旋然弃养。不孝等本当敬述行状，因读府君自撰圹志云：谀墓之文，子孙必乞名公卿椽笔，词多饰而诬，不若自志之切实。诚恐一字涉虚转非，所以承先志，是以谨就府君《自记年谱》并《从政杂录》[10]授之梓人，伏惟当代立言君子俯赐采择。锡之碑表，铭诔以光泉壤，不孝等世世子孙感且不朽。

孤子士荣、士毓、士廉、士征同泣血谨编

注释：

[1] 苏士荣，苏廷玉长子，捐通判；苏士毓，又名毓川，苏廷玉三子；苏士廉，又名克家，苏廷玉四子；苏士征，又名士纶，苏廷玉五子。

[2] 郭韶溪，即郭龙光，字韶溪，福建福清人。清嘉庆元年（1796年）进士，任国子监学正。时主讲厦门玉屏书院。

[3] 王南陔，即王绍兰（1760—1835），字畹馨，号南陔，自号思维居士，浙江萧山人。乾隆五十八年（1793）进士。历任闽县知县兼海防同知、泉州府马家巷通判、泉州府知府、兴泉永道、福建按察使、福建布政使、福建巡抚。

[4] 词垣，宋代翰林学士院的别称，元以后常沿用此称翰林院。

[5] 蒋砺堂，即蒋攸铦（1766—1830），字颖芳，号砺堂，直隶满城（今河北满城）人。清乾隆四十九年（1784）进士。历任御史、江西按察使、云南布政使、江苏巡抚、两广总督、刑部尚书、直隶总督、体仁阁大学士等。

[6] 侯官林文忠公，即林则徐；莆田郭兰石廷尉，即郭尚先（1785—1832），字元开，号兰石，福建莆田人。清嘉庆十四年（1809年）进士，历任国史馆纂修、文渊阁校理、四川学政、左赞善、光禄寺卿。道光十二年（1832年）春，诏授大理寺卿、礼部右侍郎。博学多艺，著述亦丰，有《增默庵文集》、《增默庵诗集》、《芳坚馆题跋》等。

[7] 祝蘅畦，即祝庆藩（1777—1853），字桜三，号蘅畦，河南固始人。清嘉庆十九年（1814年）进士，授翰林院编修。官至礼部尚书。

[8] 癸卯，即道光二十三年（1843年），是年苏廷玉六十一岁。

[9] 辛亥，即咸丰元年（1851年）。苏廷玉于次年三月四日卒于泉州，享年七十岁；偏枯，中医病名，指半身不遂的病。

[10] 《从政杂录》，是苏廷玉归田后，从其二十多年经手的成百上千件司案中，择选出十九件具有典型意义的案例，忆记、编撰而成的政事类作品，于道光二十五年（1845年）刊刻。

东游六十四日随笔序

［清］海外逸人

《东游六十四日随笔》，李春生撰。

李春生（1838—1924），晚清福建同安嘉禾里（厦门岛）人。早年家贫，中辍私塾教育，随以渡船为业的父亲李德声信奉基督教，与传教士交往密切，练就流利的英语口语。初在厦门英商怡记洋行服务，清同治四年（1865年）东渡台湾，任英商杜特的宝顺洋行总办。清光绪十一年（1885年）台湾设省，助巡抚刘铭传改革，兴办蚕丝业、参与台北铁路修建，因功授同知。台湾割让日本后，曾任台湾总督府保良总局会办，台北县参事。清光绪二十二年（1896年）受桦山资纪总督之邀访问日本。归台后不再专注于时务，乃潜心于基督教义理，为宣扬基督教而著书立说。此书乃李春生受邀访问日本之所见所闻的游记杂文集。于光绪二十二年（1896）由福州美华书局出版。今收入《全台文》丛书。本序录自《全台文》第65册。

予友李春生者，原一市侩。此次东游著有《六十四日随笔》，行将付梓，质请弁序。予读之，始而骇然，继而肃然，终而叹谓："天下之游者多矣，将虑绝少遭逢。即有同是之际会，未必肯操如是之苦心；使肯操如是之苦心，亦未必知何处是苦境，又胡能道出苦中之只字哉？"盖今之所谓苦者，是关系统天下盛衰安危之局，非一人之苦也。

是书洋洋洒洒约四万言，一气呵成，无非借游历写劝惩，扬东以抑西。其劝也，上至帝王，下至黎庶，则其所劝者大，而其所惩者亦深矣。读者宜于言外求之，庶乎不失随笔之命意。呜呼！天下之市侩多矣，要皆以无市有，以空市盈，以假市真，以害市利，交相竞市，欲求一关心世道民情若随笔者，亦几稀矣。于是乎敬为之序。

明治二十九年[1]六月吉日，海外逸人拜识

注释：

[1] 明治二十九年，即清光绪二十二年（1896年）。作者或为日据台湾人或旅日华侨，故采用日本纪年。

山钟集序（二篇）

《山钟集》，曾铸撰、苏绍柄编。

曾铸（1849—1908），字少卿，晚清福建同安城内北镇宫人。少时涉猎群籍，及长，随父赴上海经营航运业致富。生性慷慨，乐善好施，常赈济灾民，得赏盐运司、二品官衔、戴花翎。曾两任上海商务总会总理。清光绪三十一年（1905 年）五月，为反对美国之排华风潮，曾铸领衔上海商会通电全国各省协力抵制，并提出"伸国权"、"保商利"口号及抵制美货之五项具体措施。是书由苏绍柄编辑，以曾铸在抵制美货运动的稿件为主，并搜集各方有关函电汇编而成。内容有苛禁缘起、开会抵制、上海和各地来往函电、上海商界和美国领事的谈判经过、正告沪埠美商、实行不用美货广告以及曾铸亲撰的《留别同胞书》等，为 1905 年反美爱国运动之历史资料。其名山钟者，取"国民合群，响应神速，犹如山钟"之意。是书尚存，清光绪三十一年（1905 年）铅印本三册藏厦门市图书馆、南京图书馆等；1958 年广东省中山图书馆参考研究部曾重印 16 开油印刻印本行世。本序录自光绪三十一年铅印本。

何　序

[清]　何卓勋[1]

勋闻新甫之柏，当和煦而不彰；款冬之花，阅冰霜而斯耀，士君子处世，何独不然。曾公少卿观察，其生平庸言庸行足为人所称述者，何可胜道，而世卒未知公即知之亦不多。自抵制美约之议起，而公名始著。

抵制之议缘起于上海商务总会诸公，而发电各埠则公衔署首。孝章要有天下大名，元龙自非余子所及[2]，自此电一传，而抵制之风潮遂激荡于三十五埠。百人高会，下车争问伏滔，众客填门，倒屣先迎王粲[3]。固已各无异议，共表同情；何意阻力横生，私心顿逞。欲肆含沙之毒，偏工闭户之谋。在他人方且以模棱为护己之符，援明哲作保身之计，信陵君妇人醇酒，此外何知；范忠宣医药方书，其他不顾[4]。公则坦然弗惧，怡然自如。壮士行何畏哉，七尺躯肯为奴隶；男儿只此死耳，三升血拼洒风尘。张悌不去，军中谈笑自若；郭璞自知，死日趋避奚庸[5]。此《留别天下同胞》一书，所以作也。自是而后，公名愈噪，儿童走卒亦知君实官衔，妇孺细人咸识彦方名姓。甚至闭扇画放翁之貌，买丝绣平原之真[6]。苏纯不愧三辅大人，萧育洵是杜陵男子矣[7]。

时各埠激于义愤，每日抵约之函来投者，百数十计。夫《吕览》[8]之寒暄，笔札尽出门生；桓温之故旧，书笺都由幕客。而公则心无待索，手不停挥。陈元康数纸俄成，刘宾客百函日答[9]，不过是焉。今幸约可改良，将收效果，此固由各社会齐心诸君子协力，然非公之提倡，又乌能致此哉！顾或谓此不过激于一时之公愤，而非本于平日之素怀，是又不然。

公聪强夙裕，勇敢性成。幼岁攻书，壮年服贾。生财由货殖，子贡犹是大贤；计利妙权衡，谷永依然儒者。而且恫瘝在抱，恺恻为心，极力营伯氏之丧，岂仅薛包让产；厚意恤故人之嗣，宛如郗鉴抚孤[10]。其尤难者，捐资四万，建立义庄（公尝以曾氏瑞芝义庄全案见示，法良意美，粲然有条。余曾为补作序一篇）。孝友任恤睦姻，意沿周礼劳来；匡直辅翼，教本司徒。立法遵范氏之遗，好善比于公之美。马文渊耻为守虏，散积何妨；羊叔子德必及人，扪心无愧[11]。其修善也如彼，其办事也如此，公真人杰哉。今夫位居九列，不如末世有称；家累千金，何若文章远播。

各埠抵约来函，言言本志士侠肠，字字由国民热血，可任其散佚乎？公乃汇为一集，付诸手民，俾志不谖，以纪斯会人心不死，既足弭寰海五大洲窥伺之谋团体结成，亦无负国家数百载甄陶之德，是为序。

光绪三十一年岁次乙巳冬月，高要何卓勋阆樵撰于上海宜自爱轩

自　序

〔清〕曾　铸

此次抵制美约发起以来，函电交驰，全国响应。六七月间来函尤富，极欲悉登各报，而篇幅有限，每憾遗珠寓书，同志或来诘问。此有此所以有汇刊来书，以志热诚之约也。虽外间已刊《华工禁约》初、二编、《抵制禁约纪事》等书，无俟鄙人纂述而久要未践，未免欿然。适苏君梦盦自三吴来，偶及是举，愿任编辑，为之欣喜不置。盖喜苏君为今之热心人，以热心人编热心书，热得其人也。并以国民合群响应神速，颜是集曰《山钟》，遂捡案存函电以畀之。

曾铸识

注释：

〔1〕何卓勋，字阆樵，广东高要人。阅历不详。

〔2〕孝章要有天下大名，语出汉孔融《论盛孝章书》，系孔融向曹操荐其友盛孝章，称其是一个盛名天下、为人所赞的人，请求曹操营救将被孙权所杀的盛孝章；元龙，当指卢循。卢循（？—411），字于先，小名元龙，东晋末年农民起义领袖。

　　[3] 下车争问伏滔，语出南朝宋刘义庆《世说新语·宠礼》，晋孝武帝会见群臣，一落座，即问："伏滔何在，在此不?"借喻荣誉难得；倒屣先迎王粲，即蔡邕跣鞋迎王粲之典故，形容尊重贤才。

　　[4] 信陵君妇人醇酒，典出《史记·卷七十七·魏公子列传》，谓魏公子信陵君沉湎于酒色，后以比喻颓废腐化的生活；范忠宣医药方书，典出《忍经》，范纯仁被贬永州，每对宾客，唯论圣贤修身行己，余及医药方书，他事一语不出口。

　　[5] 张悌不去，三国时孙吴丞相张悌，与晋军交战，大败于板桥。诸葛靓率众来迎，张悌不肯逃命，不久遇害殉国；郭璞自知，东晋著名学者、方术士郭璞，传说能预测自己死期。

　　[6] 放翁，即陆游；平原，即平原君赵胜，战国著名四公子之一；团扇画放翁之貌，买丝绣平原之真，比喻对名人极其钦慕。

　　[7] 苏纯，字桓，东汉永平年间官拜奉东都尉。处事公道，声望很高，人称苏大人；萧育，字次君，号广成，西汉晚期光禄大夫。不惧权势，《汉书·萧育传》有"萧育杜陵男子，何诣曹也"之典故。

　　[8]《吕览》，即《吕氏春秋》，是在秦国丞相吕不韦主持下，集合门客们编撰的一部黄老道家名著。

　　[9] 陈元康数纸俄成，陈元康（507—549），字长猷，广崇（河北威县）人。北魏权臣高欢的重要幕僚。在一次讨伐刘蠡升的行军途中，让人用毡子挡住风雪起草军书，"飒飒运笔，笔不及冻，俄顷数纸"；刘宾客百函日答，刘宾客，即刘禹锡（772—842），字梦得，唐朝彭城人，唐朝文学家，哲学家。其诗《和汴州令狐相公到镇改月偶书所怀》有"酒每倾三雅，书能发百函"句。

　　[10] 薛包让产，薛包，东汉汝南人，汉安帝时著名孝友。双亲没，侄欲分居。薛包只取荒地和旧物；郗鉴抚孤，郗鉴（269—339），字道徽，高平金乡（今山东金乡）人。东晋书法家、将领。永嘉丧乱时，甚穷，乡人尊其名望，轮流给他做饭。往食，辄含饭于两颊，返家吐与所抚的侄子与外甥，使其得予生存。

　　[11] 羊叔子，即羊祜（221—278），字叔子，泰山南城人。魏晋时期著名战略家、政治家。晋代魏后，坐镇襄阳，屯田兴学，以德怀柔，深得军民之心。

张文襄幕府纪闻弁言

[清] 汉滨读易者

《张文襄幕府纪闻》，汉滨读易者撰。

汉滨读易者，即辜鸿铭。辜鸿铭（1857—1928），原名汤生，字鸿铭，号立诚，以字行，福建同安人，清咸丰七年（1857）出生于槟榔屿。十岁随养父母往苏格兰读书，光绪三年（1877年）获爱丁堡大学文学硕士学位，又入德国莱比锡大学修土木工程学、赴法国学法文。光绪六年（1880年）回槟榔屿，奉派新加坡英国海峡殖民政府辅政司职务。旋辞职，剃发蓄辫，归回"中国化"。光绪十一年（1885年）回国，入幕两广总督张之洞，为其司理英文案牍，相随二十年。光绪三十一年（1905年），张之洞荐其任黄浦江浚治局督办，光绪三十四年（1908年）调任外务部员外郎，宣统元年（1910年），宣统皇帝颁赐文科进士荣衔，是年出任南洋公学校长。辛亥革命爆发，声称效忠清朝。民国六年（1917年）参与张勋复辟丑剧，出任外交部长。此后，任教于北京大学，曾到日本、台湾讲学。民国十七年（1928年）卒于北京。宣统皇帝派员致祭，赐谥号为"唐公"。该书用笔记体裁写成，叙述作者二十多年间在传统文化氛围极浓的张府里当幕僚时所见所闻，对晚清掌故礼俗，多有生动的记述。其署名为"汉滨读易者"，未用真名。有汉文铅印本存世，分上下两册，宣统二年（1910年）刊行，在国内各省图书馆中容易寻到。本序录自《清人说荟》扫叶山房本。

余为张文襄[1]属吏，粤、鄂相随二十余年。虽未敢云以国士相待，然始终礼遇不少衰。去年文襄作古，不无今昔之慨。今夏多闲，撷拾旧闻，随事纪录，便尔成帙，亦以见雪泥鸿爪之遗云尔。其间系慨当世之务，僭妄之罪固不敢辞。昔人谓，漆园《南华》[2]一书，为愤世之言。余赋性疏野，动触时讳，处兹时局，犹得苟全，亦自以为万幸，又何愤焉？惟历观近十年来时事沧桑，人道牛马，其变迁又不知伊于何极，是不能不摧怆于怀。古人云：“作易者，其有忧患乎？”识者谅之。

宣统庚戌[3]中秋，汉滨读易者识

注释：

[1] 张文襄，即张之洞（1837—1909），字孝达，祖籍河北沧州，出生于贵州兴义。洋务派的主要代表人物。咸丰二年（1852 年）解元，同治二年（1863 年）进士，授翰林院编修，官至军机大臣、体仁阁大学士。

[2] 漆园，古地名，在今安徽蒙城，战国时庄周为吏之处。此处指代漆园吏，即庄子；《南华》，即《南华经》战国早期庄子及其门徒所著，为道家经文。

[3] 宣统庚戌，即宣统二年（1910 年）。

子部

本草图经序

[宋] 苏 颂

《本草图经》，苏颂主撰。

苏颂，里居、阅历见史部《华夷鲁卫信录总序》提要。苏颂任馆阁校勘时，曾参与修撰《嘉祐补注神农本草》，并为该书作总序与后序。序中提出编撰有图之本草的主张。为此，宋仁宗委以主持其事，历时四年，于嘉祐六年（1061 年）成书。是书考证《神农本草经》以来历代本草，博采民间药方，"探其源、综其妙、验其实"，收载药图九百三十三幅，药方千首，著录植物药三百我种，动物药七十多种，矿物药五十多种，新增药一百多种，李时珍赞其"考证详明，颇有发挥"。该书原本已佚，《同安县志·艺文志》等著有存目，为二十卷。1983 年，皖南医学院尚志钧据《证类本草》和《本草纲目》辑佚出版，题作《本草图经》；另有 1998 年胡乃长、王致谱的辑复本，题作《图经本草》。《苏魏公文集·卷六十五》收有苏颂撰的《本草图经序》。本序录自《苏魏公文集》清道光二十二年苏廷玉刻本。

昔神农尝百草之滋味，以救万民之疾苦，后世师祖，由是本草之学兴焉。汉魏以来，名医相继，传其书者，则有吴普，李尝之《药录》[1]，陶隐居、苏恭等注解[2]。国初两诏近臣总领上医，兼集诸家之说，则有《开宝重定本草》，其言药之良毒，性之寒温，味之甘苦，可谓备且详矣。然而五方物产风气异宜，名类既多，赝伪难别，以虺床当靡芜，以荠苨乱人参，古人且犹患之。况今医师所用，皆出于市贾。市贾所得，盖自山野之人随时采获，无复究其所从来。以此为疗，欲其中病，不亦远乎？

昔唐永徽中删定《本草》之外，复有图经相辅而行。图以载其形色，经以释其同异。而明皇御制又有《天宝单方药图》[3]，皆所以叙物真滥，使人易知，原诊处方有所依据。二书失传，且久散落殆尽，虽鸿都秘府亦无其本。天宝方书但存一卷，类例粗见，本末可寻。宜乎圣君哲辅留意于搜辑也。先是诏命儒臣重校《神农本草》等凡八书。光禄卿直秘阁臣禹锡、尚书祠部郎中秘阁校正臣亿、太常博士集贤校理臣某、殿中丞臣检、光禄寺丞臣保衡[4]相次被选。仍领医官秦宗古、朱有章等编缉累年，既而《补注本草》[5]成书奏御。又诏天下郡国图上所产药本，用永徽故事，重命编述。臣禹锡以谓：考正群书，资众见则其功易就；论著文字，出异手则其体不一。今天下所上绘事千名，其详说物类，皆据世医之所闻见，事有详略，言多鄙俚，向非专一整比，缘饰以文，则前后不伦，披寻难晓。乃以臣某向尝刻意此书，于是建言奏请，俾专撰述。

臣某既被旨，则裒集众说，类聚诠次，粗有条目。其问玉石金土之名，草木虫鱼之别，有一物而杂出诸郡者，有同名而形类全别者，则参用古今之说，互相发明。其茎梗之细大，华实之荣落，虽与旧说相戾，并兼有之。崖略不备，则稍援旧注，以足成文意。注又不足，乃更旁引经史及方书小说，以条悉其本原。若陆英为葫芦花，则据《尔雅》之训以言之。诸香同树，则用《岭表录异》[6]以证之之类是也。生出郡县，则以本经为先，今时所长次之。若菟丝生于朝鲜，今则出于菟句；奚独生于少室，今乃来自三蜀之类是也。收采时月有不同者，亦两全其说。若赤箭本经但著采根，今乃并取茎苗之类是也。生于外夷者，则据今传闻，或用书传所载。若玉屑、玉泉，今人但云玉出于于阗，不究所得之因，乃用平居海《行程记》[7]为质之类是也。药有上、中、下品，皆用本经为次第。其性类相近，而人未的识，或出于远方，莫能形似者，但于前条附之。若溇疏附于枸杞，琥珀附于茯苓之类是也。又古方书所载简而要者，昔人已述其明验，今世亦常用之，及今诸郡医工所陈经效之药，皆并载其方，用天宝之例也。自余书传所无，今医又不能解，则不敢以臆说浅见，傅会其文，故但阙而不录。又有今医所用，而旧经不载者，并以类次系于末卷，曰本经外类。其间功用尤著，与旧名附近者，则次于逐条载之。若通草次于木通，石蛇次于石蟹之类是也。

总二十卷，目录一卷，撰次甫就，将备亲览。恭惟主上以至仁厚德，涵养生类，一物失所，则为之恻然。且谓札瘥荐臻，四时代有；救恤之惠，无先医术。早岁屡敕近臣雠校岐黄《内经》，重定针艾俞穴，或范金揭石，或镂版联编。悯南方蛊毒之妖，于是作《庆历善救方》[8]以赐之；思下民资用之阙，于是作《简要济众方》[9]以示之。今复广药谱之未备，图地产之所宜，物色万殊，指掌斯见。将使合和者得十全之效，饮饵者无未达之疑。纳斯民于寿康，召和气于穷壤。太平之致，兹有助焉。臣学不该通职预编述，仰奉宸旨，深愧寡闻。

注释：

[1] 吴普，三国时魏人，著有《本草》；李尝之，又作李当之，与吴普同为华佗弟子，应也是魏人。著有《药录》，据《隋书经籍志》所载《桐君药录》条下注云："梁有《李当之药录》"，《太平御览》引书目中，亦载有《李当之药录》书名。

[2] 陶隐居，即陶弘景（452—536），字通明，因长期隐居，自号华阳陶隐居，死后，溢号贞白先生，丹阳秣陵（今江苏江宁县）人。注《唐本草》，著有《本草经集注》，是我国医药学史上对本草学进行系统整理的第一人；苏恭，唐代人，唐显庆年间详注《唐本草》，著有《本草拾遗》八种。

〔3〕明皇，即唐明皇李隆基；《天宝单方药图》，唐代图文并茂的药用图谱，相传为李隆基所撰，成书于天宝年间（742—755）。

〔4〕禹锡，即掌禹锡，许州郾城（今河南郾城县）人，天禧进士，官至光禄卿、直秘阁学士。嘉祐二年（1057 年），奉敕与苏颂、林亿、张洞等共同修订《开宝本草》；亿，即林亿，官朝散大夫，尚书祠部郎中秘阁校正，精于医术；臣某，即苏颂；保衡，即高保衡，熙宁（1068—1085）年间为朝奉郎国子博士，太子右赞善大夫。精通医学，曾在校正医书局任职，参加校正《黄帝内经素问》等医书。

〔5〕《补注本草》，即《补注神农本草》，为掌禹锡、林亿、苏颂等人，奉旨会同医官秦宗古、朱有章等人，以《开宝本草》为蓝本，参考诸家本草进行校正补充，编撰而成的药书，计二十卷，于嘉祐五年（1060 年）成书。

〔6〕《岭表录异》，唐刘恂撰。乃地理杂记，共三卷，记述岭南异物异事。是了解唐代岭南道物产、民情的文献。

〔7〕平居海，又作平居诲，五代后晋时人。后晋天福三年，供奉官张匡邺假鸿胪卿出使阗国，平居海为其随行判官；《行程记》，即《十阗国行程记》，一卷，为平居海随行出使于阗国归来后所撰，记于阗国风土及沿途道里山川。此篇行记是研究五代时期西域地理和历史的重要文献。

〔8〕《庆历善救方》，是宋庆历八年（1048 年）宋仁宗命翰林医官院编撰的、专门用于防治蛊毒的医学方书。

〔9〕《简要济众方》，方书，又名《皇祐简要济众方》，五卷，宋周应编，宋皇祐三年（1051 年）颁行。系节取《太平圣惠方》之要者编成。

补刻先魏公新仪象法要后跋

[清] 苏廷玉[1]

《新仪象法要》二卷卷首一卷，苏颂撰。

苏颂，里居、阅历见史部《华夷鲁卫信录总序》提要。元祐元年（1086年），苏颂奉命检校太史局天文仪器，元祐三年（1088年），主持研制观察天体、演示天象和报时的天文仪器"水运仪象台"。是书乃苏颂为重修仪象而作，旨在"记其法要而图其形象"，约于元祐九年（1094年）至绍圣三年（1096年）成书。《四库全书总目提要》称此书"上卷自浑仪至水趺共十七图，中卷自浑象至冬至晓中星图共十八图，下卷自仪象台至浑仪圭表共二十五图，图后各有说，盖当时奉敕撰进者，其列玑衡制度、候视法式，甚为详悉"。英国著名科学家李约瑟誉是书为现存最重要之宋代天文学著作。是书尚存，清抄本一册藏南京图书馆、国家图书馆；清嘉庆刊本一册藏泉州市图书馆；清道光二十三年（1843年）刊本藏国家图书馆、福建省图书馆、厦门同安区图书馆；明抄本一册题作《仪象法纂》，藏南京图书馆。另有四库全书本，入子部天文算法类；守山阁丛书本，入子部；丛书集成初编本，入自然科学类；万有文库简编本；中西算学丛书初编本等。本序录自《亦佳室文钞》咸丰六年同安苏氏刻本。

先魏公《新仪象法要》，上、中、下三卷，图六十四，世无传本。道光壬寅[2]夏五月，廷玉赴浙之文澜阁借校《魏公文集》，获观是书。九月，奉命赴江苏办理粮台，匆匆过浙，因属刘玉坡中丞觅善手照阁本影摹全本，附刻于文集之后，以垂家乘而公同人。是书原委备详《四库全书提要》，阅者可以晓然矣。

注释：

[1] 苏廷玉，里居、阅历见史部《显考鳌石府君自记年谱后记》提要。

[2] 道光壬寅，即道光二十二年（1842 年）。

负暄野录跋

[宋] 王　东[1]

《负暄野录》二卷，陈槱撰。

陈槱，南宋同安县阳翟（今属金门县）人，庆元二年（1196年）进士。《四库全书总目提要》断为长乐人，绍熙元年（1190年）进士，疑有误，待考。是书乃上、下两卷，上卷论石刻、篆法与书法，有"总论古今石刻"、"秦玺文玉刻"、"前汉无碑"、"篆法总论"、"书论"等篇；下卷论学书之法及纸、墨、笔、砚诸事，有"学书须观真迹"、"总论大小字"、"论笔墨砚"、"论纸品"、"论笔料"、"论砚材"等篇。书后有元至正七年（1347年）王东题跋。该书尚存，明抄本一册藏北师大图书馆；吴翌凤校清抄本一册藏北师大图书馆；清初抄本一册藏辽宁省图书馆、国家图书馆；清嘉庆四年（1799年）桐川顾氏刻本藏北师大图书馆。另有《四库全书》本，入子部杂家类；《知不足斋丛书》本，为第二十六集；《美术丛书》本，入初集第三辑；《丛书集成初编》本；《吉石庵丛书》本。本序录自《四库全书》本。

右《负暄野录》一帙，莫知何人所述。其发明古今碑刻及翰墨诸法，后又附以文房四宝之评，盖博雅之士也。先君俾茅云山草录，而不及楷誊，遂致纸板散乱。至正七年五月初吉，梅雨连日，因理故书而缉之，计其岁月则四十九载矣。光阴去速，可以慨叹。拜手而题于左。

王东起善敬跋

注释：

〔1〕王东，字起善，元代吴下（一作苏州）人。藏书家。据石岩（字民瞻）作《续夷坚志序》称："吴中王起善博学且勤，人有异书，必手钞之。"

刻次崖批选绳尺论序

[明] 刘存德[1]

《批选绳尺论》，林希元编撰。

林希元，里居、阅历见史部《安南奏疏引》提要。是书未见，疑已佚，诸志艺文亦未见著录，唯有刘存德的《结壑堂遗稿·卷六》载有《刻次崖批选绳尺论序》一篇，乃刘存德为林希元之子林有梧刊刻该书时所作的序。据明焦竑《国朝献征录·卷一百二》载《云南按察司金事林公希元传》称，林希元著有《宋绳尺论》，当为该书。宋代科举，每试必有一论，较诸他文应用之处为多，故有专辑一编以备士子学习揣摩。宋魏天应编的《论学绳尺》就是较为著名的论学专书。其专收南宋科场论文，有笺注、批点、讲评。"论学"之称自此始。从此序中可见，此《批选绳尺论》当是林希元对宋元人士科场论文的批注。本序录自《结壑堂遗稿》清乾隆三十三年（1768年）重刊本。

木从绳为直，从尺为曲。论学以绳尺名，犹言学论者之规矩也。是作多出宋元人士，非复先秦两汉时语，于今无足多让。惟篇有其体，辞发其意，虽阖辟[2]驰抗，变化无穷，然率数语一反顾，未尝谩为辞说，而索之茫然，如业屦者之为蕢也。

次崖先生雅崇古作，至于是论，独以为有救于时弊，乃篇摘而指授其关键。未果梓行，乃子有梧遂成其志，出诸笥中，属余补所未备，且为之序。余知先生之意，盖以规矩诲学者，其有所工于规矩之外，则愿学者之自得也。若其巧不足徇，是守之以至于隳，其不为俗学者几希[3]。

注释：

[1] 刘存德，字至仁，号沂东，福建同安东桥（今属厦门市同安区大同街道）人。明嘉靖十六（1537 年）、十七年（1538 年），联第进士，初授行人，奉使益王府。嘉靖二十二年（1543 年），授浙江道监察御史。嘉靖二十五年（1546 年），任巡盐御史，巡视两淮。后出任松江府知府、南康知府、浙江按察司巡视副使、广东巡视海道副使兼番市舶提举司。

[2] 阖辟，指文章笔法的变化。

[3] 几希，不多，无几，甚少。

琴庄笔记序

［明］何乔远

《琴庄笔记》，黄文照撰。

黄文照，里居、阅历见经部《两孝经序》提要。此书于《同安县志·艺文》著有存目，题名著录为《琴庄随笔》。今已失佚，唯有何乔远为其所撰之序载于于福建省文史研究馆整理的《镜山全集·卷三十七》，本序录自该书。

古人精通内典，举以通斯文者无如王摩诘、白乐天、苏子瞻[1]数家。摩诘、乐天则以内典通之诗，子瞻则以内典通之文，其余裴休、张商英[2]之徒则内典而已矣。然其所诣亦自有不同者。余尝作《佛论》，以为世尊而见仲尼，仲尼将与之乎，其拒之也？仲尼所以处一世之人，阳货、季康互乡之徒皆可以进。然则世尊而见仲尼，仲尼与之矣。彼其忍辱卑下以持其身，既不殊于观察虑下之旨，而敦敦诱悟众生之意，亦何殊于人立人达之方，至其幻妄世界、虚空一切者，富贵浮云、从吾所好者也。今世之儒徒沿古人辟佛之意，文字之间，佛家一辞不敢措手，此何异世之学唐诗者不敢一字入宋。而近时为制义者，不得越用礼部所限语也。余之鄙意，四夷衣食服用之具，其精且巧于中国者亦多，而中国率用之。至论学论文则曰："彼佛经也，彼佛义也。"讲学之士尤严其禁，而他缙绅人士名为尊佛者，则徒取斋且诵，而身实悖驰之。故夫取佛之义旨以广吾圣人之道者，则圣人之道之大可以兼佛之所能知能言者也。

余友黄懋诶氏[3]夙心东鲁之学，其于人伦日用之间，不敢越之

尺寸，而旁通内典以为余力。居闲读书，偶有所得则笔而记之。谨
闭一室，澄目静心，所以慨叹有怀、惩艾自讼，莫不矩于圣学，而
时时证以佛经诸语，章章法言，字字良箴。呜呼！若懋弢者，其真
善尊圣人而善广之者也。余不能为佛经之言而能知其意，故为懋弢
行之，而为之序而归之。

注释：

[1] 王摩诘，即王维，字摩诘；白乐天，即白居易，字乐天；苏子瞻，
即苏轼，字子瞻。

[2] 裴休（791—864），字公美，唐河内济源（今河南济源）人。唐朝名
相，官至吏部尚书；张商英（1043—1121），字天觉，号无尽居士，北宋蜀州
（今四川崇庆）人。北宋宰相。

[3] 黄懋弢氏，方志所记黄文照之字有丽甫、懋显、季弢，而此处称
"懋弢"，又是另一种说法。查其兄黄文柄之字为懋新，故其字或又作"懋
弢"。

筮仕盟心录序

[明] 何乔远

《筮仕盟心录》，池显京撰。

池显京，字致夫，号念苍，池显方之兄，明代福建同安中左所（今属厦门）人。万历三十七年（1609 年）举人，初授和州知州，因忤巡抚崔廷秀被劾。罢起补湖州通判，转怀庆同知，以前运稽迟被议，解职还乡。是书今未见，诸志艺文亦不著录，唯有何乔远为其所撰之序载于于福建省文史研究馆整理的《镜山全集·卷三十八》，本序录自该书。

商人作会而民始畔，周人作誓而民始疑，不对人而私盟诸心，可自信乎？曰：盟诸心不可信也，盟诸心而又以言诸人则可信也。盟诸心矣，言诸人矣，而又背之，则穿窬之盗也。

吾友池致夫初试为大夫，得和阳[1]焉。作《盟心录》以自誓，切切君父之为重，惟恐其有负于朝廷而辱其先训，致夫之用心可谓笃矣！致夫曰："吾以孝廉为此官也，其途甚促而不延，世之人所不为，轻重者也。虽然促也而延之，不以世人之所以待我者待其身，而以我自待其身，或者其有延候乎？即不延也，犹夫人也，天其或者延之后乎？吴印、况钟，彼何人也，而能立名于世？吾虽孝廉出身，视吴与况，不径庭哉？"

致夫为诸生时即以学行名里中，讲于圣贤之道，兼通西竺之旨，诗律既工，书绘并善。其先公奉常公[2]起家遂昌令，迁铨部以去，遂昌人送之郡界上，牵掣官舟者累日，遂昌人因为立曳舟亭于郡界。致夫既奉圣贤之道，受过庭之训，故以作此盟心之言也。有诸己而后求诸人，无诸己而后非诸人，所藏乎身不恕而能喻诸人者，未之有也，《盟心录》之谓也；可对天知，可与人言，《盟心录》之谓也。夫其以见宾承祭之心，而若为家喻户晓之政，若是而和阳之人不兴起者，则非人也。夫如是，而致夫前路不延则又非世也。然致夫已置延与促于度外，而一意惟恐其有愧于君父，此予所以服致夫之笃而深知其可信也。老氏曰："吾所大患，为吾有身，及吾无身，吾又何患?"夫惟无身则其患自去，致夫之置延促於度外者，老氏之所谓无身者也。

注释:

[1] 和阳，即和州，今安徽和县。古称历阳。

[2] 奉常公，即池浴德（1539—1617），字仕爵，号明洲，明代福建同安中左所（今属厦门）人，池显京之父。嘉靖四十二年（1564年）举人，次年中进士，授遂昌知县，官至吏部考工郎中。著有《空臆录》、《怀绰集》、《居室篇》等。

池致夫篆刻跋

［明］何乔远

《池致夫篆刻》，池显京作。

池显京，里居、阅历见《箧仕盟心录序》提要。池显京擅画，工篆刻。是书为其篆刻作品辑汇，当未刊刻传世，故诸志艺文不著录，仅《何氏万历集·卷十五》中尚存何乔远为之撰跋。本跋录自《何氏万历集》明万历四十年（1612 年）刻本。

耳目不博涉，则篆体不富；胸腹不老苍，则笔势不遒；行款无规画，则疏密不匀；手腕不劲健，则石刻不精；无天慧巧焉，则不能游意象之外。印章虽一技乎，若承蜩贯虱矣。布衣文雅游闲之客致一焉，犹未之游刃也。致夫佳公子，方治经义之业，书草诗画，各臻妙解，又以余力。为此人之多才，何所不至邪？

重订吉人遗铎引

[清] 刘先登

《重订吉人遗铎》，醒庵居士原抄，刘先登评订。

该书原编者醒庵居士为清代钱塘人氏，名讳、阅历不详。刘先登，字二山，号静轩，清代福建同安人。乾隆三年（1738年）举人，乾隆三十二年（1767年）授直隶定兴县知县。刘先登于任定兴知县时，顺天府尹陈兆仑馈赠其同乡编撰的《吉人遗铎》十种。刘先登有感是书有助于"仰身心、饬伦纪"、"唤醒愚蒙"，"因是循照原本，撮其简明易晓者，谬参评注，仍以前刻《戒讼说》附末，并付剞劂"。该书乃节录先贤大儒的格言，分为"立志"、"辨学"、"敦伦"、"种德"、"应物"、"护生"、"位思"、"家宜"、"读书"、"归心"十部分，后附《戒讼说》一篇。该书于乾隆三十六年（1771）初刊于定兴，板藏范阳书院，有刘先登所作之引言说明原委。道光二十八年（1848年），刘先登曾孙刘崧龄、刘柏龄、刘菜龄重校刊刻。该书《同安县志·艺文》著录为《吉人遗谭》。今原书尚存，有清道光二十八年（1848年）小松翠窠刻本，藏厦门同安区图书馆。本引录自该刻本。

古人著书立说，非徒侈华靡、矜淹贯以博名高也。固将以自醒其心者推以醒世，而归于寡过之域，此先正劝诫之功，流于简牍，不啻家喻而户晓焉。

岁丁亥[1]，余奉命知定兴事。邑为畿西南冲途，其中读书怀独行之德者，固不乏人。数年以来，清理积案，不下千余件。反复推究，或因一念之差，或因纤毫之利，或出一时之气愤，〈遂〉至激而成讼，终迷不悟。承谳者，虽悉心讲求，□□□□，而身家半已残破。尝取□人"戒讼"一说，节□□□□□迷途杂出，甚虑尚未足以提醒一切，每欲□□□□□言共相商质，汇稿未就。

　　会陈勾山[2]京兆，以其乡醒庵居士《吉人遗铎》十种邮示。籫火熟读，大抵为承学之士仰身心、饬伦纪之一助。至唤醒愚蒙处，又不翅[3]清夜洪钟，发人警省。凡稍有善念者，得阅是书，未有不竦然起敬，惕惕知为本分攸关。要其大旨，更欲以所裁十种，缩为一语，如世所称阿弥陀佛云者，布满世界，尽世界人变而化之，立地成佛矣。只以三辅无版，人未周知，无由循绎正人之言以维持元气为可惜。因是循照原本，撮其简明易晓者，谬参评注，仍以前刻《戒讼说》附末，并付剞劂，藏板范阳书院[4]，冀广诵习。夫天良人所同具，特患无以感发之耳。自爱者得此循省，或随事指点，或因人类推，将相与观感兴起，耻为不善之归庶几哉？所以醒心者在是，所以醒世者亦即在是。尚何有讼端之未熄耶？是不可为烛暗之一灯乎？毋令居士独醒焉，可也？

　　乾隆辛卯[5]冬至日，同安刘先登书于范阳官舍

注释：

　　[1] 丁亥，即清乾隆三十二年（1767年）。

　　[2] 陈勾山，即陈兆仑（1700—1771），字星斋，号勾山，钱塘（今浙江杭州）人。"桐城派"古文家方苞的入室弟，清雍正八年（1730年）进士，历任知县、顺天府尹、太仆寺卿、《续文献通考》纂修官及总裁等职，著有《紫竹山房文集》。

　　[3] 翅，古同"啻"，但，只。

　　[4] 范阳书院，在河北定兴县城慈云阁北，建于康熙初年。

　　[5] 乾隆辛卯，即乾隆三十六年（1771年）。

家规省括序（二篇）

《家规省括》三卷，黄涛辑。

黄涛里居、阅历见经部《质疑集》提要。是书乃黄涛"采往古修齐懿训"，按类编排，"以为家规"。三卷分为五目，卷一为"元气仁厚"、"孝友"和"齐家总凡"三目；卷二为"十宜"；卷三为"十戒"。篇首有其姻亲李离明的序和黄涛的自序。该书于方志艺文未著录。今原书尚存，有清乾隆刻本，收入《四库未收书辑刊》第三辑第二十一册。本序录自《四库未收书辑刊》本。

李　序

[清] 李离明[1]

天下之风教，始自宫庭而成于贤上大夫。故古者族师党正，皆取其乡之硕德伟望，使聚子弟而教之。审视德行，归于孝友姻睦，而其身类皆洁修仪范，以整齐其家室，故能楷模州里，辅宣政化。降及季世，列国风移，犹有瞻衮衣而戢轶志，睹淑仪而念心结，于以见人心，风俗所赖；于淑人君子，甚大且远也。

锦里文川先生[2]，笃学励行，与叔兄巨川先生[3]，相为师友，风朝雨夕，未尝辍讲。大要皆研经诣微，归于躬行心尊。其事伯兄如严父，壶飧之细，未经咨访不敢专行。家门雍肃，聚指一千有奇，同庋会爨，持满戒盈之意，凛凛劝谕，每饭不忘。故其子弟恭谨俭让，不与凡同。斯则家道由隆，而海邦奉为矜式者也。巨川先生自壮岁隽乡闱，晚入中翰，先生夹决策联捷南宫。兄弟谒告归里，乃整叙家乘，以联子姓；辑四礼以肃家仪。既又采往古修齐懿训以为家规，至详且悉，汇为一编。盖本其平日所为，立心饬行，叮咛告诫之意，非仅取古人糟粕相为警备已也。

夫齐家之道，自古以为难，岂非昵近易以生嫌，好恶难于悉当？故家督不纲，子弟各行己意，丈夫失位，妇人得干外事，徇和偏宠，衅孽丛生。历观史册，自王公以及士庶，祸败皆同一辙。是以成周之化起，于关雎家人之义归，本言行人而不为《周南》、《召南》，其犹正墙面而立，岂不信哉？

今读先生是编，恳笃周至，蔼然睢麟之意，真能使人动其良心，消其戾志。呜呼！观先生之行谊，其家可知也；观先生之条教，其政可知也。余自甲子与先生同学鳌峰[4]，知交甚早。敬慕名门，因遂连婚，故能言其详悉。明年，先生将谒选于上都，以其修之家者献之廷，振励风教之责，非先生其谁任哉！

乾隆丁丑[5]上元，忝姻弟李离明顿首拜

自　序

〔清〕黄　涛

辑《四礼》[6]既竣，附以《礼翼》，又另辑为《家规》。其目五，而采往昔嘉言伟论，以其类丽焉。盖极纤微委琐而详哉！言之《家人》之初曰："闲有家"[7]闲以礼。闲也，正始之道也。其上曰"有孚威如"，正家久远之道也。嗟乎！孚难言矣。今夫门以内，上之有父母焉，等之为兄弟、夫妇焉，下之为子孙焉，又下之则婢仆焉。之数者，皆朝夕昵就之人，而吾日以事。使爱恶周旋其间，一视则乱，偏重则离，譬如心腹、头目以及臂指、发肤，一处受病，竟体不宁。孚之不能，齐何有焉？《象》故推本言之，曰："反身之谓也。"[8]反身故孚，孚故威，而闲之者不坏。然则有四礼以闲其始，不可无家规以孚其终也审矣！今其目一曰"元气仁厚"，元气流则阴惨肃杀之。气消所以经纶大经者此也。次"孝弟"，如竹箭有筍，松柏有心，舒发充达，皆在是焉。反身既备孚，乃可言，故次以"齐家总凡"，挈大要也。明示以的而又大为之防，故以"十宜"、"十戒"终焉。

夫修齐之道，莫备于六经，然圣言精博简奥，未易索研，故录平近警切之言，可以发经义而诱颛蒙。其正言也，能使悚立稽拜；其危言也，能使动魄惊心；其婉诱曲导也，能使手舞而足蹈；其推详善败也，又如烛照而数计其间。或杂以方言，附以管见，总期曲喻不厌俚烦。是以繁搜博采，择而辑之，附于《四礼》之后，反身未能，用是兢兢[9]，吾子弟苟熟玩而服习之，倾覆之祸，亦庶乎其可免矣夫。

时乾隆丁丑岁端月下浣，黄涛书于锦庄精舍

注释：

[1] 李离明，福建平和县琯溪（今小溪镇）人，乾隆三十六年（1771 年）恩贡。著有《李离明文集》。

[2] 文川先生，即黄涛。

[3] 巨川先生，即黄江，见经部《质疑集序》注。

[4] 甲子，即清乾隆九年（1744 年）。鳌峰，即鳌峰书院，在今福建省福州市鼓楼区鳌峰坊，康熙四十六年（1707 年）巡抚张伯行建，培育英才无数，久享"文薮"的美誉。

[5] 丁丑，即乾隆二十二年（1757 年）。

[6]《四礼》，不详。黄涛著有《质疑集》、《锦江诗》、《古今文集》等，然未见是书著录。

[7] 闲，是指防范、戒备；有，可作"于"讲。

[8] 反身之谓也，出自《易经》：《象》曰："威如之吉，反身之谓也。"

意思为《象辞》说：之所以建立尊严和威信能够获得吉祥，是因为这种尊严和威信是通过严格要求自己得到的，而不是通过其他方式。

　　[9] 用是，因此；兢兢，形容小心谨慎。

舟师绳墨教习弁言

[清] 林君升

《舟师绳墨》一卷，林君升撰。

林君升（1688—1755），字圣跻，号敬亭，清代福建马巷厅井头（今厦门市翔安区马巷镇井头村）人。出身行伍，初为偏裨，由黄岩游击擢定海总兵，继任碣石、台湾总兵。乾隆七年（1742年）任广东提督、福建水师提督。乾隆十七年（1752年）任江南提督。是书乃林君升为训练水师而作之管驭之法，详列自操舵而下及众兵所有职掌章程，分舵、缭、斗、碇等四项。篇首有"教习弁言"，统官兵而告诫之，令其一体学习。初为四营僚属各抄一本，互相教习。后其旧隶部下、江南苏松总兵陈奎检点遗编，刊刻成书，分发各队目兵人等讲习。是书尚存，清乾隆三十七年（1772年）陈奎刻本一册藏国家图书馆；另有续修四库全书本，入子部兵家类，据国家图书馆藏陈奎刻本影印。本序录自续修四库全书本。

弁，音便，冠也，即今所谓帽也。弁言者，书之序文，所以言著书之原委，因列于书首，如人头上有帽，故序文谓之弁言。今称营中千、把等官，亦谓之弁者，以千、把居兵丁之上，亦如人头上之帽，同一意也。是书本为教习水师而设，而此一篇，统官兵而告戒之，令其一体学习。其意侧重在官，为全篇之主脑，提通部之大纲，如演戏副末所唱之开场白也，故曰《教习弁言》。以后才分舵、缭、斗、碇[1]四项，末及众兵云。

《司马法》[2]曰："士不先教，不可用也。"然束伍之法、号令之宜、鼓舞之机、赏罚之信，不但无古今，亦并无水陆，万世同道，不容旁赞一说。惟是水师首重战舰，若遇风恬浪静，操驾巡防，有何难处？所患海气溟濛，风涛瞬息，兼以乱礁逆流，掀簸震荡，戍守之险难于陆路者，此也。苟非教之有素，自顾不暇，所望其捍御者安在哉？（《司马法》，《武经》篇名。战舰，即战船也。恬，音田，安也。溟，音明，水黑色谓之溟。蒙，音蒙，淀蒙，细雨也。掀簸，音轩播。捍御，犹言抵敌护卫也。）

历来商渔之徒，颇有精通水务，又苦辞不达意，亘无抉示纤微。即有谙练之弁目，自任以约束调度为职，而于一切行舟事宜，惟捕舵是问。又其甚者，方谓舵、缭、斗、碇，此一枝一艺事也，似不必习，曷亦念为将之道？所谓身先士卒者，非独临阵身先，件件苦处要当身先；所谓同滋味者，非独患难时同滋味，安常时亦要同滋味。而况舵、缭、斗、碇，千金之战舰所系，一船之身命所关，岂可云一技一艺之末，独使士卒该习，弁目不该习乎？虽舟师溅水拖泥，事事艰险，若必顾体统、惜气力，看到口不能开、手不能动，名为坐船之弁目，实同开铺之招牌，可耻孰甚！即使习之，不尽通晓，则同舟之卒，得以欺骗避难，而逆诳（古况切，光去声，欺也）。莫可辨。斯驱策不能明，不可行也。升平日久，比比借为捷径，若使伺候上司，问以某汛、某岛屿、某洋、某礁脉，答应不穷，如瓶泻水，一经随带巡行，岛屿、礁脉认得他，他却认不得岛屿、礁脉。谚云：闭目念文，到底不识一字，其斯之谓与。（比，音秘；比比，犹每每也。捷径，犹近路，言其由水师出身较陆路为快便也。屿，音序[3]，海中洲上石山也。礁，音焦，海中隐石，本作嶕，今俗通作礁，非。）

今圣天子念周瀚（音汗，广大之貌）海，加意水师，凡具出类拔萃之才，不数年而位至大员，可见士卒者，侯伯之根苗也。生逢盛世，急宜互相鼓舞，以膺千载一时之旷典。总之，千言万语，水师技艺不是答应官司府的公事，系尔官兵保身立功、自己贴肉的勾当。你若舵、缭、斗、碇平日学习得十分，到不测时用得五分，亦可保全；若用得八分，已可万全无患。未有到不测时，能用尽十分本事，而从容活泼者也。故俗语有云：到厮打时忘了拳法。全在平日学习时，存想到那遇不测的一般，久而纯熟奥妙。即陡（音斗）遭台飓（颱[4]，音台，俗字无考。飓，本作颶，音具，海中大风。《南越志》[5]云："飓风者，具四方之风也。"又《岭表录》[6]云："秋夏间有晕如虹，谓之飓母。"苏东坡《飓风赋》[7]云："断霓饮海而北指，赤云夹日以南翔，此飓之渐也。"今俗通读为报[8]。），就以平日所学习者用之，一件熟，即得一件之妙。若平日不知学习，即属不要性命的呆（鱼开切，艾平声，痴呆也）子。猝然飓来，便张目丧胆，待命鱼腹，此时悔哭血出，亦属无益。凡尔千把、外委等官，身邀一命之荣，岂可不识指挥，以取罪戾。即尔兵丁吃着粮饷，又有加拔，不要说你安坐一日，少不得你的银米，就是你病一日，也少不得你一厘一合。这粮饷都是官府征比来的民脂民膏，尔等在家，那个不是种田地的百姓，肯想到种田地、完粮银的艰苦，即知今日吃粮饷的容易，并不用耕种担驼。尔等更有那做渔采生业的，拚（音潘，弃也，俗又作拼）却性命，历尽辛苦，尚多亏折，愈知今日粮饷之不呼而至、安坐而得。州县迟误，尚有参罚。朝廷养兵千日，用力一朝，享天高地厚之恩，身为水师士卒，若犹不熟水性，即是不思报答之人，国家要你何用？尔等各具天良，亦曾思量到此否？

本镇仰荷皇恩，谬任以来，无日不恳切训诫，特恐言者谆谆，听者藐藐，虽经分列四甲（舵、缭、斗、碇四项之人），轮流学习，猥蒙圣明俯采，一体遵行。但舵、缭、斗、碇，事固琐碎鄙陋，而其难其慎，又什倍于弓矢干戈。用与三营，将备斟酌考论，分设教习，自捕舵而下及众兵，所有职掌章程，详列于后。

本镇生长海滨，自从戎以及筮仕，数十年虚心问察，字字身试力行。欲使尔等简易遵循，故各条教约，宁言粗俗，而求实效，不敢粉饰而事虚文。各抄一本，识字者自读，不识字者听识字者解说诵读。到行船时，字字依着而行，便觉亲切有味。就是或战或守，俱不外此。（此战守，不是言战兵、守兵，是言或遇海洋打仗交锋，或则出巡防守，俱不外此法则，战则如今水操亦是。）

管驾之法，但不得假借水师，全凭口说，以为骗窃功名之衣钵。（钵，音拨，盂也。和尚传法，有衣有钵。此喻假借水师以骗功名，个个如此，犹和尚衣钵相传也。）殊不思无本之学，即使侥幸得来，一旦奉令巡防，偶有不测，手足无措，势必负罪非轻，贻误不小。想到此际，不知功名在那里，连性命也不知在那里，却不是反害了你。故圣贤学问全在"毋自欺"三个字。天下若有实在本领，凭他怎样颠扑，不得破的。若或稍涉虚假，再没有不败露的日子。尔等捕舵各头目，熟读遵循，便称一个好头目，那个水手敢不听你调度。这就是无惭职守、报答国恩的人了。

所可惜者，尔等终岁在洋，步伐进退，茫无讲求，状貌不异愚蠢乡人，举止全无行伍。所以营伍、水师，二者原难兼得，此千古之通病也。尔等若再能于管驾之外，营伍熟、武艺好，此时求才若渴，功名唾手可得。至尔千把、外委等官，毋耻下问（言自己不晓得不可以问于下人为耻，则不护己短，而水师亦渐明白矣。），毋避劳冗（而陇切，戎上声，杂也，忙也。），毋水陆岐视，局于一途，努力造到全才，庶水师可以出力，陆路亦可报效，异日即为干城腹心之器。（干，盾也，古人以木板为之，上尖下方，兵器所以护卫身体者，如今藤牌之类是也。《诗经·周南》"兔罝之篇"有云："赳赳武夫，公侯干城。"又云："公侯腹心，言其如干如城，可以扞外而卫内；同心同德，可以致治而安民也。"）

本镇于尔各弁目兵丁，实有厚望，不得不万分叮嘱。思之、思之！三军性命、地方安危，藉（音谢，犹言倚靠也）尔舟师。舟师所藉何等重大，尚可诿四甲为夫之技艺，漫不经心而反出商渔下

耶?（言不可不如商船、渔船之人，而反居其下也）各自濯磨，毋
负本镇一片苦心。幸甚、幸甚！

　　诰授荣禄大夫、提督江南全省军门、前浙江定海镇总兵官、同
安林君升敬亭氏著于舟山之镇鳌公廨

注释：

　　[1] 舵，船控制方向的装置；缭，用以固定船帆的绳索；斗，用于登眺
盘旋，占风望向；"碇"，停船时沉入水底用以稳定船身的系泊工具。

　　[2]《司马法》是我国古代重要兵书之一。大约成书于战国初期。宋元丰
中（1078—1085 年）将其列为《武经七书》之一，颁行武学，定为将校必读
之书，现仅残存五篇。

　　[3] 序，闽南话的读音与"屿"相同。

　　[4] 飑，今简化字作"台"。

　　[5]《南越志》，南朝宋沈怀远撰，书已佚。沈怀远，吴兴武康（今浙江
省德清县）人。初为始兴王璇征北长流参军，因坐事徙广州，后官武康令。
《南越志》乃其徙广州时所撰。

　　[6]《岭表录》，即《岭表录异》，三卷，唐刘恂撰。刘恂，唐昭宗时人，
曾出任广州司马，官满，上京扰攘，遂居南海，作《岭表录异》。是书记述岭
南异物异事，也是了解唐代岭南道物产、民情的有用文献。原本久已失传，
四库馆臣从《永乐大典》中辑出，并印入《武英殿聚珍版丛书》。

　　[7]《飓风赋》，传苏轼被贬海南时所作。后人考证，认为不是苏轼作品，
而是其子苏过所作。

　　[8] 报，闽南话"暴"，风暴。

闽海握要图说总序

［清］林树梅

《闽海要握图说》一卷，林树梅撰。

林树梅（1808—1851），本姓陈，字实夫，号啸云，又号瘦云、铁箫生，清代福建马巷厅后浦（今属金门县）人。自小随继父、金门千总林廷福游宦四方，身历目睹，为其一生的经济韬略奠定基础。及长，从周凯、高澍然学古文词，然不屑于制艺之学，而秉承经世致用之志，以布衣出入于当道幕中，曾参赞台湾凤山县、兴泉永道、汀漳龙道、龙溪县诸公政务，经历鸦片战争之闽海战事。民国《厦门市志·艺文志》中著录有林树梅的《沿海图说》、《战船占测》二种存目，《金门志·人物列传》中亦有记载，然未见单行本存世。今尚存世的林树梅道光二十四年（1844年）刻本《啸云文钞初编》之卷十中，则有长达三十五页的《闽海握要图说》，图文并茂，全文分序言、闽海握要总图、海道说、巡哨说、占测说、战舰说、剿捕说、杂录七个部分，与《金门志·人物列传》所记载的《沿海图说》题名相似，而其中"占测说"、"战舰说"又与《战船占测》题名相符，故民国《厦门市志·艺文志》中著录的《沿海图说》和《战船占测》极可能就是此文，或曾作为单行本刊印过。《闽海握要图说》体现了林树梅的海防思想，就其审视闽海形势、以施战守而言，乃一部实用之著述。其中的"巡哨说"、"占测说"等见解颇具代表性。本序录自道光二十四年（1844年）刻本《啸云文钞初编》，参校《啸云山人文钞》传抄本。此文题名为"总序"，即录自传抄本。

闽海当中国东南隅，汉武帝尝遣横海、楼船[1]伐东越。东晋季年，只为攻战所经。安帝时，孙恩、卢循[2]实始为寇，因置典船校尉，又设温麻船屯州兵[3]。陈讨陈宝应[4]、隋击王国庆[5]，皆攻其无备，从海道入。唐置经略、宁海二军。宋置水军于福、兴、泉、漳。其后，蔡襄[6]奏籍渔船教习水战，李纲[7]又奏无战舰水军不能讨捕海寇。元人入闽，蒲寿庚[8]叛，据泉州，擅市舶利三十年。洪武初，命汤和[9]、廖永忠[10]由海伐陈友定[11]，克之。未几，增置福建沿海卫所城及寨游兵船防倭。嘉靖中，倭愈炽，俞大猷[12]、戚继光[13]以客兵入援，卒以收功。此皆前代已事，载诸史策，尤可征者。夫莫为之前，事无可鉴，莫为之后，法无所传。

方今慎重海防，尽革虚饰之弊，水师提、镇、协、营各有专官，在在藩篱，声威远播，诚巩固皇图之雄略也。然而海疆形势，实不易明，盖自岭南迄辽海径七千二百余里，萦折八千五百余桩，非躬亲遍历，安能了悉？前明以来，言海防者颇有专书，今昔悬殊，亦惟附记大略，求其指陈海务有资实用，殆难言矣。

先君子官水师三十余年，常乘风破浪，剿贼重洋，北至天津，东抵辽沈，南极琼崖、交阯，往还数千里，始悉海疆形势之全。树梅童时，随侍镇所，于东南徼外，汛防疏密，斥堠远近，风潮常汐，礁汕浅深，港澳藏暵，匪徒接济诸机宜，躬承庭训，敬识其大且亟者。既而先君子谢世，树梅衣食奔走，再渡台湾。每与宿将老军讲求利弊，益以身所经历，参证前闻，思举其要，资经世之采择。爰著《闽海握要图说》，久乃成书。篇中图先于说者，必按图而后可审形势、施战守也。若夫闽海，洋汊、岛屿、崎岸、营汛，所宜犄角相依，缓急攸资之处，则又绘为全图，缩诸尺幅。其间吞吐迂回，纤微毕见。窃以视诸臆揣，地形南北倒置，其传讹贻误，孰得孰失，必有能辨之者。至于战守异同，所谓安不忘危，备而无患，更著其说，曰《海道》、《巡哨》、《占测》、《战舰》、《剿捕》，而附《杂录》于后。其礁汕、针路、天险足凭，言之不欲径尽，亦以杜奸匪之避趋。诸公有志经世，尚其未雨绸缪，俾长此海疆清晏，又岂惟闽峤一隅独蒙其休哉！

注释：

[1] 横海、楼船，汉武帝曾派韩说为横海将军，杨仆为楼船将军出征东越。

[2] 孙恩、卢循实始为寇，即东晋安帝隆安三年（399年）孙恩领导的反晋农民起义。以海岛为根据地，屡由海上登陆，攻城掠地，大败官兵。后孙恩战败而死，义军推其妹夫卢循为首，继续战斗。

[3] 温麻船屯州兵，《三山志》："晋有典船校尉，又有温麻船屯州兵。"正德、万历府志："州"作"舟"。孙权时代在闽江上游的建安（今建瓯）设立会稽郡的南部都尉（旋改建安郡）统领全闽，在闽江下游的候官（福州）和闽东的温麻（霞浦）设典船校尉和船屯，大力经营造船业与海上交通。

[4] 陈宝应（？—564），福建候官（今福州）人，闽中土著世家大姓，南朝梁时，割据闽中。永定三年（559年），陈朝始行消灭地方割据势力的政策。天嘉四年（563年），发兵闽中，次年水陆急攻，大破陈军，陈宝应被俘，押送建康（今南京）斩首。

[5] 王国庆，福建南安豪族，开皇十一年（591年），据州为乱，自称大都督。隋文帝遂命杨素为行军总管率军平叛。王国庆自以海路艰阻，非北人所习，不设防。杨素乘其不备，泛海而至，王国庆遑遽弃州而走，后降于隋。

[6] 蔡襄（1012—1067），字君谟，宋代福建仙游人。天圣八年（1030年）进士，历知制诰、龙图阁直学士、枢密院直学士、端明殿学士等职。出任福建路转运使，知泉州、福州等府事。卒赠礼部侍郎，谥号忠。

[7] 李纲（1083—1140），字伯纪，号梁溪先生，祖籍福建邵武。宋政和二年（1112年）进士。历官太常少卿、兵部侍郎、尚书右丞。靖康元年（1126年）金兵侵汴京时，任京城四壁守御使，击退金兵。后被排斥，被贬外任。

[8] 蒲寿庚（1205—1290），又称蒲受畊，号海云，宋末元初人，阿拉伯（色目）商人后裔。任泉州市舶司三十年，是宋元时期"蕃客回回"的代表人物，宋元时期著名穆斯林海商。后叛宋降元，终生显赫。

[9] 汤和（1326—1395），字鼎臣，元末明初濠州（今安徽凤阳）人。元

至正十二年（1352 年），参加郭子兴起义军，授千户。次年归属朱元璋，累功升统军元帅。明洪武三年（1370 年）封中山侯。次年为征西将军。十一年，封信国公。十七年，巡视海防。二十年，在浙江沿海先后设卫所城 59 处。后年迈还乡。二十八年卒。

［10］廖永忠（1323—1375），元末明初安徽巢县（今巢湖市）人。元末，随其兄率水军归附朱元璋。兄死，袭职为枢密金院，总领水军。屡建奇功，由中书省右丞拜中书平章政事。洪武元年（1368），拜征南将军，略定福建、两广，以功封德庆侯。八年，坐僭用龙凤诸不法事，赐死。

［11］陈友定（？—1368），一名有定，字安国，元末福建福清人。元末任福建省参知政事、平章，割据于闽中八郡。至正二十七年（1367 年）朱元璋平定方国珍后，遣军南下。次年在延平（今福建省南平市）被朱元璋所俘，押送至应天（今南京市）杀之。

［12］俞大猷（1503—1579），字志辅，又字逊尧，号虚江，明代福建泉州北郊濠市濠格头村人。明代著名抗倭名将，戎马生涯四十七年，四为参将，六为总兵，累官都督。与当时另一位抗倭名将戚继光并称"俞龙戚虎"。

［13］戚继光（1528—1588），字符敬，号南塘，晚号孟诸，明代山东登州人。著名抗倭将领，率军于浙、闽、粤沿海诸地抗击来犯倭寇，历十余年，卒谥武毅。

小演雅序 (三篇)

《小演雅》一卷、《别录》一卷、《附录》一卷、《续录》一卷，杨浚撰。

杨浚（1830—1890），字雪沧，号健公，又号观颏道人、冠悔道人。祖籍福建晋江，后迁福建侯官，晚年定居厦门。清咸丰二年（1852年）举人，同治四年（1865年）任内阁中书，及国史、方略两馆校对官。同治五年（1866年）应左宗棠之邀，主持《正谊堂全书》刊刻。后入为左宗棠幕僚，随征甘肃。同治八年（1869年）游台，受淡水同知陈培桂之聘，纂修《淡水厅志》，次年离台。同治十三年（1874年）抗疏论时事遭指斥，遂归居厦门。晚年致力讲学，曾任教于漳州丹霞书院、霞文书院，厦门紫阳书院，金门浯江书院。其主持紫阳书院讲席达十一年，循循善诱，从游者近千人，多有造就。光绪十六年（1890年）卒于厦门。本书专辑鸟语。有龚显曾、陈棨仁之序和杨浚的自序。今尚存，有清光绪四年（1878年）冠悔堂刻本一册藏国家图书馆，收入《四库未收书辑刊》第八辑第二册；清光绪五年（1879年）诵芬堂活字本一册藏国家图书馆。本序录自冠悔堂刻本。

龚　序

[清] 龚显曾[1]

凉月窥户，新霁媚秋。宿痾初醒，骨癯侣鹤。俗客不来，境谧于鸥。品惊燕之轴，心思与之解逅；展来禽之帖，波磔喜其鲜明。远趣欸翔，新意俄会。于是提胡卢沽美酒，杂家人而试酿。莫损花，无偷果，携竖子以窥园。延眺乎去燕来鸿之天，容与乎唤起催归之径。嘤鸣甫求，雁信适遘。我师、我师，芳腴递于天末；稽古、稽古，逸趣托于毫端。类情博物，繁征非诞，不胫无翼，小技能传。则侯官观颏道人以所编《小演雅》见示也。

夫灵禽饶舌，能掉绵蛮；山鸟呼名，自称格磔。啧啧喳喳，知音免冶长之狱；荧荧同同，释名费仲由之辨。上皇安否，传言于雪衣娘；丁合归来，闻歌于华表柱。孔都护常矜罗幕，氏锡家禽[2]；杜薄州爱斫香斑，号兼越雉[3]。不离飞鸟，赖此能言；说与旁人，岂真不解。洎宋以降，始登诸篇；敩音托题，创格入咏。涪翁《演雅》[4]，以鸥自况；东坡《五咏》[5]，代禽宣言。懊恼泽家，唐韦庄拥鼻初吟[6]；姑恶命薄，范石湖闻声触兴[7]。剥剥卜卜，韩魏公之章[8]；滑滑潇潇，梅圣俞之讽[9]。后有作者弥复艳然，托羽族以摅其郁伊，揣臆喙而宣其愤懑，更仆莫罄，覼缕难名。然而师旷《禽经》[10]，既苦膺托，陆佃《埤雅》[11]亦匪专门。下逮养鹰之法，谭鹑之谱，乌衣香牒，画眉笔谈，仅论豢养，难臻完备。惟公此集，博采无遗。试此翰飞，辨其羽物，胪九鸠五扈之名色，衡五雀六燕之铢两，方兹奥衍。合俪山海之经，出其绪余；大胜饾饤之业，文章游戏，岂壮夫所不为？稽撰繁宏，虽小道亦可观矣。

显曾雉樊气辖，鸠居拙藏，冷宫比附，赘悬旒多。病须丐参，采枸替索，采而逗遛，恨不如归。今出山而淹迟，奈行不得。班鹇衔凤，调待赋夫归昌[12]；割麦插禾，田又乏此负郭。当此氄鷧不舞，扶摇难期，只效鸢鸠之笑，徒窘鸿鹄之志，退鹢未飞涂鸦。自喜每欲与公考据印证，翰墨往还，整理辞条，藻饰章牍，然后涤鹳睛、泚鸡距[13]，俾并世厕续胫之作，名山有附翼之藏，泥爪所留，生面亦辟，岂不使笔墨吐其无聊，闲遆洽其方寸邪？独惜俗埃弥衿，览物未博，愧谰言之奚衷，譬反舌之无声。鷦鹩之托，难语乔荫之巢；榆枋之飞，敢媲南溟之运。则刻鹄形拙，徒退避于三舍；凡鸟噤音，唯留连于一篇。

光绪戊寅中秋，年姻世再侄、同里龚显曾谨纂

自　叙

〔清〕杨　浚

山谷[14]《演雅》，以鸥自况，观颏读竟，摭百禽言为《小演雅》。第言鸟之能言者，即序之曰：《礼》有之。鹦鹉能言，不离飞鸟言，亦何贵哉？然子以《绵蛮》[15]有知止之叹，公冶[16]知音而狱解。固有足称道者，夫步纲画印矜智术者，吾无取焉。若少皞设官，五鸠、九扈分释其名[17]，上古圣王亦何尝不类万物之情。凤，吾知其能鸣也。不鸣则已，鸣则天下瑞。未闻其取悦于世，下为鸡之喈喈、鸭之呷呷，么如吉了亦时甘于饿，可以人而不如哉？嗟夫！何地无人，何地无鸟？何地无人之言，何地无鸟之言？必尽弃人之言而学为鸟之言？乘轩者不能以鸟治人，必欲习鸟之言而衔为人之言。窃脂者，不能以鸟变人，大司徒土会之法[18]，丘陵，其动物宜羽物。郑康成[19]谓羽物为翟雉之属，庖人辨六禽之名。康成谓雁、鹑、鷃、雉、鸠、鸽也，羽可为仪，肉可充食，鸟之为人用也，自古然矣，岂以言尚哉？亦何必不以言尚哉？客闻予言，睨而笑曰：子诚知言，然能稽古之言，不能审今之言。夫碧海舍人，鸥也。以闲称不以言传，子其勿多言，子舍人之职也。

光绪戊寅六月日，观颏道人杨浚自叙

陈　序

［清］陈棨仁[20]

观颏道人摭百禽言为《小演雅》，翻帠卒业，掩卷而喟曰：唉嚱！作者之志，盖可知也。其开宗也，始于凤凰之贺世；其卒篇也，殿以吉了之知本。其言禽之言，其心非犹禽之心也。考之《周礼》，夷隶百二十人掌与鸟言。鸟类之有言，旧矣。先王之世，特置其职，使之辨其言、敎其言，因以习其性情机趣，蕃畜而教扰之。非夷隶不能，亦非夷隶不屑也。然自来焦妍咈伊，慨世砭俗之士，则又多托于羽族之臆喙，以鸣其不平。是故姬公诗鸮，贾傅赋鵩，张诵鹡鸰，鲁谣鸜鹆，庄生解鸴鸠之笑，赵壹效穷鸟之哭[21]。下逮天水禽言，斯萌揣音象声，感时发情，是且以人之言而假乎鸟之言，且将以鸟之音而悟夫人之心，其视隶也，之所为径矣、廷矣。嗟乎！凤不世出，吉了知稀，代无冶长则已矣。如其遇之请，先以是编进。

光绪己卯孟春，表侄晋江陈棨仁谨叙

注释：

[1] 龚显曾（1841—1885），字毓沂，号咏樵，曾号盥薇公子，福建晋江人。清同治二年（1863年）进士，授翰林编修。是泉州晚清著名的诗人之一，曾与陈棨仁合辑《温陵诗纪》。

[2] 孔都护，孔雀的别名；罗幕，喻孔雀的翠屏；都护矜罗幕，为李商隐《和孙朴韦蟾孔雀咏》诗句。诗中孔雀带有自况意味。

[3] 杜薄州，指鸜鹆。南越志云："鸜鹆，其名自呼'杜薄州'"；越雉，即鸜鹆。

[4] 涪翁，即黄庭坚（1045—1105），字鲁直，号山谷道人，晚号涪翁，洪州分宁（今江西修水县）人。北宋诗人、词人、书法家，为"江西诗派"的开山之祖。《演雅》，为黄庭坚创作的一首动物讽喻诗，运用了拟人、用事

等多种手法，咏及蚕、蛛、燕、蝶等 42 种鸟虫的情态。

[5] 东坡《五咏》，即苏轼的《五禽言》，五首诗分别吟咏五种鸟。

[6] 懊恼泽家，鹧鸪鸣声。前蜀韦庄《鹧鸪诗》：有"懊恼泽家非有恨，年年长忆凤城归。"自注："懊恼泽家，鹧鸪之音也。"韦庄（约 836—约 910），字端己，长安杜陵（今陕西西安附近）人，五代前蜀诗人、词人。

[7] 姑恶，一种水鸟。范成大《姑恶诗》，序曰："姑恶，水禽，以其声得名，世传姑虐其妇，妇死所化。"范石湖，即范成大（1126—1193），字至能，一字幼元，晚号石湖居士，吴县（今江苏苏州）人。南宋名臣、文学家、诗人。

[8] 剥剥卜卜，韩琦的《啄木》诗有"剥剥复卜卜，意若念良木"句。韩魏公，即韩琦（1008—1075），字稚圭，自号赣叟，安阳（今河南安阳）人。北宋政治家、词人。

[9] 滑滑潇潇，梅尧臣的《四禽言》云："泥滑滑，苦竹冈。雨潇潇，马上郎……"梅圣俞，即梅尧臣（1002—1060），字圣俞，宣州宣城（今属安徽）人。北宋著名诗人，世称宛陵先生。

[10] 师旷，字子野，山西洪洞人，春秋时著名乐师。生而无目，故自称盲臣。《禽经》，师旷撰，全文三千余字，是作者在参阅前人有关鸟类著述的基础上，总结了宋代以前的鸟类知识，包括命名、形态、种类、生活习性、生态等内容。

[11] 陆佃（1042—1102），字农师，号陶山，越州山阴（今浙江绍兴）人。宋熙宁三年（1070 年）进士。封吴郡开国公，赠太师，追封楚国公。《埤雅》，陆佃撰，训诂书，专门解释名物，以为《尔雅》的补充，所以称为《埤雅》。

[12] 归昌，谓凤凰集鸣。汉刘向《说苑.辨物》："〔凤〕晨鸣曰发明……集鸣曰归昌。"

[13] 鸡距，雄鸡的后爪，借指短锋的毛笔。

[14] 山谷，即黄庭坚。

[15] 《绵蛮》，《诗经》中的一首，出自《雅·小雅·鱼藻之什》。

[16] 公冶，即公冶长（前 519—前 470），字子长、子芝。汉族，春秋时鲁国人，孔子的七十二弟子之一。相传通鸟语，并因此无辜获罪，又因此立功。

〔17〕少皞，远古时代华夏部落联盟首领，同时也是东夷族首领，居曲阜（今山东省曲阜市），号穷桑帝。他以五鸟、五鸠、五雉、九扈24种鸟命名氏官，各司其责，把一个部落治理得井然有序。

〔18〕土会之法，统计山林、川泽、丘陵、坟衍、原隰五类土地的产物，以制定贡税。

〔19〕郑康成，即郑玄（127—200），字康成，北海高密（今山东高密）人，东汉末年的经学大师。

〔20〕陈棨仁（1836—1903），字铁香，又字戟门，福建晋江永宁（今石狮市永宁镇）人。清同治六年（1867）举人，同治十三年（1874年）进士，授翰林院庶吉士，后改刑部主事。以父年高为由辞官回乡。不复出，曾主持泉州清源书院，南安石井鹏南书院，同安双溪书院，厦门玉屏书院、紫阳书院，漳州丹霞文书院，龙溪霞文书院等。著有《闽中金石略》、《藤花吟馆诗录》等。

〔21〕姬公诗鸮，指周姬旦的赋《鸱鸮》；贾傅赋鹏，指汉代文学家贾谊的《鵩鸟赋》；张诵鹪鹩，指晋代文学家张华作的散文《鹪鹩赋》；鲁谣鸜鸽，指元朝诗人王冕的《鸜鸽谣》；庄生解鷃鸠之笑，指《逍遥游》庄子讽鷃鸠之渺小见识；赵壹效穷鸟之哭，指东汉词赋家赵壹的《穷鸟赋》。

四神志略序（六篇）

《四神志略》十五卷，杨浚辑。

杨浚，里居、阅历见《小演雅序》。是书汇辑产于闽南，在闽台及东南亚等地区颇具影响的四位神祇——广泽尊王、保生大帝、清水祖师、太上圣母的相关资料，计四种十五卷。其子目为：《凤山寺志略》四卷、附刻二种；《白礁志略》二卷、附刻二种；《清水岩志略》四卷，附刻一种；《湄洲屿志略》四卷、附刻二种。另附有仿宋《玉历》一卷。据牌记载，该书开雕于光绪十三年（1887年），竣工于光绪十五年（1889年）。又据《重刻仿宋本〈玉历〉序》所记推断，乃杨浚讲席紫阳书院期间辑纂的。其卷端由吕澂题字，卷首有杨浚自撰总序，记其成书。各种另有分序。本序录自光绪十五年冠悔堂募刊本。

《凤山寺志略》四卷、附刻二种，杨浚辑。

是书集广泽尊王的相关资料，卷首，图（嗣刻），卷一收山川、宫庙、先茔（附祭茔礼节），卷二收传略、侍从、封号，卷三收志乘、艺文上、下，卷四收感应、丛谈，附刻真经、笺谱。今有光绪十三年（1887年）刊本，藏福建省图书馆、厦大图书馆。

《白礁志略》二卷、附刻二种，杨浚辑。

是书集保生大帝的相关资料，卷首，图（嗣刻），卷一收山川、宫庙、先茔、传略、侍从、封号，卷二收志乘、艺文、感应、丛谈，附刻真经、笺谱。今有光绪十三年（1887年）刊本，藏福建省图书馆、厦大图书馆。

《清水岩志略》四卷，附刻一种，杨浚辑。

是书集清水祖师的相关资料，卷首，图（嗣刻），卷一收山川、宫庙、坟墓、古迹、传略、侍从，卷二收敕牒、封号，卷三收志乘、艺文上，卷四收艺文下、感应、丛谈，附刻咒、笺谱。今有光绪十四年刊本，藏福建省馆、泉州市馆、厦大馆。

《湄洲屿志略》四卷、附刻二种，杨浚辑。

是书集太上圣母的相关资料，卷首，图（湄洲图），卷一收山川、宫庙、传略、世系图、侍从、封号，卷二收祀典，卷三收志乘、奏疏，卷四收艺文、感应、丛谈，附刻真经、笺谱。今有光绪十四年（1888年）刊本，藏福建省图书馆、厦大图书馆、福师大图书馆、北大图书馆。

总　序

[清]杨　浚

广泽尊王[1]，南安人；保生大帝[2]，同安人；清水祖师[3]，安溪人；太上圣母[4]，莆田人，皆闽产也。自五代至宋，抑何其盛？岂山川之灵发泄殆尽，故隆于昔而替于今耶？儒者每见世人之诏渎求福，妖妄滋惑，断断执无鬼论，殊失先王神道设教之意。庸讵知愚夫愚妇，率悍然无所顾忌，惟一闻冥漠情状，辄自畏怖。况南人信鬼，藉此亦可补王化所不及。予岛居日久，习闻比户崇奉郭、吴、陈、林，香火事之如生。因辑其崖略，曰《凤山寺志略》，曰《白礁志略》，曰《清水岩志略》，曰《湄洲屿志略》，凡四种，聊备参稽云。

光绪戊子正月，温陵杨浚盥识

凤山寺志略序

［清］杨　浚

曩曾少瞻刻《谱系纪略》^[5]，近戴孝廉复辑《凤山寺志》^[6]。晋江陈铁香比部持此二书相示于鹭岛。予为录副，携归榕垣编次付刊。

神不惟于浚一家胙釐^[7]如生，即厦中比户馨香推之，远方异域亦有叩必应。论者曰："得山川之龙脉正穴，地灵人杰，洵有真也。"

光绪戊子上元，郡人杨浚谨识

白礁志略序

［清］杨　浚

鹭门林君廷瓒所纪《吴大帝传》^[8]文，漳、厦皆有刻本。中引颜兰《吴真君记》^[9]，未见原书，或林本所采多颜记语也。惟末七绝二十八首，所注与神事迹全不相涉，因删之。附以泉州花桥宫所刻真经、签谱于后焉。

光绪戊子上元，郡人杨浚谨识

清水岩志略序

［清］杨　浚

清水岩，崇祯间已有志，未见。近所刊三册，率纪捐资重修，姓氏及题咏，予摘要存之，曰《志略》，取简明也。神无经有咒，并签谱附列于末云。

光绪戊子上元，郡人杨浚谨识

湄洲屿志略序

〔清〕杨 浚

《天后志》凡数刻，以蛟川周氏所刊《圣迹图志》为最备。然语多重复，体例未纯。兹择要存之，名曰《湄洲屿志略》。略之云者，从简明也。

已脱稿付写官矣，将赴鹭岛前一日，忽有持僧照乘所辑《天后显圣录》二卷来售。版楮精工，初刷本也。遂命大儿辂、五儿辁、六儿辅检校重增。神若知予有此刻，特厚贶焉。

光绪戊子重五节，杨浚谨识

时侨寓挹翠山馆，因紫阳讲院重葺未竣也。《志略》成，谨拟五排十六韵呈唐蓉石前辈。时为予集刊费。

海角生明月，清辉见圣颜。笰珈参古蓼，俎豆祀怡山。
古井仙宫集，前身大士班。千丝治泽国，一脉笃乡关。
挂席帆能正，投杯铁不顽。运修天水佐，梦剔介溪奸。
断柱羁双字，回风埽百蛮。鲟江过客拜，螺港使臣还。
每饭思君命，匡居济世艰。灯光补旸谷，香火遍尘寰。
白鹿依瓶钵，红蜓绕佩环。母仪来顷刻，民隐系忧患。
龙楸滔滔定，鸾音纳纳颁。堂廉尊地姆，闾里识华鬘。

位冠娥英上，书传宛委间。鸿文䌷石室，盥手五云攀。

雪沧杨浚未定草

附

重刻仿宋本《玉历》[10]序

［清］杨　浚

司马温公[11]曰："上有天堂，君子死后居之；下有地狱，小人死后居之。"天堂地狱之说久矣。《玉历》一书，相传为宋天圣间旧本，凡三十六页，页十六行，行二十四字，厚帙不可见，姑依页数行款，重刊复古以藏真面目。后人所增图像以及续载各条，令阅者转苦繁重，概从删焉。嗟夫！天堂地狱，具于人心，何处无之，何时无之。读是书者，倘能改过迁善，机械不生，则宇宙太和永消劫运，岂徒一家致祥已哉。

光绪丁亥重阳日，温陵杨浚谨序于鹭江紫阳书院

浚于九月初九日率儿辈校对讹字，逐一更正。廿八日附官船展轮，十月初二日抵省垣。闻初五日厦门港火药库灾，与书院相距仅里许，屋舍多震塌。归甫七日，幸不及难，实叨神贶云。

浚再识

注释：

[1] 广泽尊王，又称郭圣王、郭王公、圣王公、保安尊王。俗名郭忠福（923—938），福建南安小溪场（今属安溪）人。幼时贫苦，为杨茌长者放牧，后来得到崔芸公堪舆恩师指引迁居南安诗山居住，并获风水宝地葬父。十六岁时，盘膝于诗山古藤上坐化得道成仙。乡人嘉其孝，怜其殇，在坐化处筑祠纪念，称为"郭山庙"，因庙在凤山，又叫"凤山寺"。据载，其成仙后，

神通广大，有求必应，自宋至清获历朝皇帝六次敕封祭典，圣号全称为"威镇忠应孚惠威武英烈保安广泽尊王"。

　　[2] 保生大帝，又称大道公、吴真人。俗名吴夲（979—1036），字华基，别号云衷，祖籍泉州，出生于福建同安白礁乡（今属漳州）。北宋时期的民间济世良医，因医术高明，医德高尚，深受人们敬仰，去世后被朝廷追封为大道真人。宋绍兴二十年（1150年），宋高宗诏在其出生地白礁乡肇立"医灵神祠"。

　　[3] 清水祖师，又称麻章上人、黑面祖师、清水真人、蓬莱祖师、昭应祖师、祖师公、佛祖公。俗名陈荣祖（1044—1101），法名普足，福建永春小姑乡人。自幼出家，以利物济世为职责，施药、修路、祈雨，倍受百姓敬爱。成佛后，有求必应，四海崇拜。自宋至清，获历朝皇帝四次敕封祭典，圣号为"昭应广惠慈济善利大师"。明太祖昭命于福建安溪清水岩建立祠堂，塑金身神像崇祀。

　　[4] 太上圣母，即天上圣母妈祖，又称天妃、天后等，是民间信众对妈祖的尊称。俗名林默娘（960—987），福建莆田人。自幼以慈悲为怀，屡扶危解厄，备受乡里景仰。后升天成道，屡显圣救渡世人。从宋到清，受历朝皇帝褒封，封号由"夫人"、"妃"、"天妃"、"天后"，直至"天上圣母"。

　　[5] 曾少瞻，即曾天爵；《谱系纪略》即曾天爵所撰的《广泽尊王谱系纪略》，不分卷。

　　[6] 戴孝廉，即戴凤仪（1850—1918），讳希朱，号敬斋，福建南安诗山人。光绪八年（1882年）举人，选入内阁，授奉政大夫。居乡则致力于启蒙教育，先后主讲于崇文书院、丰州书院等；《凤山寺志》，即戴凤仪于清光绪二十三年（1897年）纂辑的《郭山庙志》。

　　[7] 肸蠁，散布，弥漫。

　　[8]《吴大帝传》，即《保生大帝实录》，又名《保生大帝吴真人传》，林廷璸纂述。林廷璸，清代厦门人，阅历不详。是书刊行于道光元年（1821年）。今尚存，辑入王见川、林万传主编《明清民间宗教经卷文献》。

　　[9]《吴真君记》，颜兰撰。乾隆与嘉庆《同安县志》引录此文。其内容多为吴夲的一些灵异故事，有不少非《海澄县志》或是《同安县志·方外》等方志系统的情节，颇具神话故事性。

　　[10]《玉历》，即《玉历宝钞》，是一本传抄已久的"阴律"善书。相传

北宋太平兴国年间，一名法号"淡痴"的修行者游历地府，将此书从地府带出。

　　[11] 司马温公，即司马光。卒赠太师、温国公，故称。

岛居随录序

[清] 杨　浚

　　《岛居随录》十卷、《续录》十卷、《三录》十卷，杨浚辑。

　　杨浚，里居、阅历见《小演雅序》。是书为杨浚居于厦门时所辑的笔记。《岛居随录》十卷，内封面镌"光绪丁亥（光绪十三年）禊日养云书屋开雕"，卷一、二为典礼，卷三为丧服总图、服制，卷四为府君辨，卷五、六、七为称谓，卷八为春秋闰，卷九为伪书目，卷十为音辨。《续录》十卷，内封面镌"光绪丁亥嘉平宝崔姜室刊浚"，卷一为闽儒从祀孔庙，卷二为经目、史目等，卷二为石经四书考文，卷四为周礼职官分属歌，卷五为鳌峰崇正书院规约等，卷六为论制艺、论经文、论策，卷七为论试帖，卷八为论赋，卷九为论古文骈体文、论古今体诗等，卷十为古今姓氏书辨证。《三录》十卷，内封面镌"光绪戊子（光绪十四年）饯春日瑞芝室发刊"，卷一为潮信、风信，卷二、三、四为路程，卷五为异姓乱宗事，卷六、七、八为岁时纪略、纪诞、纪生，卷九为淡水洋案前稿，卷十为后汉书西南夷列传。除第十卷外，其余均为福建、台湾事迹，而厦门之潮候，厦门至福州、漳州、铜山等地水陆里数，以及民间岁时风俗、信仰崇拜诸事记载详细。是书尚存，清光绪十三年（1887年）养云书屋刻本藏厦门市图书馆、泉州市图书馆、上海图书馆、国家图书馆、中科院、清华大学图书馆、福师大图书馆、南京图书馆（不全）；另有《三录》十卷稿本藏福师大图书馆；收入台湾文献汇刊本，为第五辑第十六册。本序录自养云书屋刻本。

　　鹭岛相传为古之乌衣国[1]，环大海而屹然独立。楚楚银袍。近多踵门问事，客居无书，随答恐舛，爰梓若干节，俾求野者有所获焉。卷帙不能定，偶得即录，亦备忘之一助云。

　　光绪丁亥上巳，温陵杨浚雪沧识

注释：

　　[1] 鹭岛，即厦门岛；乌衣国，是汉族神话中的燕子之国。宋张敦颐《六朝事迹·乌衣巷》称，金陵人王榭海中失船，泛木登岸至乌衣国，娶其地女子为妻。后思归，泛海回家，有二燕栖于梁上，身上携有诗。来岁燕不再来，因已见王榭居乌衣巷。传厦门为乌衣国，纯系旧时文人附会之说。

爱吾庐题跋重刊跋

[民国] 林熊光[1]

《爱吾庐题跋》，一卷，吕世宜撰。

吕世宜（1784—1858），字可合，号西村，晚年号不翁，清代福建马巷厅金门西村人，后居厦门。博学多闻，研究涉猎文字学、训诂学、音韵学、书法及金石。清道光二年（1822年）举人，执教厦门玉屏书院，助周凯主编《厦门志》、《金门志》，道光十七年（1837年）台湾淡水富豪林国华兄弟聘以为师，林氏建板桥别墅，亭园联额，多出其手。是书收吕世宜之鼎铭、碑文、瓦当等跋凡七十九则，爱吾庐论书十则。龙溪林维源为之校刊并序。今尚存，清光绪五年（1879年）金笔轩刻本藏厦门市图书馆、上海图书馆、中科院、南京图书馆；红兰馆小丛书抄本藏泉州市图书馆；民国十二年（1923年）林熊光日本铅印重刊本一册藏厦门市图书馆、上海图书馆、国家图书馆、福师大图书馆。林熊光重刊本有序跋二篇，一为林维源所作"小引"，一为林雄光重刊跋。"小引"与金笔轩刻本相同，已收入《厦门古籍序跋汇编》，故此仅补录林熊光重刊本的重刊跋。

余生不辰，适于世换，举家避居鹭江。年甫十岁入台，十六岁负笈东京游学，易十裘葛岁，唯夏假一归。归辄必至板桥别业，低徊竟日而不能去，盖杰阁危楼虽存，苔蚀藓封，桐枯松摧，满目萧条，未尝不令人追怀昔年，情逼欲啼也。而于念西村吕先生尤深。

先生弱冠为名诸生，考选乡曲，受知于富阳周云皋[2]先生，居于鹭江之玉屏书院。后荐于曾祖枢北公国华[3]，遂来台馆此。祖逊甫公维让[4]、叔祖时甫公维源[5]均执经问业先生。讽诵余间，研精金石考证之学，尤工篆隶。主台之文场者垂二十年，声噪闽粤。时谢琯樵[6]、叶东谷[7]两先生亦馆余家，因俱力唱风雅，一时风气为之大开。先生又为余家致书十数万卷，金石书画亦无算。寻以老归隐泉州。丙申之变，家藏尽散。迨余有知，搜求先生手泽，唯存墨迹一二外，他无所得。正憾先生遗志之不继，昨岁忽得睹先生所著《古今文字通释》十四卷、《爱吾庐题跋》一卷，系叔祖时甫公所刊。而今版之不藏者，无论已知有是书者，亦且不可得，可胜叹哉！兹谨绍祖志，重刊此书而广于世。若夫《文字通释》则卷帙浩繁，请期之于他日。

　　叔祖刊成后四十五年，癸亥首春，林熊光敬识于东京寓居

注释：

　　[1] 林熊光（1897—1971），字朗庵，台湾板桥林家后裔，林维让之孙，林维源之侄孙。1923 年毕业于东京帝大经济系，创办大成火灾海上保险株式会社，居日经商，至 1945 年台湾光复后返台。为著名收藏家。

　　[2] 周云皋，即周凯（？—1837），字仲礼，号芸皋，又号捞虾斋，别署内自讼斋，浙江富阳人。清嘉庆十六年（1811 年）进士，道光十年（1830 年）署兴泉永兵备道，道光十三年调分巡台湾兵备道。道光十六年（1836 年）再至台，次年卒于官。

　　[3] 枢北公国华，即林国华（1802—1857），字枢北，台湾台北新庄人，后迁板桥，祖籍福建龙溪。其父台湾巨富林平侯身后将其财产分作五支，林国华分得"本"记，与分得"源"记的弟弟林国芳合作经营，将商号合并为"林本源"，广购土地，兴修水利，又兼营米、盐、糖、茶、樟脑等，遂成台湾首富。

　　[4] 逊甫公维让，即林维让（1818—1878）字巽甫，又字友逊，台湾板桥人，林国华之长子，林维源之兄。少往厦门从学于陈南金。同治元年（1862 年）其叔国芳殁，乃归台总管家政。曾捐银支持台湾海防。

　　[5] 时甫公维源，即林维源（1840—1905），字时甫，号冏卿，台湾板桥

人。林国华之子，过继与国华之弟国芳为螟蛉子。与兄维让经营林本源记，为台湾富贾。清光绪年间屡捐巨款，授内阁中书、内阁侍读，迁太常寺少卿、团练大臣。光绪十二年（1886年）出任帮办垦务大臣、台湾铁路协办大臣，十六年（1890年）因功升至太仆寺少卿。二十年（1894年）中日甲午战争爆发，任全台团防大臣督办。《马关条约》割台后，举家内渡。三十一年（1905年）逝于厦门。

　　［6］谢琯樵，即谢颖苏（1811—1864），初字采山，后改琯樵，号懒云，又号北溪渔隐，福建诏安人。年轻时即以诗书画三绝著称，曾参加科考，未中试。咸丰年间旅居台湾，先后馆于台南吴家、板桥林家。同治三年（1864年）参与彰化林文察率台勇内渡围剿太平军，殉职于漳州万松关之役。

　　［7］叶东谷，即叶化成，字东谷，原籍福建海澄，移居厦门。清道光十五年（1835年）举人。善书画，尤长山水。曾游于周凯门下，后由周凯介绍至板桥林家为西席，与吕世宜、谢琯樵并称"三先生"。

民教冤狱解续编序 (二篇)

《民教冤狱解》、《续编》、《续篇补遗》，李春生撰。

李春生（1838—1924），清末民初福建同安县厦门人。早年家贫，信奉基督教，与传教士交往密切，练就流利的英语口语。初在厦门英商怡记洋行服务，清同治四年（1865年）东渡台湾，任英商杜特的宝顺洋行总办。清光绪十一年（1885年）台湾设省，助巡抚刘铭传改革，兴办蚕丝业、参与台北铁路修建，因功授同知。台湾割让日本后，曾任台湾总督府保良总局会办，台北县参事。清光绪二十二年（1896年）受桦山资纪总督之邀访问日本。归台后不再专注于时务，乃潜心于基督教义理，为宣扬基督教而著书立说。民国十三年（1924年）病逝于台湾。是书从基督教理观点评述社会局势，有李春生自序。今尚存，有福州美华书局活字本，《民教冤狱解》刊于清光绪二十九年（1903年），《续编》刊于清光绪三十年（1904年），《续篇补遗》刊于光绪三十二年（1906年）。厦门同安区图书馆藏有《续编》和《续篇补遗》。另有2004年台北南天社编辑出版《李春生著作集》，入第三册，缺《民教冤狱解续编》。本序录自福州美华书局活字本。

续编自序

[清] 李春生

予有幸生而为橹人儿[1]，长而学陶朱业。幼奉父命宗信新教，得一真经如获至宝。今也年近古稀，犹称健全餍足。缅想当日携家渡台，辗转如入桃花源，别一洞天世界。忆自为俗所摈，每苦孤寂无群，且喜依书为友，受慰良多。贸迁之余，是尝效颦著述小册自遣，从是无复人间世之念虑。旧冬著有《民教冤狱解》小册，付梓后，得友人中西君，借阅横滨《新民丛报》[2]全集，披览一过，惊骇狂喜，初犹疑是讽己者，于是窃叹曾无几何时，中国更出有若是其惊天动地人物，能结构如斯益世利民之报册。敬佩之余，窃有不释于怀者，其惟册中举莫论译何学说，援何典故，将不能舍与基督教仇敌。若是者，则举莫论何一基督徒，皆其仇敌。余服从是教已五十余年，岂能独免。惟回顾基督有言：敌尔者爱之，诅尔者祝之，陷害尔者为之祈祷。又曰：爱人如己。人也者，无分何等族类，虽野蛮愚贱更当爱之。况今日之敌我者，为格致家，为文学士，暂时受惑入迷，焉得不亟起而规正之。于是不忖冒昧，撮其原文觝教之彰明较著者，列之部首，辑一小册，谚之曰《民教冤狱解续编》，以示君子不党，而表吾侪未或一日反舌无声，非好辩也。

明治三十六年[3]岁癸卯十二月　日，鹭江李春生自序

续编补遗自序

［清］李春生

孔子曰："丘也幸，苟有过，人必知之。"可见人心惟危，道心惟微，虽大圣人吐一词、操一行，莫不皆欲捉其非，而揭其短。是故孟轲、荀卿、杨朱、墨翟与其他布衣伤时之辈，亦皆有议其后者。斯上古之由隆也。今则不然，盖今之取人者，使非身列权贵，虽欲效屈原、贾长沙，痛哭流涕，疾呼挽救时艰，而不被鄙夷不屑，且不可得。矧间巷草野诸欲新报著述问世者，求其购读尚叹其难，况欲其既读，复研究其过与无过，岂易事哉？呜呼！孟子曰：

"五百年必有王者兴，其间必有明［名］世〈者〉。"今也年逾二千，而世亦已明而益文矣，奈何其将不承有王者继起，而输入若是光明灿烂之世界耶？抑真未及南面者，不许其复有素王之资格也。噫！隘亦甚矣，斯中华之由败也。

或曰：著述是期得社会之幸福，夫复何过之有哉？曰：夫著述欲冀无过者，是在阿谀徇世，取悦投好。若夫苦口逆耳，与世枘凿，若鄙人之作者，求其不弃置尚难，况欲其且诵且行，不之我过，而之我德，不亦难而尤难者乎？或又曰：当今之世，文明之风潮，与野蛮顽固相冲突，未有不纳讥讽谏诤，而能达其优胜强存之目的。不观兹日之电线、铁路、维新各政兴矣，弓矢刀石、藤牌、八股废矣。试问，何一不为当年苦口逆耳造就而来者乎？于以知是书之刊，当不止一版再版，后起之仿者，我知其未有艾也，子何虑为哉？曰：诚若然。鄙人或可藉此聊尽义务云尔。

　　明治三十八年乙卯十二月除夕，鹭江李春生自序

注释：

　　[1] 橹人儿，李春生之父李德声以渡船为业，故其自称为"橹人儿"。

　　[2] 横滨《新民丛报》，为20世纪初资产阶级改良派的重要刊物，于1902年2月由梁启超创办于日本横滨。从创刊到1907年11月停办，前后近六年，共出版九十六期。

　　[3] 明治三十六年，为清光绪二十九年，即1903年。时台湾处于日本统治之下，故以日本天皇年号纪年。

天演论书后序

[清] 李春生

《天演论书后》，李春生撰。

　　是书乃李春生对十九世纪英国赫胥黎《天演论》的评著，为其反对进化论观点的主要代表作，以"合耶、儒之真，斥天演之谬"的思考与批判，宣扬基督教思想。该书采用按语评析的方法，其格式乃满格为赫胥黎语，降一格为严复译诠《天演论》考定所案勘语，降两格为李春生读《天演论》原本有感而诠录语。该书尚存，有清光绪三十三年（1907 年）福州美华书局木，藏上海馆；另有2004 年台北南天社编辑出版《李春生著作集》，入第四册。本序录自福州美华书局本。

　　余既编是集，虽自信藉此或可略表稍尽人生义务，然犹未始不叹大厦广宇，自非一木所能独支；不谓人有善愿，天果从之。乃稿甫脱，适见本年正月分《万国公报》有斯宾塞[1]晚年定论一篇，文曰：英国大哲学家斯宾塞氏在时，曾叙述生平，自著年谱，凡两大册，今始出版。美国某报记者雷劲氏读之而书其后，曰："余读斯氏之年谱，始知哲学之渊源，亦知阐明此学之为何如人，且亦知是人者于其将死之时，有若何之自悔也。"

　　斯氏之言，曰："余少时性拗僻，每有议论，不喜附和他人，而独喜伸己见。无论为政治，为学理，为宗教，人言如此，余决反对之以为快，以至人之美丽，有目所共见者，余亦不以为然。有女孩子名朴德，艳甚，一时无闲言。其母以问余，余不能明訾之，独摇首以示意，此可见矣。"斯氏终身未娶，年既老，块然独处，其性行枯槁，迥与人殊趣。而最不忘者，为其对朴德母之一语，以为他人决不尔尔也。彼惟力与人相左，直至八十岁，而甫翻然自悟。是时所论政治、学理、宗教之大旨，乃绝与其从前不同。而于信仰一事，亦至是时而始笃焉。斯氏又言，曰："余之初于宗教，惟欲辨其真伪而已。其后始觉一国治化之进步，必基于宗教。彼哲学之理，向余所自认以为然者，而观其结果，远不及基督教宗之善也。"然则世界固有实验，而非空虚之理想所能代之。如斯氏者恐其平生辛苦，而甫得之区区，至是乃尽归于水泡云影耳。

　　斯氏临死之时，曾著一论于某报，曰："内显之能力，与外示之能力一也。其境遇则不同，是明明言上帝矣。"惜哉，斯氏！其著作甚多，为一时所崇拜。然读其书者，未必皆读其晚年自著之年谱，而知多为斯氏已悔之说也。斯氏性傲睨，殆所谓穷响以声，形与影竞走者乎？临死而始悔，何其迟也。与斯氏齐名者，又有赫胥黎[2]。其晚年之情形，正复相似。然则赫、斯二君，骀荡而不得，逐物而不反，乃至日暮途穷，老而自忏，一一于年谱中见之。

　　古苏禄门之书曰："听之，听之，我将为汝之归墟也。"信矣。译者曰："哲学家以进步为目的，以怀疑为手段，其所辨析，去肤而存液，敲骨而求髓，固不为无功于世界也。然至于晚年回首生平，所有千言万语，举若无足措意，而别得一种新消息于天外，邈然思深而虑远，彼常人犹捋摪[3]其少年时所着之衣服，则愼[4]矣。赫、斯两家之说，近于中国社会影响极大，故著之读者勿以为王阳明、朱子晚年论定之比也云云。由斯以观，可知世之权贵贤智，有其始也。出猛力与教会冲突，其终也乃懊悔叹迟，匪唯斯宾塞、赫胥黎二氏已也，他若昔之罗马皇帝达伊阿克烈斯与鸠利安，二者虽先后间起，而其图谋翦灭教会，犹同出一辙。乃一者临终曰："嗟！汝拿撒勒耶稣，果何如者，竟窘我至于是极！"再者曰："拿撒勒耶稣其终不可与敌耶，今又胜我矣！"斯不过特举其显者言之，其他始而窘逐教会，终为教会大用，甚能以身殉之，若而人者，扫史难记。谓冥冥中无主持之者能致其教会蔚勃乃尔者乎？虽然，彼赫胥黎、斯宾塞二氏之降幡，已晚树于西海，无奈其《天演论》孽种，方始张惶于东洲，若是者，于吾之书后，亦未便倏然而偏废也。

明治四十年[5]岁丁未仲春之日，书后者鹭江李春生自序

注释：

　　[1] 斯宾塞，即赫伯特·斯宾塞（1820—1903），英国哲学家、社会学家，社会达尔文主义之父，英国实证主义的代表人物之一。所提出的学说，把进化理论的"适者生存"应用在社会学上尤其是教育及阶级斗争。

　　[2] 赫胥黎，即托马斯·亨利·赫胥黎（1825—1895），英国著名生物学家，达尔文进化论的坚定追随者。著有《天演论》等。

　　[3] 捋，扯、拔（毛发）；搐，同"扯"。捋搐，拉撕剥取。

　　[4] 傎，古同"颠"。

　　[5] 明治四十年，为清光绪三十三年，即 1907 年。

菽园赘谈序跋题辞（二十九篇）

《菽园赘谈》十四卷，丘炜萲撰。

丘炜萲（1874—1941），初名征兰，字萱娱，号菽园，别号啸虹生、绣原，晚年自号星洲寓公，福建海澄新垵（今厦门海沧新垵村）人。八岁赴新加坡，其父聘师授中文典籍。后回国应试，清光绪二十年（1894年）中举人，次年会试不第。父丧，赴新加坡得承巨大家业，成华侨巨商。为人豪放，日以诗酒与南来名士交游。以"能将文化开南岛"自许，在新加坡传播中华文化，光绪二十四年（1898年）创办《天南新报》，宣传维新救国思想。光绪二十六年（1900年）邀康有为到新加坡，被康推举为保皇会南洋英属各邦分会会长，曾捐助唐才常自立军。民国成立后，于1913年创办《振南日报》，自任社长，曾撰文抨击军阀割据之局势。1929年应聘任《星洲日报》副刊主任。为20世纪前期新加坡著名报人。曾潜心研究清末新小说，晚年诗酒自娱，著述丰富。是书为其所撰笔记。尚存，有清光绪二十三年（1897年）自刊本，与《庚寅偶存》一卷、《壬辰冬兴》一卷合刻，共订八册，藏厦门市图书馆等。本序跋题辞录自该刊本。

曾　序

　　　　　　　　　　　　　　　　　　　［清］曾宗彦[1]

昔韩非子，汉司马长卿、扬子云[2]不能剧谈而皆善著书。余性

朴鲁，颇负三子者之疾而喜剧谈。窃谓天下之大事理之赜，言无大
小，人无雅俗，苟不戾于道，皆有以裨人神智。读书不谈则执于
古，更事不谈则执于己。孟子曰"博学而详说之"，谈之谓也。圣
经贤传之所论述，百家诸子之所纪载，何莫非谈？则谓三子者之善
著书，三子之剧谈也。可著书则吾岂敢以为剧谈，则尝欲出生平一
得之愚，明师益友朝夕观摩之助，勒之于篇，与海内人士上下其议
论卒卒未有间。

　　阅《菽园赘谈》一书，可谓先得我心矣。菽园束发从余游，性
颖悟，读书日以寸为度。每进见，呐呐不出诸口，初不知菽园之能
剧谈也。乙未，菽园应春官试，相遇于京师。慷慨论古今事，日中
而至，烛跋而退，率以为常，若犹未尽者，然后知吾菽园之果能剧
谈也。于时海氛不靖，朝廷旰食。菽园言及此，辄绕床疾走，口喃
喃不休，慨然效贾长沙[3]之太息而思所以策之者，然后知吾菽园之
不仅剧谈也。夫以喜剧谈者，得剧谈快之不暇，又何赘乎？而况菽
园之不仅剧谈手哉。

　　愚兄曾宗彦叙于都门尊酒草堂

叶　序

［清］叶芾棠[4]

　　丙申之春，余于役羊石，道出鹭江，获识清漳菽园孝廉。豪迈
俊爽，不为绳约。及纵议古今得失，滔滔汨汨，风发泉涌，有清河
扪虱[5]、旁若无人之概，余心迟久之。丁酉秋，复买棹南游，遇菽
园于海外，相见良喜。馆余于寓楼即所谓乐群文社[6]者，从容谈
艺，因益窥其所造。

　　菽园少颖悟，读书数行并下，而覃研群籍，致力根柢。他逮金
石、格致诸学，亦无不究阐。宏览既多，间附己意，众美辐辏，哀

录成编，曰《菽园赘谈》，而命序于余。余维不朽三事，端重立言。言之无文，行而不远。是编征引繁富，考据精确，探奇搜僻，壁垒一新。体虽各殊，其足以益人神智者一也。昔太史公好游名山大川，其文洸洋瑰丽，无奇不备。菽园天才亮特，少掇巍科，北眺燕蓟，南游岭海，七洲三岛遍览其胜，故其发为诗歌，形诸藻翰，奇气郁勃，不可遏抑。兹编所载正如奇山异水，层见叠出，引人入胜。置诸几案，洵卧游之别开生面也。

光绪丁酉孟秋，乡愚弟叶芾棠颂垣父拜序于星洲乐群文社

李　序

［清］李季琛[7]

将使木强铎舌，何能宣警语于瞆瞢？金烁鼎形，所以昧冥奸于没世。阐幽奚术，晦迹良多，故太上宏立言之旨，名贤翔著作之林，趣本同归，理无二致。宇宙弥留不朽，大则龙门大文权舆，生面别开；小则虞初[8]小说间有，史传俱逸。年代递甄，人置弗谈事焉，毕显此吾友菽园孝廉所以蕴发也。

菽园富，偏绩学，善主为师。席履丰昌，持谦光而戒满；诗书道味，湛攻苦若居贫。以貌衹恂如霭若，其心则慨当以慷。诺迈延陵，豪逾北海[9]，具见义有为之勇，明识体达用之方。边幅何妨，天宇自拓。旰衡名论，杜员外评泽潞三万之兵[10]；经济抒心，范秀才抱天下一身之任[11]。倘为用世，才备九能；但指斯编，艺括七略。夫能文远绍，特余事寸长耳尔。其造诣清新，取资渊瀚。禀经酌雅，固不堕乎风骚；纠缪悠愆，每式跻于古训。洋洋洒洒，自浚清源；穆穆觥觥，不停俊藻。惯翻澜而作采，频敷吻以成文。边孝先高卧，腹笥常便[12]；苏长公行文，胸襟为乐[13]。不已征然

[燃]犀洞渚、罔象得珠[14]者哉。至若词锋隽给，意匠披张，不惨淡以经营，瞬点窜而成帙，岂若炼京都者十稔，镂楮叶以三年。虽仰高华典赡，马卿[15]奈属笔偏迟；其如卓荦逍超，枚乘[16]喜成章遽敏。

　　盖余今春买棹迂道圭江，竟夜纵谈，略窥草创。窃拟建章[17]之千门万户，非旦夕所能成；侯鲭[18]之五味八珍，岂咄嗟所克办。诘朝言别，本夏缄来，云大著之葳成，趣陈人而弁序。偻计蟾光四阅，俨然鸿宝一函；借盾鼻以输工，缋心花其独粲矣。更其奏古吮毫，传今削简。佩刀奋斫，喷不竭之飞泉；中的凝眸，贯全神之秒虱。无非识明于月，胸满罗星。必驳辩而求真，语非寄托；岂模棱而泛衍，义可兴观。绝庄姬龙尾之廋词[19]，或文仲羊裘之隐语[20]，与夫张坦效嚬之诮[21]，爰及郭郎借面之装。石环听而点头，鸟侧闻而驯翼。媲美《论衡》、《独断》[22]，抗怀泂历阳秋。斯足为馈贫之粮，斯足为考古之镜，单行千重，先露一斑。呜呼！君倘神灵手熟逡巡之仙酒，我频羁寄才惭垂谢之江花。敢诩发喤，聊申引吭，以此曰"赘"，举天下万有何莫非赘之余？以此捃谈，将卷里一端，堪佐群谈之雅。

　　时光绪二十三年丁酉六月下浣，三山社愚弟李季琛汝衍氏百拜敬撰呈于古柔佛国客次

李　序

［清］李启祥[23]

　　学问之道，固患空疏，然博而寡。要则涉猎虽广，亦无当也。古人博极群书，偶有心得，则随时札记，或辨析疑义，或畅发明言。积日既久，遂成简帙。去其糟粕，存其精英，往往萃毕生之精

力，以成必传之作。宋王伯厚[24]撰述宏富，而精要者在《困学纪闻》。我朝顾宁人[25]著作等身，而尤粹者为《日知录》。阎百诗[26]便便腹笥，名动九重，所成札记人称为《阎氏碎金》。三先生者，皆嗜炙而取其膰，食鸡而留其跖，揭群籍之要成一家之言，此固学海之指南、艺林之津逮矣。胜朝士大夫多好著书，然类皆辗转贩鬻，罕有心得。杨升庵《丹铅总录》[27]考证淹博，亦自可传。惟虽无摽窃，时有杜撰，论者犹或议之。甚矣！著书之难也。

海澄丘孝廉，种学积文博而能精，所为《赘谈》十四卷，搜经史之微旨、撷子集之粹言，纂要钩元，识精理、卓词章，考据兼擅其长。学者手此一篇，不仅为馈贫之粮，且当为益智之粽。余受而读之，正昆山顾氏所谓"采山之铜"[28]，非明人辗转贩鬻可同日语也。独是古人著书，既多垂暮之年，且在穷愁之日，盖奇才抑塞无可表见于时，故遁晦山林，以订千秋之业，藏诸名山，传诸其人，此不得志于时者之所为耳。孝廉英年登贤书，取青紫如拾芥。而且履丰席厚，生长高门，乃孜孜嗜学，日事铅椠之间。为文二十余万言，皆纯粹以精，足步王、顾、阎三先生之后，何其才之宏而志之远也。

方今世变日亟，识时务者皆以讲求实学为富强之基。孝廉所言兴学校、新法律，洵为目前当务，其中格致之理足阐发西学之精微，此又王、顾、阎三先生所未及言。而救弊补偏，因时抒议，非仅以供学人之餍饫已也。孝廉生有慧业，为文纵横豪宕，同人以神勇称之。他日排金门、登玉堂，著作承明润色，鸿业出其所学以振中国之衰，不特鸡林贾人[29]购其传书，且海澨山陬咸来宾贡[30]，则以是编为经世之文可也。是为序。

丁酉六月，番禺石樵弟李启祥拜撰于香江馆舍

潘 序

[清] 潘飞声[31]

后世载籍汗牛充栋，卷帙浩繁，经史注疏考证之书，阅者每有河伯望洋之叹。杂记一家，即今之说部[32]也。唐以前专重词章，宋以后多言考据，上揭经史之要义，下搜子集之精英。有博综敏[33]学之人出，前人是者申明之，误者辨识之，疑义者证出之，不可见者采集之。一分真伪，而古书去其半；一分瑕瑜，而列朝书去其十之八九矣。譬之前人作室，后人乐居；前人制器，后人乐用，所谓事半古人功必倍之者。无怪诵读之士，日手一编，每每于经史全帙专精探讨，攒眉畏难，而小说、杂著诸书，则喜于流览也。

吾闽菽园丘孝廉，青年媚学，励志著书，所为《赘谈》十四卷，标题三百六十又六，凡二十余万言。其中引证子史百家及名理有得者，或发明前人所言，折以己见，词章考据，融会贯通，与唐之《酉阳杂俎》，宋之《铁围丛谈》，本朝之《茶余客话》、《柳南随笔》[34]最近。是殆为阅者事半功倍，提要导源所乐于流览者钦。迄今，实学方兴，转移风化，我辈以发聩振聋为己任。是书于格致诸门及近人谈时务之中肯綮者，亦采录无遗。张南皮[35]尚书云："读书期于明理，明理期于致用。"学务博古，用在通今，是又《茶余客话》、《柳南随笔》之所无也。

丁酉五月，孝廉航海来港，一见订交，出箧中书示余，中多采余所著。杜陵[36]所谓"文章有神交有道"，曷胜愉快耶！属为撰序，万不敢以不文辞。忆余少日读书，曾事札记，乃以风尘奔走，忽忽将老，迄未成编。今见孝廉，实深惭恧，益当自勉也。

老弟潘飞声兰史拜序

许　序丁酉五月开雕[37]

[清] 许巽南[38]

　　曩吴子序叙《城南书舍图》曰："著书即读书。"其意之怂恿人者，何恳而至也。诋之者谓"攻书之日，非著书之日"，是说以扶薄植、止浮荣为得矣。若夫士之肆力于古以及究心当世之务，考核详悉，笔之于书，不自秘也。如使惧为世大诟，暗然深慎，嘿无一语，末由显吾心得。将吾读书之日所信所疑所是所非者，亦末由起海内之贤明群相告语，是塞来者之路也。且文字之声气不广，是又大愚不灵之痼也。

　　吾友海澄丘君菽园孝廉，才分之优，莫可涯量。其嗜书也，期于树骨训典，取材宏富，加以采撷海外奇闻好之，既一力能致之，故驱辞恒无俭。是年春，余访之，示余以《赘谈》十二卷。其中事不一类，例不一格，繁称博引，皆有根据。以视终身没溺八股文者，其自待何等？菽园夏五将有粤东之役，以其书付之梓，非自信兹编之巨细赅备，雅俗裨益，炫耀而以为名也，意在问世之应违[39]，藉勘其言之善不善也。闻见资多所得当十倍，于是秉虚中之哲，操记事之觚，笃老而不厌，蕴弥深，播弥远，以其多读多著，与吴子序说相发明，殆无负今儒魁俊之目乎！余固叆陋，菽园知爱最厚，辱命序言，略谈管见，仍惧无以仰称高明也。

　　时光绪二十有三年岁次丁酉四月朔日，同安弟许巽南克家甫拜序于寒竹风松之亭

丘　序

［清］丘逢甲[40]

　　古无所谓书也，君相议政，师儒论道，谈焉而已。至以其谈之善者，笔之简策而书以名。读之者，以为是古人之书也，而不知皆其谈也。后世著书之士，犹往往以谈名其书，若唐之《剧谈录》、《桂苑丛谈》，宋之《常谈》、《萍洲可谈》、《钓矶立谈》、《梦溪笔谈》、《步里客谈》、《南窗记谈》、《珍席放谈》、《国老闲谈》、《席上腐谈》、《浩然斋雅谈》、《铁围山丛谈》、《孙公谈圃》、《孔氏谈苑》、《后山谈丛》、《师友谈记》、《四六谈麈》、《王氏谈录》、《贾氏谈录》、《渑水燕谈录》，元、明则《庶斋老学丛谈》、《潞水客谈》、《广客谈》、《寒山帚谈》、《山海漫谈》、《江汉丛谈》、《月山丛谈》、《南野杂谈》、《无用闲谈》、《孤树裒谈》、《益部谈资》、《玉芝堂谈荟》、《东溪日谈录》、《谈艺录》，以及国初诸老之《池北偶谈》、《词苑丛谈》、《韵石斋笔谈》、《谈龙录》诸书[41]，縈然众著，蔚为谈薮矣。乃近世译西书者，且以谈天名而《铁甲丛谈》、《昕夕闲谈》[42]。谈瀛者，更以骋谈锋资谈助焉。是无古无今，无中无外，无人不在谈中也。

　　仆性喜谈，尤喜闻人为清谈，为雄谈，为荒外谈。客有自南洋群岛回者，引兴高谈，乃闻吾宗有人，曰：菽园孝廉，今之谈宗也。闽产而岛居，日与旅岛人士谈诗谈文，大变岛风，引领南望。以未得握手谈为恨，乃先尺书以代谈。今年夏，孝廉遂以所著《菽园赘谈》十四卷寄。伏读终篇作而叹，曰：吾乃今而后知吾菽园，不仅能谈诗文也；风月之谈、闲情偶寄、谈兵谈禅，亦名士积习焉耳。乃若上而谈国家政教，下而谈乡闾礼俗，远征三代，近取四国，正襟而谈，骎骎乎与道大适。是盖究心古今中外之书，卓然与先正之善谈者埒。以视明陆容之《菽园杂记》，名同，卷帙亦略同，而实过之者远矣。

　　然谈也而赘之者，奈何赘之为义训者，以为犹放贝而复取之学者，放其才力以究极古今中外之故，复取其才力所逮以资笔舌，是其《赘谈》之旨乎？然是说也，而犹未尽也。夫肉之横生者曰"赘疣"，履之不端者曰"赘行"，昏之依附者曰"赘婿"，物之悬属者曰"赘旒"，有贱词焉，有外词焉。六经为圣人治世之书，秦烬之余，真伪淆糅。汉宋之说复迭起而交哄，是经之赘也。马迁创体，是非谬圣。断代以后，文缛而义益乖，乃复杂刺野录，取办官书，汗青所存，无复南董[43]，是史之赘也。至于九流百家，横论蜂起，大则祸世，小亦毒人。而其下者，俳语谐词，汗牛不已，损英泪华，无益世教，目之所遇，罔非赘焉。世无伊周，孔孟起而正之。吾恐仡仡[44]著书之士，益谈益赘耳。又况异教方鸣，读旁行斜上之书者，群然诧其神怪，以视圣经贤传之为赘，而不自知其学之实赘焉，是又其颠焉者也。以彼之赘资吾之谈，以吾之谈衷彼之赘，是焉得而不为赘谈也。槐之瘿也，附焉而以为病，赘也，治饮者取之为大瓢；麈之角也，缀焉而不能触，赘也，治方者取之为上药。治谈而取于赘，是亦其旨也。

　　是书已前有序，今复标举谈柄以赘简末。菽园视之，其以为可谈否耶？嗟乎！丈夫生而坠地，予之口使能谈，予之心使主所谈；予之手使执三寸管以代口，而载其心之所欲谈。谈笑尊俎，万国奉书上也。空谈训世，虽曰无补，抑其次也，斯地犹存，斯人不朽。乃若长此寂寂，徒索土毛[45]，非地赘人，人赘地耳。夫天下固有赘地焉，有赘人焉。有亚洲大陆而有南洋群岛，亚洲之赘也。菽园乃居游其间，思以文化其赘，而《赘谈》出焉，谈虽赘人，不赘也。以中国诸省而有台岛，亦中国之赘也。仆乃不能终居游其间以力保其赘，辗转穷愁，著书无日，是真赘人而已。今将与菽园奋谈，菽园其能无赘我乎？

　　虽然，当今天下而谈赘，则又何者非赘？三公九卿，翊天子治天下者也，今知政者，仅权要数人，其他虽和战大事，若罔闻焉，则大臣赘。礼部不知礼，太常不知乐，兵部不知兵，工部不知工，户部而不知天下几户也，则朝官赘。布政不知政，制军、抚军不知军，则疆臣赘。知府、知州、知县而不知府、州、县中之民生苦乐、户口盈虚也，则守土之吏皆赘。而且朝聘，巨典也，天威咫尺，降拜无闻，则朝仪赘。属国咸亡，无"赘"词矣！中土，吾土也，而公地焉，租界焉，捕房焉，船坞焉，矿地焉，山藏江堑不敢自闶，环起要挟，予取予携，盖嗬喝所加，无求而不得也，则主权赘。平行立约，与国所同也，独至吾国不能从同。如商如民，吾旅彼土，彼能治之；彼旅吾土，吾不能治也。虽吾商民，苟托彼族，而吾亦不能治。条焉、约焉，届期而修，只益彼而吾愈损，则约章赘。征税，吾自有之权也。而若或限焉，且非客卿，若即不能集事，则关政赘。讲制造者，历年成世，若人若物，仍事借材。言式，则我旧而人新；言用，则人利而我钝。靡以巨款而但益虚实也，假以雄职而只资盘踞也，则船政赘。陆师步伐，犹拾人唾而不克自治，是旧额之靡，新募之嚣，固未得整齐以理也，乃以陆将用长海军。甲船炮艇不以游历保商民，而以迎送奉大吏；南军、北军畸而不联，仓卒遇战，陆遗而海亦败，或树降幡焉，用是重为天下僇笑，则兵政亦赘。天下无教之国亡，有教而不能以学尊，其教虽不亡，亦幸存夫学焉？固不可无师也，乃今教主之宫，终年扃闭，尸师位者，非耄则庸，侁侁学子其为学也，胥钞焉耳；其试所学者也，亦胥钞焉耳。且舍是，若皆不可谓学。于是吾学若为愚种之具，吾教若为弱国之媒，则学校尤赘。是故今日而不谈赘则已，今日而谈赘，固天下有心人所同痛哭流涕，长太息而不能已者也。欲治众赘，道在自强；欲图自强，道在求实，中外之事变固日亟矣。准古酌今，议政于朝，论道于学，贵无游谈焉，无虚谈焉？伊周，孔孟之统。起而肩之，匪异人任，菽园勉之矣。以菽园之才于其平日所究心者，出以实其所学，他日天下之士方将引为美谈，而又奚赘焉？

　　孔子降生二千四百四十九年四月八日，台湾宗弟逢甲仲阂父序于潮州心太平寄庐

黎题句

[清]　黎经迟^[46]

　　君家文庄衍宗派，如椽大笔垂金薤。

　　张韩相业李杜才，合集今联海忠介。（坊刻有丘琼山、海刚峰二公合集^[47]。）

　　藉甚清名菽园子，独得宗风开后起。

　　五车十驾负雄才，刚日读经柔日史。

　　绮岁即登孝廉船，乘槎屡泊海外天。

　　余事作诗性所好，等身著作储鸿篇。

　　偶撰《赘谈》付剞厥，廿万言成七阅月。

　　洋洋洒洒得大观，博古通今探理窟。

　　或本己意为变通，或取人言为折衷。

　　讲求时务见经济，洇足启聩而振聋。

　　末附诗集有二卷，出风入雅精金炼。

　　一卷《冬兴》一《偶存》，豹采何妨一斑见。

　　繄余嗜好有同情，未读先闻雅颂声。

　　遑计曲高和者寡，窃拟君歌而我赓。

　　难得吟朋海国集，奉诗作赘升堂揖。

　　会看赤帜树词坛，径须牛耳让君执。

嘉应香孙黎经迟删草

达题辞 光绪丁酉六月类集附刊

[清] 达明阿[48]

美哉渊乎！人第见是书之征实见好，吾独爱是书之翻空易奇也。其显而易见者，有如论诗文以清字为主，振兴中国以广学校、新律法为主，肃括宏深，坚光切响，尤为得未曾有，詹詹小儒那得不望而却步？

光绪丁酉五月，长白镜源弟达明阿拜读

刘题辞

[清] 刘建平

菽园我师客岁南来，高踞词坛，一以转移风气为己任。其时人皆以文人才士目之，而不意其胸次之宏深，吐纳万有，浩然沛然也。是书积数年手稿，重可汗牛，乃于客岁丙申二月之望方从事于笔削。其夏四月，文旌南指，中辍者七阅月。葭冬卜浣，返棹海澄，迅谋藏事，昼夜程功，寝食俱废，杜门却扫，息交绝游，日惟钞胥三四辈以供写副。至今岁丁酉五月，而全书告成，首尾二百四十日。为卷十四，得题三百六十又六，几二十万言，诚洋洋大观哉。其用力之勤，课功之速，龙溪二宜轩主作跋称为神勇。洵属知言，然非积之有素，亦安能取办临时而各给耶？世之读是书者，亦可以窥吾师为学之宗主矣。

师近往香江，手校是书付刊，其嘉惠来者之心固未尝一日释哉。侧闻将于今秋重履星岛，久作寓公，天南同学亲炙有由，忻幸之私又何既极。

三山社子刘建平允丞百拜谨呈

丘题辞

[清] 丘炳萱[49]

有性情，有兴会，有渊源，有学术，四者缺一，何从道其只字
纸贵洛阳，鸡林价重？拭目俟之矣。

长乐宗兄炳萱屏沧甫

李题辞

[清] 李　麟

得接大著副本十四卷，尽三日功读讫，增益神智不少，请以二
语评之，曰：指事类情，浅显周到。邮质主人知，必曰：盲人亦能
辨乌鹊也。

五月十五日，潍川弟期李麟

马题辞

[清] 马兆麟[50]

菽园子有钱买书，有福读书，有志著书，三者皆人所难，而以
一身兼之，吾为羡杀。

诏安东山里人，子般弟马兆麟拜读因志

曾题辞

［清］曾宗瑛

拙跋遂辱付诸攻木，里辞又厕大著，宗瑛附居士传矣，万幸！万幸！曩惊居士以四阅月成书六卷为勇，今又四月阅矣，视前所得复过其半，非天下之大勇，孰能与于斯。

二宜轩主曾宗瑛渭兆补读再识

林题辞

［清］林丰年[51]

读先生《赘谈》大著，悟文章之用法，识经世之大端，卓笔成峰，全祛魔障，仙人舒掌，细数螺纹，真觉有此境界。其或杂书所见，偶寄闲情，似于学问之道无关，然玩索再三，则复触我灵机勃不可遏矣，年愿终身诵之。

绥安门人林丰年泽农百拜谨注呈于惠佐里之停云精舍，时光绪丁酉五月

林题辞

［清］林寿椿

菽园我兄大人，豪侠士也。生即资性兼人，读书双行俱下，又尝纵域外之观，故其为文，如山川窅秀，不可名状，要有一种清刚之气迸露行间，则所养然也。

同安景修弟林寿椿拜读于鹭江之师竹山房

王题辞

〔清〕王振宗

语语根据，字字来历，无格格不吐之谈，有汩汩其来之候，免陈陈相因之累，是专以笔仗胜人者。

外舅玉墀甫王振宗题

黄题辞

〔清〕黄　镰

拜读大著底本，无厅不有，无美不臻，君家之多宝船也。亟付刊刻，弟幸得乐观其成，何等眼福。

龙溪黄镰梅臣氏拜志于香海寓庐时年七十有五

浮题辞

〔清〕浮查客

菽园雅兄为闽中名孝廉，自其髫龄早以诗名家，余耳治而未谋面也。仅以海内选家若《同咏楼》、《漱芳斋》、《绮琴轩》等集，得读大作五七言诗，叹为清才。今夏于役仙城，取道香海，复于友人座右得见所著《赘谈》底稿全册，略撷数行，已觉古香喷礴。惜风尘鞅掌，不遑绅绎为歉。爰缀钦佩数言，谨附篇端。诸知言后即以为异日抠衣饱读琳琅之赍，可乎？

博望浮查客漫题，五月廿六

许题辞

［清］许南英[52]

菽子凤秉慧根，若成诵在心而借书于手者。其治学也，笃好深思，不苟为悦世文字。所作纵横有义，回复成章，读之辄骤不得解。因稍加圈点，以醒眉目。他日刊成，尚幸惠我琳琅，毋徒作枕中鸿宝也。

毗舍耶国留发头陀许南英蕴白赘

曾　跋 丁酉五月付刻

［清］曾宗璜

辛卯秋闱报罢，有似退院老僧，虽案头卷帙委填，未能董理也。信手抽阅王阮亭尚书《居易录》、宋牧仲中丞《筠廊偶笔》及吴次尾先生《觚不觚录》，持捄玉溪。固知或归咎于三十六体，然忍俊不禁，遂亦匍匐邯郸之后。先是予与予弟幼鹤每当风雨寥潇，心绪迷惘，剪烛搜异，至见跋[53]无倦容。是科，幼鹤登乡榜，循例谒房师外出。予觉岑寂寡欢，独向故纸堆中讨蠹鱼生活。他日，菽园居士刺舟访余，见而韪之，谓幼鹤曰："说部自成一家言，上补册府辌轩所未备，下用以征得失、稽谣俗，请各分辑一编，可乎？"幼鹤深以为然。其明年，幼鹤遽从长吉游，予亦因杂操家政，弗克卒业，而菽园屡屡书来，未一叙及也。去冬，自南洋归，忽缄示手稿六卷，并言四阅月而得此。二月起稿，四月以事中辍，十一月重编，已得卷帙如是之当。呜呼！可谓勇矣。

集中随得随书，不复别类。要其大旨，谈诗者半，标举襟灵，一洗凡耳。次及论古，秦碑汉碣，脞史丛言，皆有心得。次及说经，订伪厘讹，洞见汉学、宋学癥结，间附以己事，不假修饰，自然成章。至偶缀谐语，则谲谏主文，无伤忠厚，而一切狐鬼无稽，秘辛狎媟，皆不许绕其笔端。独至时事、西学，尤不惮缕析，言之如披异书，引人入胜。其随事留心经济，阅历即于是见而殷殷用世之意，亦于是深也。盖菽园以惊才绝艳，生长丰厚之家，世德作求，不自满假。治学沉鸷过于寒酸，善游如龙门，养气如颍滨，积之厚也。负之而趋议论，皆有根柢，抉摘不遗精粗，先儒谓苏髯翁艾语以谐为才大而无用，铁桥子海语以夸为志而未纾。是集上下纵横，不且远驾其上哉。惜幼鹤未及见，亦属恨事，菽园谅同斯叹。

光绪二十三年丙申嘉平之吉，龙溪宗侍曾宗瑛渭兆甫拜跋

陈书后 丁酉五月付刻

[清] 陈　还

菽园孝廉以沉博绝丽之才，负经济文章之雅，一见赏于湖南侯公，再见赏于满洲文公、江苏邹公，皆有国士之目。乙未春闱荐而未售，知者咸以骥足未展为恨，而君乃豪似元龙，不改思宏湖海；壮如司马，依然气荡风云。丙申南来，适余应聘缅江，道出息力，相逢倾盖，如平生交。知余旧著《行程日记》，殷殷垂询，并言属稿《赘谈》已得其半。时两人行箧仓皇，稿本皆不在客也。追余入缅，君亦离力。今夏，自闽中远寄大著副本见示，因得读其所谓《赘谈》者，一纵一横，头头是道。其经纬万端，则天孙之织云锦裳也。其才气磅礴，则黄河之发昆仑源也。其理解超悟，则明月之

印千川也。其兴会飙举，则大鹏之徙南溟也。其识见透辟，则牛渚之燃犀、秦宫之照胆也。其志趣高深，则延津之跃剑、巨仞之摩天也。观止矣，即目为菽子文集亦无不可《赘谈》云乎哉！

时丁酉清和月，江南十梅弟陈还百拜谨跋于缅甸读有用书斋

蔡书后 丁酉六月付刻

［清］蔡尔銮

吾乡有名孝廉焉，即世所称为诗人丘菽园者是也。自其幼时，即好壮游，有洮阳侯乘长风破万里浪之概。尝溯长江、走京师，浮海而南，遍览七洲形势。黄山谷诗云："江山为助笔纵横。"欧阳永叔云："江山犹得助诗豪。"不啻为丘君咏也。旧刻《庚寅偶存》诗稿久已传播艺林，一时海内选家争相采刻。然君雅，不欲以诗人自命。去年省父，星洲大会彼都人士，提倡宗风，讲求根柢实学，为圣天子收异日域外人才之效用，意可谓深远。中间奉讳家居，闭门读礼，翻数年之手稿，课七月之专功，成笔记一种几二十万言，考古证今，明体达用，名曰《赘谈》，谦词也。

是岁五月，携书渡海谋自校刊，尔銮忝作居停，深相契洽，盖君天怀坦率，猥以銮之不合时宜有莫逆心。适羊城闽漳会馆于时重葺，延君助理。惠然肯来，昕夕倾衿，得遂良觌，邀观机器，圜法局，刻藏书，议论风生，独见其大，尤为佩服。兹者命序《赘谈》，窃銮兄弟等与君皆有一日之雅，何敢以不文辞。爰质言其概以跋于后。

光绪二十三年岁次丁酉六月中浣，龙溪弟蔡尔銮识呈于市隐寄庐

谢跋后

〔清〕谢鸿钧

　　光绪丁酉夏于役香江差次，得晤菽园丘孝廉于蔡君子庄处，纵谈时事，议论宏深。出所著新书数种见示，目为《赘谈》，分编十四卷，命题三百六十有六，洋洋洒洒二十余万言。其旨显，其词明，大都是经世有用之言，考据既精，翻驳尤当。得诸传闻者，悉仿辀轩之采；验诸用世者，亦征经济之才。展读一过，令人耳目一新。卷后附《庚寅偶存》、《壬辰冬兴》二卷，凡古近体各擅其长，学富才雄，一斑可见。

　　上年孝廉于古柔佛国月课，文士之流寓于是者，糊名殿最，以振发颓靡，海外词坛夙推盟主。风流文采，照耀七洲。近值中外通商，讲求洋务，崇尚实学，则此《赘谈》之书一出，诚足为后学之津梁，当不仅以诗社文坛增鸡林之声价已也。欣慕之余，遂达以笔。若言贡谀，则余何敢？

　　郓州世愚弟谢鸿钧宾门甫拜撰

王跋后集四子句

〔清〕王道宗

　　吾友丘菽园先生，惠人也。（世居海澄县之惠佐社）敏而好学，泰而不骄。所著《赘谈》十四卷，别为序次，曾子述之。（先生少受业于曾太史宗彦，太史为弁其稿以付梓）门人记之，（先生高弟林雪斋茂才为录稿本）大夫贤者又赞其妙而约言之，而详说之。（此外友人投赠序文、题词、跋语不下数十，尽皆付刊）予欲无言，

子 部 167

其可得乎？

天之生斯民也，使先知觉后知，使先觉觉后觉。生乎今之世，无变今之俗，虽有其位，不能尽其才；没世而名不称焉，虽有其德，不得尽其辞。吾何以观之哉？先生博学于文，乐多贤友，得一善则拳拳服膺，如有所誉者，必表而出之。（《赘谈》中所记或诗文、或书画、或时务格致之学，以及时人言行之有可录者，无不悉载而表彰之）又尚论古之人，诵其诗、读其书，终夜不寝，专心致志，穷日之力，反复推明。尊德性而道问学，智广大而尽精微，夜以继日，笔之于书，草创之，润色之，郁郁乎斐然成章，皆雅言也，皆实学也。推而言之，父在观其志，十有五而志于学，发愤忘食，就有道而正，及一旦豁然，贯通全体，大用无不明矣。（先生师事曾廉亭孝廉、侯仙舫太守[54]，所作诗文辄以就正。年十六已刊诗稿行世，曰《庚寅偶存》）父没观其行，丧事不敢不勉，（岁在丙申，封翁正中公卒于星洲，亲视含殓，素车白马，吊客接毂挽章者数百轴。先生曰："君子不以天下俭。"其亲扶枢回海澄原籍安葬，费数万金。所刻《荣哀录》未峻）不为酒困。虽之彝狄[55]，以文会友，退而学诗，其不善者而改之。（先生于星洲创设丽泽、乐群等社，兼课诗文）尝独立召门弟子，曰："予与尔言是诗也，非是之谓也。夫诗可以兴，可以观，可以群，可以怨，温故而知新，则终身用之有不能尽者矣。"循循然善诱，谆谆然命之，其示人之意至亲切矣。（先生论诗学主性灵，尤重温厚。尝与其门人范伯之、李竹痴等反复讨论，满座风生）是以声名洋溢乎中国，施及蛮貊，闻者莫不兴起也，而况于亲炙之者乎！（先生以名孝廉遵海而南，主持风雅，骚人墨客之流寓海外多以诗文为贽，愿留而受业于门者，滔滔皆是也）

或曰："大学之道，在明明德。"君子质而已矣，何以文为？予曰：恶，是何言也。恶其文之著，未足与议也。夫物有本末，事有始终。不学诗，无以言，不知言，无以知人也。故说诗者不以文害辞，不以辞害志。知其说者可与言诗，可以谓文矣。其书言近旨远，文理密察，有大人之事，有小人之事，譬诸草木区以别矣，况乎格物致知之义尤为当务之急。善读书者统论纲领指趣，细论条目工夫，玩索而有得焉，则不知足之蹈之、手之舞之。吾少也，贱未尝学问乐道人之善，（先生自号酸道人，间称菽道人）如理议之悦我心，故默而识之，以待后之学者。

光绪丁酉七月，珩山会仪氏社小弟王道宗集呈

徐跋后

[清] 徐亮铨[56]

著述之事有三难：学不博者不足以辨物，识不精者不足以见道，持论不平允者不足以憉人，审是而丘子菽园尚矣。菽子资禀颖特，学识淹通，于诗古文词靡不卓有心得。甫成音童，即受知于侯仙舫太守，著有《庚寅偶存》稿，既益寝馈、名大家。每落笔铸词，其恣肆纵横，有不可一世之概。坐是不合时趋，屡踬童试。洎甲午援例入闱，一战而捷，益信菽子之文可大而不可小也。

去夏南来，出其所著诗集，回环盥诵，佩服良深，不揣谫陋，忝为之序。葭至后菽子奉讳旋里，读礼家居，复邮寄其所著《赘谈》，撮登报牍。虽未窥其全豹，而吉光片羽，一时读者争相传购，几于价重鸡林。不半载，都成十四卷。集中搜罗古今遗言逸义，以及当世中外人物，间或下一二断语，辄耐人寻味。不置至方外；怪诞之事，概屏不录，于以[57]见其学术之纯，而论断之精也。书成，同人怂恿付梓，爰跋数语于后，以志钦迟云。

古梅钝根生徐亮铨季钧氏拜志

卢跋后

[清]卢观澜[58]

　　吾儒著书立说卓成一家言者，代不乏人。大抵显达之言多深醇，困穷之言多博辩，何也？盖达者自通籍迄悬车，阅历既多，举生平文章经济、品节军容，悉笔之于书，垂为世法。其立言也，尚矣。穷者伏处衡茅，无所表见于世，日操不律[59]，毕抒其胸中抑塞磊落之气，自为解嘲，斯其次也。若夫著述冠艺林，观其崇论宏议，亦足倾倒一时。而穿凿离奇，蔑侮先哲，阴复步趋于仕宦之捷径，溺志乎货利之间，斯人也，余无取焉。

　　海澄孝廉丘子菽园，家素封[60]，性慷慨，具异人禀。博览群书，尤肆力于古文词。弱冠登贤书，风神秀朗，人望之粹然若儒素。倘随俗力、趋凡近[61]，其入于仕宦货利之场，岂不易易而能弗顾焉？惟与古人晤对，冥搜静索，必至乃已。尝择其有裨于实用者，录若干卷，名曰《赘谈》，谦辞也。余卒读而叹曰：丘子诚异人乎？何异乎尔！异其英年既隽科第，又处席丰履厚之境，不汲汲于仕宦，不耽耽于货利，独能以绍述旧闻，启悟后学为志也。较诸穷者、达者之博辩深醇，讵不足夺一席而与之鼎峙耶！畴敢以赘訾之嗟乎赘？孰有过于余半生落拓，学植久荒，洄天地间一赘人已耳。以赘人赘《赘谈》，丘子何取乎余言？正以余尝与丘子游，载酒停车，不以余为赘友。爰不揣荒陋，略赘数行以志倾倒。至是书淹贯经史而解晰疑义，扬抎风雅而厘正体裁，世之览者，自具鉴衡已。

　　梅溪卢观澜拜跋

汪跋后

[清] 汪宗海

　　孟子云："故观于海者难为水"。予始疑之，以为海亦不外水也，何必独重此而轻彼哉？

　　丁酉秋，偶游海外，舟涉七洲洋，茫茫数昼夜，渺不知其东西南北也。惟波涛掀腾，鱼龙变现，阴晴倏忽，气象万千，怵心骇目，不可言状，诚天地之巨观也。而文之瑰奇伟丽、包涵万有者，将毋同。同年丘君菽园，吾闽名士也。籍于漳，与予相距甚远，庆吊不及，故会晤无由。而是时，得遇于星洲，何幸如之！盖既得拜见其人，又得领略其文，并得寓目诸君子所赠若序、若跋、若诗歌、若书后，如游山阴道上，令人应接不暇；如入五都之市，使我目不暇给也。夫诸君子之文之美，固不待言矣。

　　若丘君所著《赘谈》一书，洋洋洒洒二十余万言，综古今之事理，撷天地之精华，莫非常启聩发聋，关世道人心之要。而考据精详，议论博雅，犹其余事，所谓韩潮苏海者，非文中之巨观也哉。以此而作育人材，以此而转移风气，吾知丘君之志为尚矣。予学殖既荒，又于时务弗达，未敢与诸君子并驾齐驱，况丘君年力富强，才情发越，将何从而攀及之。爰抒所见，用附末光，亦以圣人因水而悟道，予则因水而悟文。悟夫丘君之文，如万水无不朝宗于海也，又何赘之有？

　　丁酉重阳日，年愚弟汪宗海秉乾氏拜撰于星嘉坡客次

黄书后

［清］黄永业[62]

近世著作家好为诡异之谈，搜神志怪，说鬼言狐，骇俗惊人，自矜博雅。虽光怪陆离，究属羌无故实，以云学有根柢，未敢信也。

菽园丘君，博学多才，兼娴吟咏。所著《赘谈》一书，撷子史之精华，穷事物之体要，考据详明，有典有则，其学问之渊深，洵非空疏者所能梦到。至其爱才成癖，虽寸缣尺素，不忍没人之长，尤见虚怀若谷。夫天下不少才人，然如君英年而能负此天才，具此雅量，他日所造，诚未可限。《赘谈》一书，特一斑之流露耳，乌足尽其所长哉？

光绪二十三年丁酉嘉平月，番禺弟黄永业耀墀氏拜题于香江之镜海楼

注释：

［1］曾宗彦（1850—1912），字君玉，号幼沧，福建闽县（今福州）人。清光绪九年（1883年）进士，选庶吉士，授翰林院编修。历官江南道监察御史，官至贵州思南知府。曾参与百日维新，又曾任福州凤池书院山长。

［2］司马长卿，即司马相如，字长卿，西汉著名辞赋家；扬子云，即扬雄，字子云，西汉后期著名哲学家、文学家。

［3］贾长沙，即贾谊，西汉初年著名政论家、文学家。汉文帝时任博士，谪为长沙王太傅，故后世称"贾长沙"。

［4］叶苔棠，福建侯官（今福州）人。清光绪二十一年（1895年）进士，任江西道监察御史。曾流寓新加坡。

［5］清河，指王猛（325—375），字景略，十六国时期著名的政治家、军事家，前秦丞相、大将军。拜相前曾被封为清河侯，故称。扪虱，永和十年（354年），东晋桓温北伐，击败前秦苻健后驻军灞上。王猛前往桓温大营，于

大庭广众面前一面扪捉虱子，一面纵论天下，旁若无人。后遂有"扪虱而谈"等成语形容言谈不凡，态度从容不迫。

　　［6］乐群文社，丘炜菱在新加坡创办的、以诗会友的文学社团。

　　［7］李季琛，字汝衍，福建侯官（今福州）人。曾流寓新加坡。

　　［8］虞初（约前140—前87），号"黄车使者"，河南洛阳（今洛阳东）人。西汉小说家，汉武帝时为方士侍郎。虞初写的《周说》对中国古代小说创作的影响很大。

　　［9］延陵，即季札，春秋时吴王寿梦第四子，封于延陵，故号延陵季子。以重义气、讲信用著称于世；北海，即孔融（153—208），字文举，鲁国（今山东曲阜）人。汉献帝时任北海相，故称"孔北海"。苏轼称其"志大而论高，功烈不见于世。然英伟豪杰之气，自为一时所宗。"

　　［10］杜员外，即杜牧，唐代杰出诗人，曾任司勋员外郎，故称杜员外。唐会昌年间，宰相李德裕主持平定泽潞藩镇叛乱的军事活动。杜牧上书陈述用兵方略，得到采纳，并取得"泽潞平，略如牧策"的成效。

　　［11］范秀才，即范仲淹，北宋中叶的政治家、军事家和文学家。少有志，当秀才时就以天下为己任，后于其《岳阳楼记》中写下"先天下之忧而忧，后天下之乐而乐"的名句。

　　［12］边孝先，即边韶，字孝先，陈留浚仪人。以文章知名，汉桓帝时拜尚书令，后为陈相。《后汉书·边韶传》称其曾因昼寝为弟子嘲笑道："边孝先，腹便便；懒读书，但欲眠。"边韶闻之即答道："腹便便，五经笥；但欲眠，思经事。"后以"腹笥便便"，喻学识丰富。

　　［13］苏长公，即苏轼，苏洵长子，人称"苏长公"，宋代文学家。性格豁达豪爽，于逆境中保持乐观情绪，故其为文往往呈现宽阔的胸襟。

　　［14］燃犀洞渚，即成语"牛渚燃犀"，典出《晋书》卷六十七《温峤列传》，比喻洞察奸邪；罔象得珠，典出《庄子·外篇·天地第十二》，以"无智、无视、无闻"的"罔象"寻得了"玄珠"的故事，比喻只有"清静无为"才能得"道"。

　　［15］马卿，即司马相如（约前179—前117），字长卿，蜀郡成都人。西汉大辞赋家。

　　［16］枚乘（？—前140），字叔，淮阴（今江苏淮安）人。西汉辞赋家。

　　［17］建章，即建章宫，建于汉武帝太初元年（前104年），规模宏大，

有"千门万户"之称。

[18] 侯鲭，即五侯鲭，精美的荤菜杂烩，为西汉娄护所创。

[19] 庄姬龙尾之庾词，指楚国的庄姬，用"有龙无尾"的故事劝谏楚顷襄王。

[20] 文仲羊裘之隐语，指鲁国的臧文仲在信中用"羊裘"的隐语通报齐国将要发动进攻。

[21] 顠，古同"鼙"；张坦效顠之诮，西晋名将刘弘效法曹操谋士荀彧的熏香嗜好，其主簿张坦以"丑女效鼙"故事讥讽之。

[22]《论衡》，东汉思想家王充（27—97）的哲学著作；《独断》，东汉末年经学大家蔡邕（133—192）的史学方面代表作。

[23] 李启祥，号石樵，清代广东番禺（今广州番禺区）人。

[24] 王伯厚，即王应麟（1223—1296），字伯厚，号深宁居士，庆元府鄞县（今宁波市鄞州区）人。宋淳祐元年进士，官至礼部尚书。为学宗朱熹，著述颇富。考据性笔记《困学记闻》，以考证为特色，居宋代三大笔记之首。

[25] 顾宁人，即顾炎武（1613—1682），本名绛，因仰慕文天祥学生王炎午，改名炎武。字忠清、宁人，故居旁有亭林湖，学者尊为亭林先生。苏州昆山人。明末清初的杰出的思想家、经学家、史地学家和音韵学家，与黄宗羲、王夫之并称为明末清初"三大儒"。《日知录》为其主要作品。

[26] 阎百诗，即阎若璩（1638—1704），字百诗，号潜丘,，山西太原人，侨居江苏山阳县。清初著名学者，清代汉学（或考据学）发轫之初最重要的代表人物之一。其《阎氏碎金》皆记洞庭书局中辩论之事。

[27]《丹铅总录》，明杨慎撰。为作者考辨群书异同之笔记汇编。杨慎（1488—1559），字用修，号升庵，四川新都（今成都市新都区）人。明代著名文学家。正德六年（1511）状元及第，官翰林院修撰。因"大礼仪"受廷杖，流放滇南。

[28] 昆山顾氏，即指清代学者顾炎武；采山之铜，顾炎武曾将为学之道比作铸钱，应如古人"采铜于山"，而不应像今人"买旧钱"作为废铜铸钱，把古人的传世之宝毁坏。

[29] 鸡林贾人，古代对新罗商人的称呼。后亦用为文章精美，为人购求之典。

[30] 宾贡，古代地方向朝廷推举人才时，待以宾礼，贡于京师。

[31] 潘飞声（1858—1934），字兰史，号剑士、心兰、老兰，广东番禺（今广州市番禺区）人，祖籍福建。清光绪十三年（1887年）应聘执教柏林大学汉文学教授，四年后回国。甲午战争后，提倡变法图强，任香港《华字日报》、《实报》主笔。1907年到上海定居，加入南社。

[32] 说部，指古代小说、笔记、杂著一类书籍。

[33] 敆，古同"叩"。

[34]《酉阳杂俎》，唐代段成式所著。为笔记小说集。其一部分内容属志怪传奇类，另一些记载各地与异域珍异之物，与晋张华《博物志》相类；《铁围丛谈》，即《铁围山丛谈》，宋代兴化仙游人蔡绦所著。为轶事、琐谈之类的笔记小说；《茶余客话》，清代阮葵生所著。为笔记小说，保存了许多有关清初典章制度和入关前后建置以及淮地名物掌故等重要史料；《柳南随笔》，清代江苏常熟人王应奎所著。为笔记、杂著，包括读书札记以及士大夫文人的遗闻轶事，社会习俗，风土人情等杂记。

[35] 张南皮，即张之洞。其籍贯为直隶南皮（今属河北），故称。

[36] 杜陵，即杜甫。其所崇拜的第十三世祖杜预是京兆杜陵（今陕西长安）人，故其诗中常自称"杜陵野客"、"杜陵布衣"、"杜陵野老"等。

[37] 丁酉，即清光绪二十三年（1897年）。此记可证该书初刊于是年。

[38] 许巽南，字克家，福建同安铜鱼馆人。清光绪十四年（1888年）举人。

[39] 应，随声相和；违，背离；《周易》曰："君子居其室，出其言善，则千里之外应之，况其迩者乎。居其室，出其言不善，则千里之外违之，况其迩者乎。"

[40] 丘逢甲（1864—1912），字仙根，又字吉甫，号蛰庵、仲阏、华严子，别署海东遗民、南武山人、仓海君，台湾苗栗人，祖籍广东镇平（今蕉岭）。清光绪十五年（1889年）进士，授任工部主事。无意为官，返台任台中衡文书院担任主讲。光绪二十一年（1895年）任义勇军统领。抗日失败，内渡广东兴办新学。后参与筹划潮州黄冈起义等革命活动。

[41]《剧谈录》、《桂苑丛谈》……《谈龙录》诸书，均为历代笔记小说、传奇、杂著之类的作品。

[42]《铁甲丛谈》，兵学类译作，英国制造水师船厂总管黎特著，江南制造局翻译员舒高第与郑昌棪合译，江南制造局翻译馆出版，五卷附图一卷，

约刊于 1896 年；《昕夕闲谈》，我国第一部译自西方的翻译小说，译者蠡勺居士，浙江钱塘人士蒋其章，于 1875 年出版。

[43] 南董，春秋时代齐史官南史、晋史官董狐的合称。皆以直笔不讳著称。

[44] 仡仡，勤苦貌。

[45] 土毛，指土地上生长的五谷、桑麻、菜蔬等植物，后亦泛指土产。

[46] 黎经迟，号香荪，清代广东嘉应州（今梅州市）人。

[47] 丘琼山，即丘浚（1418—1495），字仲深，号深庵、玉峰，别号海山老人，海南琼山人，明中叶著名的学者和政治家、经济学家，官至户部尚书兼武英殿大学士；海刚峰，即海瑞（1514—1587），字汝贤，号刚峰，海南琼山人。明代著名清官。后人辑有《丘海二公合集》，今尚存清同治十年刻本。

[48] 达明阿，字镜源，又作镜园，满人。清光绪年间捐知县，分福建。

[49] 丘炳萱，号屏沧，福建长乐人。清光绪二十一年（1895 年）进士，授知县。

[50] 马兆麟（1875—1918），字瑞书，又字竹坪，号子般，福建东山铜陵镇人。清末民初著名书画家。光绪元年（1875 年）举人。不求仕途，讲学于东山、海澄一带。曾任"南溟书院"山长，光绪三十四年在铜山始创"东升学堂"。

[51] 林丰年，字雪斋，号泽农，福建漳浦绥安镇人。清光绪三十一年（1905 年）岁贡，清末民初福建著名画家。

[52] 许南英（1855—1917），号蕴白，别号窥园主人、留发头陀，台湾安平人。清光绪十六年（1890 年）恩科进士，分签兵部主事，未就任，应巡抚唐景裕之聘回台湾任通志局协修。日本进犯台湾时，任台南筹防局统领，参与抗日。事败迁回大陆，落户福建龙溪。曾任广东徐闻县知县。辛亥革命后任龙溪县知事，因感政界险恶，不再从政。晚年，孤身飘泊南洋，客死他乡。

[53] 见跋，即显出烛根，语出《礼记·曲礼上》："烛不见跋"。后用以指夜深。

[54] 侯仙舫太守，即侯材骥，号仙舫，湖南安仁人。清同治元年（1862 年）举人。官户部主事。光绪八年（1882 年），外放台湾知府，后调任福州、

漳州知府。

　　[55] 虽之彝狄，即使到了夷狄外邦。此指丘炜菱旅居新加坡。

　　[56] 徐亮铨，即徐季钧，字季钧，以字行，笔名古梅钝根生，福建闽清人。清末秀才，任教福州英华书院。清光绪十九年（1893 年）举家南渡新加坡，出任《叻报》主笔，创办《天南日报》。后入同盟会，任《槟城日报》总编辑。为新加坡华侨领袖人物。

　　[57] 于以，犹是以。

　　[58] 卢观澜，福建闽清人。清光绪三十二年（1906 年）被推举为闽清县教育会会长。

　　[59] 不律，笔。《尔雅·释器》："不律谓之笔。"郭璞注："蜀人呼笔为不律也，语之变转。"

　　[60] 封，丰厚。

　　[61] 凡近，才识平庸浅薄。

　　[62] 黄永业，字耀墀，广东番禺（今广州）人。清末举人。

集部

重刊先魏公文集后跋

[清] 苏廷玉

《苏魏公文集》七十二卷，苏颂撰。

苏颂，里居、阅历见史部《华夷鲁卫信录总序》篇。是书乃苏颂之诗文集，宋绍兴九年（1139年）苏颂子苏携编辑、刊刻，淳熙十三年（1186年）张几仲重刊。清道光二十二年（1842年），苏颂裔孙苏廷玉赴杭州文澜阁借校、重刊，即道光苏氏家刻本十二册，藏福建省图书馆、福师大图书馆、厦门市图书馆、厦大南洋所等。有绍兴刊本汪藻原序、淳熙重刊本周必大后序、道光重刊本陈寿祺序和苏廷玉的后跋。汪序、周序和陈序已收入《厦门古籍序跋汇编》，苏之后跋因藏本缺失而漏收，今自苏廷玉的《亦佳室文钞·卷四》中补录之。

先魏公文集七十二卷，宋椠本久已无存。道光庚寅[1]，廷玉守苏州，陈恭甫[2]太史来书，命就武林文澜阁重钞校锓，以公同好。廷玉亟令人录出副本，乞序于太史。太史喜而序之[3]。后以宦辙奔驰，校雠未就。每往来齐、鲁、秦、蜀，车尘马迹，必藏行箧以自随，不敢忘也。今岁归里，乃得陈念庭[4]学博复校之，考证完善，即付诸梓，以毕十年心事，时道光壬寅[5]七月也。

按，《宋史》称，建中靖国元年公殁，年八十二，其年为辛巳，距生之年则天禧四年庚申也。登庆历二年进士，公年二十三。绍圣二年《乞致仕疏》所云"臣今年七十六岁,仕宦五十四年"是也。绍兴九年己未,《文集》始编成书。汪浮溪[6]序曰:"公殁四十年,公之子携始克集公遗文"是也。绍兴己未至今壬寅凡七百有四年,廷玉始重刊,本书之显晦于世,固亦有待乎时如是耶!

夫自古圣贤建不朽之业者,其精神常周于数千百年以后,而使之闻风兴起,而况为其子孙者乎?公尝序《小畜外集》[7]曰:"见于行事之谓德,推以及物之谓功,二者立矣,非言无以述之。无述则后世不可见,而君子之道几乎息矣。若乃德与功偕文备乎道,嘉谟谠论见信于时主[8],遗风余烈不泯于将来。"於虖[9]!此公之论人,公之所以自道也。昔子朱子称为"道学渊深,履行纯固","始终一节,出入五朝,高风耸乎士林,盛烈铭乎勋府",是盖将比古之所谓大臣者。

而廷玉升沉宦海几三十年,立德立功无能仿佛其万一,徒怀景仰之思,深叹祖武之难绳,为抱惭无地耳。曩在苏州时,曾得蒋氏所藏宋板《魏公谭训》二本,刻之。恭甫太史为摘其谬误若干条,兹仍重镌,以附于后。近复得《泠然斋集》,为公之四世孙召叟公[10]所撰,亦并校刊之,以存一家言,于以见明德之先泽,绵绵延延,以至于今,乃益大显于世也。然非太史之留心文献,指以相示;非诸君子之参互校雠以共成,是举又安能广以传布耶?因事缘起,谨跋于后。

注释:

[1] 道光庚寅,即道光十年(1830年)。

[2] 陈恭甫,即陈寿祺(1771—1834),字恭甫,一字苇仁,号左海,福建闽县(今闽侯)人。清嘉庆四年(1799年)进士,任翰林院编修。嘉庆十四年,以翰林院编修记名御史,出任国史馆总纂。历典广东、河南乡试。父母殁后不出仕,主讲鳌峰、清源书院多年,著有《左海全集》。

[3] 太史喜而序之,即指道光十一年仲春陈寿祺为苏廷玉校雠《苏魏公文集》所作之序。《厦门古籍序跋汇编》已收入,详见该书集部《苏魏公文集

序（三篇）》之三。

［4］陈念庭，即陈金城（1802—1852），字念庭，号殿臣，福建惠安人。清道光二年（1822年）举人，道光十五年（1835年）、十八年（1838年）两次会试不中。遇"大挑"，以二等选署古田教谕，旋授连城训导。后入京任内阁中书，改刑部云南司主事。

［5］道光壬寅，即道光二十二年（1842年）。由此可证《苏魏公文集》道光年苏氏家刻本即刊刻于此时。

［6］汪浮溪，即汪藻（1079—1154），字彦章，号浮溪，又号龙溪，饶州德兴（今属江西）人。宋崇宁二年（1103年）进士，任婺州观察推官、宣州教授、著作佐郎、宣州通判等职。徽宗亲制"居臣庆会阁诗"，汪藻独领风骚。钦宗即位，召为屯田员外郎，迁太常少卿、起居舍人。绍兴元年（1131年），除龙图阁直学士，知湖、抚、徽、泉、宣等州。官至显谟阁大学士、左大中大夫，封新安郡侯，卒赠端明殿学士。

［7］《小畜外集》，宋代王禹偁撰。

［8］时主，当代的君主。

［9］於虖，同"呜呼"。

［10］召叟公，即苏泂，字绍叟，山阴人，北宋宰相苏颂四世孙。少时从其祖父游宦入蜀，长而落拓走四方。曾再入建康幕府，从陆游学诗，与辛弃疾、刘过、王柟、潘柽等名士唱和。

结甃堂遗稿序（二篇）

《结甃堂遗稿》八卷首一卷，刘存德撰。

刘存德，字至仁，号沂东，福建同安县积善里后浦人，住县城内东桥。明嘉靖十六（1537年）、十七年（1538年）联第进士，初授行人，选浙江道御史，有抗疏力争之举。出松江知府，迁浙江按察副使，调广东海道兼番市舶提举司，皆有功绩，却以功见嫉被中归。于同安东溪畔建"结甃堂"，座客常满。该书为其子梦龙、梦熊、梦骖、梦松、梦潮所辑，林钎为之序，刊刻于明崇祯三年（1630年）。卷一为奏疏，卷二为史评，卷三为赋、古诗、歌、行、乐府、律诗，卷四为绝句、集句，卷五、六为序，卷七为记、碑、状、志、祭文，卷八为杂著。清乾隆三十三年（1768年），刘存德之七世孙刘兰、刘守、刘敬、刘瀚及八世孙刘清、刘澜重刻并题序。是书尚存，有乾隆三十三年（1768年）重刊本藏于厦门市同安区图书馆。本序录自该刻本。

初刻序

[明] 林钎[1]

同年寅兄刘君海若[2]将重镌其先君沂东先生《结甃堂集》，问序于余。余惟沂东先生以簪笔侍世宗朝，净四亲邪议，卒霁天威，直声震一时。持斧南畿，执法忤当路。守云间苏穷黎，副粤臬化反侧。是不徒沾沾以著述显者，然而仁人之言，为法可传，德立、功立、言亦立焉。余纶扉之暇，读其奏疏，忠犯人主之怒，惠弛苍生之困，而其英词伟作、雅什风篇，往往发于簿书案牍之间、登临宴饯之会，秋实春华，骈臻其妙。且夫结甃之在太师桥[3]东也，居高而望远。芹山、北辰、三秀，斗拱列其前；天马、豪山、孤卿、九跃环其后。右则鸿渐、香山、乍画，参天而耸翠；左则莲花、西山、天柱，拔地而峥嵘[4]。入其中，则双流[5]九曲，缭绕如带；弁石铜鱼[6]，委垂若佩。紫阳步月[7]而低徊，少□□水而□伫，地灵者人杰，□□□□□□助，然则斯□□□□□而备之矣。海若□名□士，□□春官、教习驸马，著□渊□，□佛向、歆父子。是集之镌，将以公诸海内，传于奕禩。余喜其得附骥以名也。于是乎序。

崇祯庚午蒲月，年寅侄林釬顿首拜撰

重刊序

［清］刘　　兰[8]等

水有源、木有本，祖宗之荫室尚肯堂肯播，况文章著述。祖宗罄一生之心性才力，精为文、秀成彩，衰聚而辑集之。为子孙者，其可泛而视之、怠而弃之乎？

先祖侍御沂东公有《结甃堂集》，集其生平仕学显晦。所手著文赋诗词若干卷，藏于家。四子舜苍公[9]、五子海若公宦达时，经梓行世，历前明迄昭代二百余年。海滨沧桑变易，灰于兵燹，既于凶盗，盖百十仅存二三。而此二三者，则又蚀于蠹，耗于鼠，亥豕鲁鱼于铅椠。兰等惧其久而湮坠，岁在戊子，与修邑乘，刻工告竣。因与家长者亦复君共商召工计直，先就家藏所有完整篇章付镢［厥］，而其不完不备之篇，目录尚夥，姑阙之，以俟搜购有获，异日续镌。

　　夫立德、立功所以能不朽者，终赖于立言，况吾祖功德备见于所立之言，而其言又皆正伦明行，裨补世道有关名教者乎！兰等尝读《梁书》，见彭城刘士章绘[10]有子七人，孝绰而下三笔六诗[11]，仪威踵盛。绘又自言同祖七十人，皆有文集，海内所稀。因思文章祖述，异姓天亲，然苟同气分形，父子、兄弟、祖孙一脉相承，尤极天伦之乐事、人世之快观，宜绘之白序，津津不置也。

　　我家自侍御祖而下，至兰等七叶，瓜绵其间，流行坎止，显晦浮沉，虽不尽肖于吾祖，然而诗书世业，不以贫贱而厌，不以富贵而倦，循而守之，亦可无伤于祖心矣。兹重镌其文集，非欲以夸世炫俗，惟欲曾元云耳！弓冶箕裘，守而勿失，踵而增华，务使轮冈沂浦子子孙孙云蒸霞举，媲美清漳，是所殷殷悬望于后起者也。

　　乾隆三十有三年戊子蒲月，七世孙兰、守、敬、瀚[12]，八世孙清、澜熏沐敬志

注释：

　　[1] 林釬，字实甫，号鹤昭，福建同安金门人。幼孤，随母改嫁龙溪。明万历四十年（1612年）进士，殿试一甲第三名，授翰林院编修，历国子监司业、祭酒。后称病归乡。崇祯初，起为礼部侍郎兼侍读学士。崇祯七年（1634年），上"四策"，拜为东阁大学士。卒于官，谥"文穆"。

　　[2] 刘君海若，即刘梦潮，字国壮，号海若，刘存德之第五子。明万历四十七年（1619年）进士，授南昌县令，历北京武学教授、礼部仪制司转主客司、广西副使等职。著有《易义画前稿》。

　　[3] 太师桥，即福建同安县城鸿渐门（东门）外的东桥。据明何乔远的《闽书》记载：东桥是北宋"留从效所建，故又名太师"。留从效（906—962），永春人。南唐李璟授予清源军节度使，封鄂国公，世有"太师"之称。

　　[4] 芹山、北辰、三秀、天马、豪山、孤卿、九跃、鸿渐、香山、乍画、莲花、西山、天柱，均为同安城周边的名山。

　　[5] 双流，指同安的东西溪。

　　[6] 弁石铜鱼，指同安东桥溪中的弁石台和南门桥溪浒的铜鱼台。

　　[7] 紫阳步月，紫阳指南宋朱熹。朱熹主簿同安时，常到东桥游玩，留

有《雨霁步东桥玩月》诗，描绘东桥的溪光月色。刘存德在东桥溪旁筑"结甃堂"，于桥头石面镌有"紫阳旧游"字，又筑有亭台楼阁等景观，今皆无存。

[8] 刘兰，字青座，刘存德七世孙。清代庠生。著有《梅庄文集》、《四书集说》。

[9] 粦苍公，即刘梦松，字国夏，号粦苍，刘存德之第四子。明万历二十三年（1595年）进士，历国子监助教，刑部主事，台州知府，江西按察使。

[10] 刘士章绘，即刘绘（458—502），字士章，南朝齐彭城（今江苏徐州）人。聪警有文义，善隶书。齐高帝以为录事典笔翰，为大司马从事中郎。

[11] 孝绰，即刘冉（481—539），字孝绰，以字行，刘绘之子。能文善草隶，号"神童"。年十四，代父起草诏诰。历著作佐郎、秘书丞、廷尉卿、秘书监。明人辑有《刘秘书集》。三笔六诗，指刘孝绰之弟刘孝仪长于文，刘孝威工于诗。刘孝仪排行三，刘孝威排行六，故云。见《梁书·刘潜传》："刘潜字孝仪，秘书监孝绰弟也。幼孤，与兄弟相励勤学，并工属文。孝绰常曰：'三笔六诗。'三即孝仪，六孝威也。"

[12] 瀚，即刘瀚，字景若，号溪堂，刘存德七世孙。清乾隆十八年（1753年）举人，历任建安、龙溪、彰化教谕，升广西兴安令，调署永宁州牧。

洪芳洲集序

[明] 俞　宪

《洪芳洲集》一卷，洪朝选撰、俞宪辑。

洪朝选（1516—1582），字舜臣，号芳洲，别号静庵，明代同安县翔风里洪厝人。嘉靖二十年（1541年）进士，官至刑部左侍郎，代理刑部尚书。性刚介，恶逢迎，为官清正，秉公执法，致触犯权贵，被诬陷而死于狱中。俞宪（1508—1572），字汝成，号是堂，明代无锡（今江苏无锡）人。嘉靖十七年（1538年）进士，官至湖广提刑按察使。于隆庆三年（1569年）编选《盛明百家诗》三百二十四卷。是书为其中之一卷，自《芳洲摘稿》中摘选洪朝选诗十七首。今尚存，明隆庆五年（1571年）刻本藏国家图书馆、上海图书馆、青海省图书馆等。本序录自该刻本。

予昔隶南司寇，洪君芳洲尝访予北城外万竹馆中。起步竹下，延伫久之，时已识君无俗韵矣。厥后，仕途差池，不相闻问者廿余年。今年乙丑夏，姻友华君以《芳洲摘稿》[1]遗予，中有诗一卷。适予有事编辑，采而刻之。芳洲，名朝选，字舜臣，闽之同安人。嘉靖辛丑进士，由南部郎两任学使，今为南太仆少卿，勋名固未艾也。

夏五望后，无锡是堂俞宪识

注释：

[1]《芳洲摘稿》，即《洪芳洲先生摘稿》，四卷，洪朝选撰。是书乃洪朝

选于嘉靖二十四年至三十九年（1545—1560 年）之间所撰之文稿，于嘉靖三十九年北上时路过无锡，交与华复初校订付梓。篇首有华复初之序。是书亦收入《洪芳洲先生文集》，今尚存，有清刻本藏厦门市馆、福建省馆等。姻友华君，应指华复初。华复初，字明伯，号岳西，明代江苏无锡人。

傅国毗诗序

[明] 何乔远[1]

同安大海中有山突起，曰"鹭门"，吾友人傅国毗居之。其地去漳、泉两近，可舆、可舟。国毗少时数从二舟之人游，携妓纵饮，客经过，往返不厌。既而折节为诗，于漳与金比部三洲相善好，而于泉则陈贰车及卿[2]、庄太史中熙[3]、太史弟户部郎中益[4]、太史之叔氏秀才彦升、蔡秀才春廓始唱为诗社，而国毗为长。其时陈、庄三公皆在诸生间，及后贵以文学鸣，其源盖得之国毗。予与予兄齐孝[5]举孝廉，乃从国毗游，盖得之及卿，而予与国毗尤笃矣。予向尝序国毗诗，曰："国毗于诗，一字未妥，千金不易，昼则忘晷，夜以申旦。"盖国毗之为诗如此也。

国毗向时岁一入郡城，从吾诸子游。吾诸子虽有出处不相及，然国毗率岁一至。比岁陈、庄三公及两秀才与吾兄皆奄弃人世，独予与国毗存耳。国毗每与予追念往昔，未尝不悼伤也。国毗寓予书曰："吾老矣，固不能相过如曩时。"

今年春，忽携所为诗过予山中累日，命予校之，曰："古人有云'后孰定吾文哉'则谓予，子向序吾诗，有交勉之意焉。吾老矣，骨力仅是，固蕲自见后世尔。"国毗近从丰城李孟诚[6]先生讲于学问，益铲削光采，妆敛造诣，大有就于斯道，而其为诗苦如故。夫珠玉、琥珀、空青、丹砂、水银之美，皆聚物之精，或数百年乃成。良工药王，即采琢亦取其仅仅，故其精光灵气独为世所宝需。国毗为诗，由苦致精，即不欲不闻于后，不可得矣。且夫以国毗之才，何所不可为？而其为诗于律独多，意又欲以专门诣，又欲不闻于后，不可得也。盖闽中山人之为诗者，自我明以来乃有二人，傅木虚[7]、黄孔昭[8]，今于国毗而三之焉。

注释：

［1］何乔远（1558—1631），字稚孝，号匪莪，晚号镜山，福建晋江人。明万历十四年（1586年）进士，历官主事、员外郎、郎中。万历十四年因坐"奏牍不恭"罪，贬为广西布政司经历。次年，妻病故，乃请假回籍治丧，里居二十余年，辑明朝十三代遗事成《名山藏》，又纂《闽书》百五十卷，颇行于世。万历四十八年（1620年），起用光禄卿，官至南京工部右侍郎。

［2］陈贰车及卿，即陈及卿，明万历年间泉州诗人，与何乔远、何乔迁、黄克晦、杨道宾结社赋诗，并称"温陵五子"。

［3］庄太史中熙，庄履丰，字中熙，号梅谷，明代福建晋江人。万历五年（1577年）进士。改庶吉士。任翰林院编修。以奉兄丧归里，遘疾早卒。著有《梅谷集》十八卷，

［4］户部郎中益，即庄履明，字中益，庄履丰之弟。明万历十一年（1583年）进士，任北京户部主事、郎中。

［5］予兄齐孝，即何乔迁，字齐孝，号屏台，何乔远之兄。万历四年（1576年）丙子举乡试第四人，授建阳县教谕，官至大理寺评事。

［6］李孟诚，即李材（1519—1595），字孟诚，号见罗，明代江西丰城人，理学家。嘉靖四十一年（1562年）进士，授刑部主事，由兵部郎中迁广

东按察司佥事，创办端州端溪书院。后又在多处创办书院并讲学。

〔7〕傅木虚，即傅汝舟（1476—1557），字木虚，号磊老、丁戊山人等。明代福建侯官（今福州）人。诗为文学家王世贞所推崇。明正德间，在福州西湖建宛在堂，一时诗人云集。著有《傅木虚集》、《丁戊山人集》等多种。

〔8〕黄孔昭，即黄克晦（1524—1590），字孔昭，号吾野，明代福建惠安人，"温陵五子"之一。自幼资质聪慧，及长出游，足迹几遍全国。所到之处，多和当地名士唱酬，诗作大进。万历三年（1575）进京，声名大震京城，受到神宗皇帝召见。无意仕途，离京返乡。

醉墨楼诗草序

[明] 何乔远

《醉墨楼诗草》，傅玥撰。

傅玥，字国毗，里居、阅历见集部《傅国毗诗序》提要。该书于方志艺文中未见著录，亦未见有刊本存世，唯有《何氏万历集·卷十七》中存有何乔远所撰之序。本序录自《何氏万历集》明万历四十年（1612 年）刻本。

诗之为教也，可以风。《风》、《雅》、《颂》不同辞，其为可风一也。优婉哉，《古诗十九首》也！弥降弥下，何其远于风哉！予居常与傅国毗论诗而难之。夫其平直则伤率易，委曲则伤雕钻，创言则伤师心，祖旧则伤袭唾，持今之耳目，耳目乎古之人，抑又异矣。古之人亦有平直者，亦有委曲者，亦有创言者，亦有祖旧者，今之人以为古人弗驳也，而驳乎今之人。予与国毗何居乎？作而蕲今世之人好乎？作而蕲后世之人好乎？予以此上下古今，不胜狂诞，则谓诗一亡于曹植，再亡于杜甫，余子碌碌不足置喙，何以说也？诗如曹、杜，撄抚诸人，才情兼收，众妙备极，过此以往，无或未施，所谓殷周之乐尽矣。若夫美无俪至，中不叠双，与其该焉而未精，不若专焉而独潜，此又才之不可得兼焉者也。

国毗从少言诗，岂不能具体汇状，要以独潜专精，又安得兼之？国毗之诗，学唐诗而为之也。五七言律乃唐人绳趋尺步之作，辟以三尺法持平，稍扞文网，慈母操棰矣。国毗于律诗而家焉，思必有独至，语必有所出，一字未妥，千金不易，昼以忘食，夜以忘旦，诚不知其心之苦，又诚不嫌于见短，释其具体而以偏师求是于古人。故其为力也专，而于风之道近也。呜呼！国毗勉之。诗一门耳，生死豪杰于其中而不得出焉，久远者累年代而不得出焉。是以唐末卑刻缛，而宋人窘名理也。

玉屏诗草序

[明] 何乔远

《玉屏诗草》，池显方撰。

池显方，字直夫，号玉屏子，明代福建同安县中左所（今厦门）人。天启二年（1622 年）举人。一生工诗文，喜游山川，结庐于同安端山，与董其昌、何乔远、黄道周、曹学佺等名士交谊甚深，时在一起唱和。著有《晃岩集》、《玉屏集》等。《玉屏诗草》，当为《玉屏集》。是书未见，《同安县志·艺文》、《厦门志·艺文略》著有存目。《厦门志》存有明代蔡复一为该书所作之序，已收入《厦门古籍序跋汇编》。何乔远所作《玉屏诗草序》收于福建省文史研究整理的《镜山全集·卷四十一》，本序录自该书。

　　王摩诘通禅而发之精秀，白乐天通禅而敷之通达，贾阆仙通禅而出之瘦峭灵彻，皎然之徒身为禅，而语若出于学士缙绅。韩退之好奇而非古不道，卢仝、孟郊好奇而非自撰不运，李长吉好奇而非幽怪不显，李义山好奇而非迂涩不口者也。池直夫通禅而禅其诗，凡禅中妙义无所不遍举；好奇而奇其诗，若人间俚杂之事之语，无所不插入也。其慧照了于精微，故参禅而诗无所不合；其心思入之玄渺，故杂俚之事之语无所不供其转使运动也，此直夫之禅之奇也。比海内有徐渭、袁宏道、吕维祺[1]数君，皆以奇傀削落之诗快人口眼，而吾乡一时诸子则有蔡国铤、蒋德璨、德璟[2]兄弟，而皆与直夫善。而直夫尤能濯胆洗髓，抽精奇而露闪烁，余见直夫之诗，欲界尽为天都，凡夫尽登圣位，不净不垢，无尽无边，为诗林之上乘也。

注释：

[1] 徐渭（1521—1593），初字文清，后改字文长，号青藤老人等，明代山阴（今浙江绍兴）人。著名文学家、书画家、戏曲家；袁宏道（1568—1610），字中郎，又字无学，号石公，又号六休，湖北公安人。万历二十年（1592年）进士，官至国子博士。明代"公安派"主将，与其兄袁宗道、弟袁中道合称"公安三袁"；吕维祺，字介孺，号豫石，河南新安人。万历四十一年（1613年）进士，官至南京兵部尚书，明代著名理学家。

[2] 蔡国铤，明代福建晋江人；蒋德瓒，明代福建晋江人。著有《瑟山集》；德璟，即蒋德璟（1593—1646），字申葆，号八公，又号若柳，蒋德瓒之弟。天启二年（1622年）登进士，官至户部尚书、太子少保文渊阁大学士。著有《敬日堂集》、《视草》等。

蓄山居诗序

[明] 池显方[1]

《蓄山居诗》，纪文畴撰。

纪文畴，字南书，一字元昉，又作玄昉，明末同安县后麝人。南明隆武时任中书舍人、翰林院待诏。隆武亡，退居鹭岛，依附郑成功。孤愤难释，与海上几社同志吟诵唱和，以诗文砥砺气节。著有《圣安实录》、《史勺》、《湄龙堂集》、《尚华集》。该书未见，方志艺文亦未见著录，唯池显方的《晃岩集·卷十一》收有为该书所作之序。本序录自《晃岩集》明崇祯十五年（1642年）刻本。

博物者必蓄万物，怀古者必蓄千古，然学禅而蓄佛祖于胸中，不解禅者也；学书而蓄钟、王于腕底，不善书者也。至人蓄于无，不蓄于有，诗亦然。李、杜学汉魏而不蓄汉魏，王、孟学晋而不蓄晋，后人蓄李、杜、王、孟所以不能为李、杜、王、孟者也。今人又不蓄李、杜、王、孟而蓄今人，前蓄北郡、济南，近蓄公安、竟陵矣。夫诗者，情蓄乎性，忍俊不禁，因借景以泄之。感居象先，寄出音表，即泄之后味其灵厚深永之思，如沐春风、噏灏气[2]，幽思贯结乎人心，精光弥漫于宇宙若未尝泄者，此善蓄也。

吾友纪玄昉[3]君，喜为诗。其清峭之思、玄隽之致，胸无宿物，笔绝纤尘，若不屑蓄古今人者，而微带竟陵心口间。因笑余乡年诗曾隳公安[4]，蔡敬夫[5]药之。后复隳竟陵[6]，李本宁[7]药之。"丈夫自有冲天志，不向如来行处行"[8]，愿与纪君共脱之。纪君取张曲江[9]"尝蓄名山意"之语，以"蓄山"字居，以居字集。夫蓄名山者，非一岳、一洞可了也。直至芥子须弥毫端宝刹而蓄，始无尽以纪君清峭之思、玄隽之致，富其才、廓其见、澄湛其识，如岩头所云："向自己胸中流出将来，与我盖天盖地去。"[10]行且徜徉元化，驱役鬼神，鞭策古今，无蓄而无不蓄也，虽日求其楚，亦不可得矣。

注释：

[1] 池显方，字直夫，号玉屏子，明代同安县中左所（今厦门）人，池浴德之子。天启二年（1622年）举人。善诗，平生喜游山水，举山川磅礴清华之气，尽缩入毫楮间。

[2] 噏，通"吸"，吸取。灏通"浩"，水势无边际，引申为广大、众多的意思。

[3] 纪玄昉，即纪元昉，也就是纪文畴。"玄"古同"元"，清代避康熙皇帝玄烨名讳，以"元"代"玄"。由此可见《晃岩集》刻于清初。

[4] 公安，明代后期的文学流派。以袁宏道及其兄宗道、弟中道为首，因是湖北公安人而得名。公安派反对前后七子的拟古风气，主张文学"独抒性灵，不拘格套"，在当时有较大影响。

[5] 蔡敬夫，即蔡复一，里居、阅历见经部《四书肤证序》注。

[6] 竟陵，即明代后期文学流派——竟陵派，其主要人物钟惺、谭元春都是竟陵（即今湖北天门）人，故称。竟陵派重视作家个人情性流露的体现，可是说是公安派文学论调的延续。竟陵派诗风曾因其主要成员蔡复一的传播而在闽南地区有较大的影响。

[7] 李本宁，即李维桢（1547—1626），字本宁，明代湖广京山人。隆庆二年（1568年）进士，由庶吉士授编修，历陕西右参议、提学副使、南京太仆卿、太常卿、礼部右侍郎官，至南京礼部尚书。

[8] "丈夫自有冲天志……"句，宋释道元《景德传灯录·卷二九·同安察禅师》之句。

[9] 张曲江，即张九龄（678—740），字子寿，一名博物，谥文献。唐代韶州曲江（今广东省韶关市）人，世称"张曲江"。唐朝开元年间名相，诗人。该诗句出自其《自始兴夜上赴岭》诗。

　　[10] 岩头，即鄂州岩头全奯禅师，俗姓柯，唐代福建泉州人。于长安宝寿寺受戒，并学习经律诸部。学成后，即行脚参学，游历诸方禅苑，与福州雪峰义存等禅师为友。该句为雪峰问师兄岩头而证道之一段话。

闲园合集序

［明］池显方

《闲园合集》，洪朱祉撰。

洪朱祉，里居、阅历见经部《篆千字文序》提要。该书未见，方志艺文亦未见著录，唯有《晃岩集·卷十一》收有池显方之序。本序录自池显方的《晃岩集》明崇祯十五年刻本。

余里中同社洪尔蕃，夙以诗画著者也。向刻《雪楼诗》[1]，何稚孝、蔡敬夫[2]序而行矣。迩挂冠归隐，辟闲园于西郊，因汇刻其诗，名《闲园合集》。余阅而服尔蕃之诗如其名也。夫诗生于闲情，非生于闲人也。三百篇之闲情，在温柔敦厚；《骚》之闲情，乃在悲壮激烈。汉魏有闲情，而出以沉雄之气；盛唐有闲情，而出以深秀之音。彭泽、青莲闲人而闲情，少陵不闲人而闲情者也。今人自无闲情，而摹古人之情以为情。袭貌者如蒙虎而非其体质；脱窠者如乱蚕而不中宫商，尚有闲地耶？无他，古人以情为诗，今人以诗为情；古人忙处能闲，今人闲处着忙，学不学之异也。评诗情者，变如云之舒卷，活如涧之萦回，澹远如风微动，而波匝匝于萍末；幽永如歌已歇，而响袅袅乎梁间。然必深会古人诗，如孔夫子之听襄琴，阎右相之观张画，然后得古人之闲，生自己之情；取自己之闲，合古人之情，其诗乃可与汉魏盛唐颉颃。

尔蕃学古人诗而自生情者也。其诗有温柔敦厚者，有悲壮激烈者，有沉雄深秀者，无语不肖古，无语肯摹古，或谓其微带楚音。尔蕃尝写山水矣，为郭、为米、为黄、为倪，尚不肯专摹一家，况诗而肯专似楚耶？然则尔蕃十年前为诸生，闲人犹未甚闲也，而诗有闲、有不闲者。十年后历仕路不闲人也，而诗甚闲。今隐西郊，侣泉石，仍闲人也。其诗之闲情，将来渊如穆如，愈不可量矣，甚矣，学之功大也。惜何、蔡二公能勉其闲，不竟读其诗；愧余得读其诗，不能似其闲也。

注释：

[1]《雪楼诗》，即《白雪山楼初集》。

[2] 何稚孝，即何乔远，字稚孝，里居、阅历见经部《两孝经序》注；蔡敬夫，即蔡复一，字敬夫，里居、阅历见经部《四书肤证序》注。

白雪山楼初集序

［明］何乔远

《白雪山楼初集》，洪朱祉撰。

洪朱祉，里居、阅历见经部《篆千字文序》提要。该书未见，方志艺文亦未见著录，唯有《镜山全集》收有何乔远之序。另据池显方的《闲园合集序》称，蔡复一亦曾为其作序，然蔡序今未见，谅已佚。本序录自福建省文史研究馆整理的《镜山全集·卷四十》。

予年二十余则从黄孔昭[1]学为诗，孔昭每见未快也，谓其韵不调而响不振。予心良熟，则取古人之作与吾之作而并按之，而尚未得孔昭一快心也，最后取友于天下，则天下之友言亦如孔昭曰："此闽音乎？"吾不能诗，而并以累吾闽，可笑也。及余为之十有余年，则觉天籁之自动，而金石相宣之声、旗鼓震耀之色。读之古人而得吾心运，吾之心即时时与唐人龃龉，而吾未尝不自喜也。吾之所自喜者，今固未得谐天下之心，乃得吾所以有此自喜之地，则吾之用意良勤矣。

洪生尔蕃见予三岁矣，是时始学为诗，今出示我，则其韵调响振，若为之数十年者，予因以叹予之钝而服生之敏也。生今尽取古人之书而读之，以博其识而证之学，何论吾与孔昭，即古之名家且避予矣！

注释：

[1] 黄孔昭，即黄克晦（1524—1590），字孔昭，号吾野，明代福建惠安人。著名的布衣诗人，著有《金陵稿》等八部著述共 70 卷，其后人刊成《黄吾野先生诗集》。

闽海赠言跋

［明］陈学伊[1]

《闽海赠言》七卷，沈有容辑。

沈有容（1557—1627），字士弘，又字宁海，明代安徽宁国宣城（今宣城市宣州区）人。明万历七年（1579年）武举人，历昌平、蓟镇千总。万历二十六年，升浯铜都尉，转浯洲游击，改署石湖。时倭寇据东番（今台湾），剽掠闽浙沿海。万历三十年（1602年），沈有容率师出击，过澎湖，破倭寇于东番，大胜而归。万历四十四年（1616年）倭寇再犯福建，再次率水师迎击倭寇。先后在闽十五年，积功擢山东副总兵官，后升任都督，充总兵官。是书乃沈有容辑闽省缙绅之赠言，其季子于其卒后为之增辑并梓之于世，初刻在天启年间。卷一为碑，卷二为记，卷三为序，卷四为古风，卷五为七言律诗，卷六为五言排律、七言排律及七言绝句，卷末为家言，有叔懋学、弟有则两人诗。书中有关闽海史料极丰。今尚存，崇祯年间刻本六册藏东京大学东洋史研究所；另有台湾文献丛刊本，为第五十六种，据东大藏本校定；另收入近代中国史料丛刊续编本，为第五百零一种。台湾文献丛刊本有詹仰庇、何乔远、黄承玄三人之序和陈学伊之跋。三序已收入《厦门古籍序跋汇编》，而独遗陈跋，现补录之。本跋仍录自台湾文献丛刊本。

宛陵沈士弘将军以裨帅握戎于泉之石湖镇[2]，前后竖诸勋甚多。海陬渔商藉诸学士大夫之言，以赠将军，前后亦甚盛。兹既汇而梓之，名之曰《闽海赠言》，行且播之寰宇，而将军之勋名益著。

陈子曰："将军诚有德与功矣！不有立言之君子行之，胡能远？"言诚不可以已哉！

　　余读宋名将岳忠武公[3]有云："文臣不爱钱，武臣不惜死，天下太平矣。"今以沈将军观之，宁独不惜死哉！往者债帅窃幕财以自润，啬军兴而不给，故卒心不响；卒心不响，故战阵不勇，而功不可成，复败踵至。沈将军以儒家子自奋其间，一饷无所靳，一介不苟入，故卒奋而战力。俄顷之际，号召于波浪汹涌之中，气益张而志益坚，故往往以底于成功。盖岳忠武公所云文武不爱惜者，沈将军具兼之矣。使天下封疆之士皆若是，天下有不平者，未之有也。

　　余又闻之诸臣有不惜死之勇与不爱钱之廉，以扶国家，而效忠于天子庙堂，亦当有不爱爵之赏以劳使臣，以益教其勇而坚其廉，然后为上下交相成，以底太平之良策。今沈将军之勇与廉既若兹矣，一裨帅之秩犹如故，何也？说者谓当平东倭时，部使者已拟加秩视事，闻之庙堂，盖以镇署方新，遽难他移故也。然竟寥寥无闻，岂部使者以他阻不及扬，抑既扬而司马大夫慎之耶！今平东倭以后，又有谕散红夷之功，盖赫赫有闻矣，其寥寥犹如初，此真有不可知者！余久废，不详庙堂事，姑书此以志所感云。

　　郡清德堂居士陈学伊谨跋

注释：

　　[1] 陈学伊，字尔聘，号志斋，明代福建南安梅溪人。嘉靖四十一年（1562年）进士，授南京户部主事，升礼部郎中、出扬州知府，左迁郴州，抚州同知，官至江西按察佥事。著有《清德堂集》、《五谭类钞》等。

　　[2] 石湖镇，即石湖寨，位于今福建石狮市蚶江镇石湖，地处泉州湾口南畔，扼晋江咽喉之形胜，是泉州古刺桐港的门户和来往闽台的要道。石湖寨城始筑于五代，自五代至清均为军事要地，海防重镇。

　　[3] 岳忠武公，即岳飞，死后谥"武穆"，后又谥"忠武"。

延平二王遗集跋

［清］东海夫子

《延平二王遗集》一卷，郑成功、郑经撰。

本书收录南明延平郡王郑成功父子诗文，计郑成功诗八首、郑经诗十二首、谕文五篇。郑成功诗有《复台》、《出师讨满夷自瓜州至金陵》、《游剑门》、《游桃源涧》等篇；郑经诗有《痛孝陵沦陷》（两首）、《效行行重行行》、《效迢迢牵牛星》等，谕文有"谕忠振伯洪旭"、"谕东都群臣"、"谕承天知府郑省英"、"谕周全斌呈进兵方略"、"谕兵都事张宸"五篇。集后有跋文，作者称此稿本发现于表侄家之书堆中，"向之假归"，不果。当晚借机"急抄"，遂得以保留。跋文未署年月姓名，不知作者何人，仅据文中自称为"东海夫子"。今尚存，清抄本藏南京图书馆、复旦大学图书馆、暨南大学图书馆；清末民国间抄本藏国家图书馆、中科院。另有玄览堂丛书续集本、台湾文献丛刊本第 67 种之附录。本序录自台湾文献丛刊本。

余十年前于友人处见延平王诗一章，红笺八行，书苍劲，句雄伟豪宕，悲慨淋漓，实肖王平生，真豪杰而忠孝圣贤也。故东海夫子称〈王〉三代下希有人物。每恨未录存，性健忘不能记得。

七月七日，贺表侄抱孙喜，忽见新得旧册中有斯一卷。循读再三，狂喜之极。向之假归，靳弗与。乃宿斋中，侄寝后急抄一通，将书置原处而归。昔求一首不可得，今嗣王诗亦在焉，尤为希有，何快如之！虽只十余纸，足为希世珍。

　　时直忌讳，文字狱繁兴。越半月，表侄忽来饶舌，谓余抄此书害之。余辨［辩］无有，则坚称书僮目击，原本已付祝融，索此册去，同付焚如。拒之不能已，邀亲友共保无事，始恨恨而去。复于东海夫子所见墨谕附录于后。今吕氏已为灰烬，谕亦毁灭，幸存于此，弗致湮没。倘他日文网稍宽，得以留传，俾后人得见真迹，亦天之厚爱二贤王也。所以巧于遇合，转展获存，真有神灵呵获。

东壁楼集自序

［明］郑　经

《东壁楼集》八卷，郑经撰。

郑经（1642—1681），一名郑锦，字贤之、元之，号式天，昵称"锦舍"，郑成功长子。随父参与战事，郑成功复台后，奉命据守厦门。郑成功病逝，急赴台湾弭平准备继位的郑袭，继承延平郡王爵位。金厦两岛陷后，撤退台湾，在陈永华的辅政下，抚土民，通商贩，兴学校，进人才，定制度，境内大治。该书无作者名款，唯卷首自序署"潜苑主人"，并钤有"式天氏"与"潜苑主人"两印，"式天"即为郑经之号。且从自序及诗文之行述中，亦可证实此诗集为郑经所作。该书尚存，藏于日本内阁文库。本序录自该刻本影印本。

余自幼从师，仅记章句耳。至十余岁，方粗识大略。每读书史，忠孝之事，未尝不感激思奋。缘国祚中衰，胡氛正炽。余年颇长，乃日事弓马，不务刀笔。及先王宾天，始出临戎。嗣守东宁[1]，以图大举。但公事之余，无以自遣，或发于感慨之时，或寄于山水之前，或托于风月之下，随成吟咏，无非西方美人之思。日者房运将终，四方并起。余爰整大师，直抵闽疆。思恢复有期，毋负居东吟咏之意，乃命官镌刻，而名曰《东〈壁楼〉集》，以明己志云。

永历甲寅[2]岁夏六月，潜苑主人自识

注释：

　　[1] 东宁，永历十五年（1661 年），郑成功在台湾建立明郑政权，将台湾改称东都。郑成功病逝后，郑经继位改东都为东宁。

　　[2] 永历甲寅，即康熙十三年（1674 年）。

清源诗会编叙

〔明〕阮旻锡

《清源诗会编》，阮旻锡撰。

阮旻锡（1627—?），字畴生，号鹭岛道人，明末同安县嘉禾里（今厦门）人。世袭千户，幼孤，曾泛海求赢余以养母。后师事曾樱，传性理学。南明永历九年（1655年），郑成功聘入储贤馆。康熙二年（1663年）清兵破厦门，弃家行遁，浪迹江湖，流连燕云二十载。曾削发为僧，名超全，以教授生徒自给。康熙三十三年（1694年），时已六十八岁的阮旻锡返回厦门，号轮山梦庵。是书乃阮旻锡于清康熙三十八年（1699年）至四十年（1701年）参加清源诗会唱酬时所写的诗作，于康熙四十年（1701年）整理并作跋。该书尚存，有民国红兰馆抄本藏泉州市图书馆，与《召叟诗录》、《介山诗存》合为一册。原书有林佶之序和阮旻锡自叙。《厦门古籍序跋汇编》录入林佶之序，独遗阮旻锡自叙，今补之。本序录自民国红兰馆抄本。

清源之为诗会也，始于己卯岁仲冬至辛巳孟春止[1]。会之人一十有六，会之期一十有八，而远方来者亦与焉。计首末三年中，有系籍金闾[2]而驰驱皇路者，有离乡而远宦天涯者，有千里长途客游访旧者，甚至有困于二竖而赴召玉楼[3]者，胜会若此其难，古人兴叹良有以也。

予老矣。今冬病起，因检拙作录为一篇，丑陋不删，诗以题存也。夫北郭南园及吾闽二玄十子[4]，当时佳篇何限，其湮没不传者多矣。予非自爱其毛羽也，特以时移事去，欲使后之人知吾泉有清源胜会，而予亦为会中之一人也。至于诸公姓氏，则有会诗全本，东园主人收藏以待汇刻，故不叙及云。

　　辛巳腊月，轮山阮旻锡书

注释：

　　[1] 己卯，当是清康熙三十八年己卯，公元 1699 年。辛巳，即康熙四十年，公元 1701 年。

　　[2] 系籍，原抄本为"繋藉"。金闺，即京城的金马门，也是朝廷的意思。

　　[3] 二竖，指病魔；赴召玉楼，即亡故。

　　[4] 二玄十子，《明史·文苑传》：明初，"闽中善诗者，称十才子，（林）鸿为之冠。十才子者，闽郑定，侯官王褒、唐泰，长乐高棅、王恭、陈亮，永福王偁及鸿弟子周玄、黄玄，时人目为'二玄'者"。

阮畴生诗集序

[清] 丁　炜[1]

《阮畴生诗集》，阮旻锡撰。

阮旻锡，里居、阅历见《清源诗会编序》。阮旻锡的诗集有多种，以《阮畴生诗》为题者，则有著录于《厦门市志·艺文志》之存目，而未见其书，或为其诗集之一种，或已佚，今仅《问山文集·卷一》中尚存丁炜所撰之序。本序录自《问山文集》清咸丰四年（1854 年）刻本。

往读阮嗣宗、陶元亮[2]诗，辄不禁叹兴，曰：诗以言志，亶其然乎？嗣宗系心魏朝，元亮不忘晋室，故其拒司马氏之婚，托诸六十日之醉[3]；义熙禅革，遂终不仕，其志皆可知矣。志有郁郁不能径达，见之一二行事，使人识其中之所存，而又恐时更世异，事或湮没不彰，复即言词之间，寓其忧愁拂逆之旨，如《咏怀》之八十余篇，《停云》、《饮酒》诸作，益足令后之君子生知人论世之感云。

阮君畴生，予同里也。为明功臣世袭千户侯后裔。胜国亡于李寇，畴生时方弱冠，慨然谢千时业，避居岛外，师事逊荒士大夫曾公二云[4]，传性理学。又得曹石仓[5]所游之友池直夫[6]，朝夕往还，讲习风雅，如是者十七八年。出览名山大川，北抵京华，托处十余载，后乃皈于释氏之门。当其之燕也，正朝廷招徕田横之日，高官显爵，例有可得。畴生不为也，止以教授生徒自给。及其馆于乡之勋爵侯若伯，皆北面之。诗名振京师，关东巨公咸欲为筑碣石之宫[7]，又概谢之。直至崖门舟覆，海波不扬，遂决入于缁流[8]，曰："足中。"此其志何如耶！

　　予又窃怪，嗣宗居步兵而不能去，元亮与僧者游而不为僧，畸生尤有甚焉。意其为诗，必且激昂发泄，以视《咏怀》、《停云》等作，更慨当以慷者，何以乃独盛大音胜和平旨多也耶。盖畸生之为人也，于君亲师友间，无所不致其情。平日所学，穷经论史，考物析类，无不研极源流。诗自汉魏而下、元明而上，无不代辨其风尚，人究其异同。综百家之要妙，为一己之取裁，故其谐声叶律有如此耳。

　　噫！方畸生甫至燕，予独知其诗于众未共知之日，数借正所不逮。迨予出官于外，畸生亦即离燕，先后数千里之虔、之楚，与予相见。居楚二年，同予经鄂之乱。至予历尝风波患难，遭谪以行，畸生犹共依依不忍舍去。其果为空门中人也哉。日者畸生语予曰："昔陈白云[9]㴑迹织屦，以诗示林古度[10]，每读一章，必自呜呜涕泣。后伯敬[11]于古度架帙中得其残集传之。"夫予与畸生计有二十二年之交，居恒酷爱其诗，不啻如钟于陈。畸生之诗，非予传之，而谁传之？顾传畸生之诗，必取其志而俱传之，亦冀自今以至后日，知有畸生之志，庶几其诗之传，亦如嗣宗、元亮之不朽焉，尤予之愿也夫。

注释：

　　[1] 丁炜（1627—1696），字瞻汝，又作澹汝，号雁水。福建晋江陈埭人，回族。清顺治十二年（1655年），应地方选拔府县官吏之试，授漳平县教谕，改鲁山县丞，升献县知县。康熙八年（1669年），内调为户部主事，升员外郎、郎中，出任赣南分巡道，官至按察使。善诗，为清初十大诗人之一，著有《问山诗集》。

　　[2] 阮嗣宗，即阮籍（210—263），字嗣宗，陈留（今属河南）尉氏人，三国时期魏诗人，竹林七贤之一。陶元亮，即陶渊明，字元亮。

　　[3] "故其拒司马氏之婚……"句，乃指阮籍不愿与司马昭联姻，故意一醉六十天，致使司马昭为儿子司马炎提亲之事不了了之。

[4] 曾公二云，即曾樱（？—1651），字仲含，号二云。明代江西峡江人。万历四十四年（1616年）进士，历任工部郎中、常州知府。官至工部右侍郎。李自成攻陷北京时出逃，后任南明隆武帝的吏部尚书。清兵陷福州后避居厦门。永历五年（1651年），闻清军占领厦门，遂自缢。

[5] 曹石仓，即曹学佺（1574—1646），字能始，一字尊生，号雁泽，又号石仓居士、西峰居士，明代福建侯官（今福州）人。万历二十三年（1595年）进士，授主事，历大理寺左寺正、户部郎中、四川右参政、按察使等职。隆武朝，任礼部尚书。清兵入闽，自缢殉节。毕生好学，著书千卷。为闽中十子之首。

[6] 池直夫，即池显方，字直夫，号玉屏子，明代福建同安县嘉禾里（今厦门）人。天启四年（1624年）举应天试，以母老不作官。一生工诗文，喜游山川，结庐于端山，与董其昌、何乔远、黄道周、曹学佺等名士交谊甚深，时在一起唱和。著有《晃岩集》等。

[7] 碣石之宫，典出《史记·孟子荀卿列传》。战国时，道家代表人物、齐国人邹衍"如燕"，"昭王拥慧先驱，请列弟子之座而受业，筑碣石宫"。此碣石宫即燕昭王"亲师事"驺衍之所。此处借以比喻关东巨公欲筑寓所款待阮旻锡。

[8] 缁流，佛教术语。僧着缁衣，故谓之缁流。清康熙二十二年（1687年）八月，施琅出师底定台湾。九月，阮旻锡到燕山太子峪的观音庵削发为僧，入于缁流。

[9] 陈白云，即陈昂，字尔瞻，又字云仲，自号白云先生，明代福建莆田人。著名诗人。为诸生时，避倭患出走豫章，织草屦自给。后寓江陵，作诗自娱，著有《白云集》七卷。

[10] 林古度（1580—1660），字茂之，号那子，别号乳山道士，明代福建福清人，随父迁居金陵。诗文名重一时，与曹学佺、王士桢友好。明亡，以遗民自居，时人称为"东南硕魁"。晚年穷困，双目失明。

[11] 伯敬，即钟惺（1574—1624），字伯敬，号退谷，明代湖广竟陵（今湖北天门市）人。万历三十八年（1610年）进士，曾任工部主事，官至福建提学佥事。不久辞官归乡，闭户读书，晚年入寺院。与陈昂、林古度善，尝撰《白云先生传》。与同里谭元春为"竟陵派"首领，世称"钟谭"。

幔亭游草序

[清] 丁　炜

《幔亭游草》，阮旻锡撰。

阮旻锡，里居、阅历见《清源诗会编序》。是书乃阮旻锡游武
夷山所著之诗集，《同安县志·艺文志》、《厦门志·艺文略》等著
有存目，题作《幔亭游稿》。今未见，应已佚，唯《问山文集·卷
一》中尚存丁炜所撰之序。本序录自《问山文集》清咸丰四年刻
本。

《幔亭游草》者，余友大轮禅师游幔亭作也。师为吾闽奇人，
幔亭，闽之奇山水。人与地合游而遇之，宁已于作。呜呼！昔者君
子之志难于共明，尝不得已而与禅者侣。如义熙以后，处士归于莲
社，其大概也。至若舍身空门，往而不返，则又甚矣。

师俗阮姓，名旻锡，字畹生。蚤岁专濂洛学，诸生奉为祭酒。
甲辰[1]之春，忽浮海来京师，馆勋爵家，贤士大夫皆愿下交。富若
贵宜克致，恬然不屑也。向值海波效顺，乡人客京师者，皆踉跄还
视妻孥存没。师独不欲反顾，遂从燕山祝发[2]，亦奇矣哉！

天下名山川，何地蔑有，然而异致殊观，辄虞易尽。唯闽之武
夷，峰峰瑰怪，曲曲变幻，即在一径一窦、一石一卉，无不迥别人
间。师抱胸中之奇，无可告语。一遇奇山水，遂即写之，为记为
诗，以寄其愤惋难平之概，故奇气亦英发而莫可御。师既投体竺
乾[3]，而于阙里紫阳[4]，犹致意流连，不忘其故。又闻古槐老人，
欲付嘱之，顾辞弗受，何也？噫！师之心从可识矣。师于武夷，有

归老之志。余亦愿就六六峰头，特选一胜供师，他年过崇安溪口，入山寻晦庵书院，与师共证异同，而尽读其山中著作。名山胜友一交臂，而两得之，虽虹桥彩幔之谯，不可复再，而追接仙灵，庶几幔亭月夜万峰顶上，犹闻风吹鸾鹤之声也已。

注释：

[1] 甲辰，即清康熙三年（1664年）。是年郑经率部退守台湾。

[2] 祝发，削发出家为僧。

[3] 竺乾，指佛法。

[4] 紫阳，即朱熹，此处代指儒学。

匏野文集序（四篇）

《匏野文集》二十卷，张汝瑚撰。

张汝瑚，字夏钟，号虚岩，祖籍同安县翔风里阳田保青屿（今属金门县金沙镇），迁晋江。明崇祯十五年（1642年）由泉州府学中举人，清顺治十二年（1655年）礼部会试，中乙榜，授清源县令，疏永济渠，建梗阳书院。因盗案误判而罢归，后又起补安陆府通判。该书为张汝瑚之别集著述，今尚存，有康熙间视古堂刻本之抄本藏泉州市图书馆。《金门志·艺文志》著录有《匏野初集》、《匏野二集》，应为是书。本序录自该抄本。

高　序

[清]　高联璧[1]

晋江[2]匏野张先生之令清源[3]也，璧方为诸生。先生于偶人中独辟吁[4]诏璧，曰："举业如是，则必售。"既而璧屡困公车，先生忧形于色，曰："盍变而奇哉。"丙辰之役，璧虽不能奇，然视前稍放胆矣。时先生在楚，屡书相戒，曰："慎勿作令。"盖先生前后之教璧如此。璧其敢忘乎哉？

方先生之未至源也，贤书报罢，已四科矣。先生至，晨与诸生剧切。丙午得二人，璧其一也。尤奇者，己酉春，先生大会诸生于梗阳书院[5]。邻邑闻风至者屡相错。首题先有司三句，先生谆嘱诸生加意揣摩。每可一卷，务令润色再三，期可入而后已。是科，汾、潞二郡皆脱榜，源弹丸之邑，隽者四人，城南比屋，居阖省称异。自此以后，或二三人，或一人，至今不脱，且有抢元者，皆先生平日首拔士，其兴贤如此。

先生在源，异政不胜述。其最著者，莫如革里役一事，源世世受福。又如罗郭、罗白二都，故有永济渠[6]，逶迤三十里，岁久淤塞，被邻封[7]豪右占耕百余年，莫敢问者。先生稽之邑乘，请之上台，劳怨不避，毅然复之，旱涝得以无患。东于、高白、水屯营三乡，源之沃壤也。自万历初年，灾水地荒，民窜弥望，白茅黄苇。先生集流亡给牛，躬自督垦，不三年，黍稷或或，人庆更生，至今尸祝不敢忘。康熙七年，恩诏赐高年米肉布，有差先生奉行。惟谨源多寿耆，八十、九十以上者，不下二百人，百岁加二者二人。虽在穷谷，必迎而致之，与之坐躬袒割，饮之山中。民有至老不知肉者，大喜过望而去，一时称快。呜呼！今之为政者多矣，有能如先生之用心矣乎？时督抚两台钦简满洲，如莫如阿，如罗如达，敬重先生，不以属视，有"两省循良第一"及"三晋仪型"之匾。缘行取之例久格[8]，抱郁且七载。寻以盗案挂误，百姓惊惶失恃，两诣行在保留，竟格于部议报罢。先生在源候代，囊无一文，薪水悉民供之，仍醵金赠行。去之日，父老遮道号泣，先生亦泣，邻封之人皆为堕泪。

余又闻，先生在楚，代庖汉东，甫三月，一州之弊尽清去。时士民泣送亦如源云。予乡故大司冦蔚州魏公，闻先生拄吏议，彷徨至废寝。比按者覆无点尘，而挤先生者竟坐赃败。魏公怃然曰："公道尚存。"嗟呼！先生之见重于大贤如此，一官得失奚足论乎？

小子璧别先生久。今春，公子来京，以大集见示，且命为序。璧固陋，无能窥先生窔奥，但举先生向日在源治行之美与士民至今思慕之忱以为言，而文未暇论也。必欲论文，则钱饮光云"以韩、柳、欧、曾之笔，诠周、程、张、朱之理"，二语略尽大概，而亦不能尽也。公子归，敬书数行以复。先生得毋嫣然笑曰："子诚知我哉？身既隐矣，焉用文为？子但言往事，不尤愈于谀吾文矣乎？"
是为序。

康熙三十年仲秋既望，晋阳受业高联璧顿首拜书

高　序

[清]　高士奇[9]

韩昌黎尝曰：学者必慎其所道。道于杨、墨、老、庄、佛之
学，而欲之圣人之道，犹航断港绝，潢以望至于海也。夫圣人之
道，自有宋闽洛诸儒表章辨定，昭昭然如揭日月。后世士君子有志
于学者，莫不以道为言。然借道以为名者多，而闻道者卒寡。惟以
其文章视之，则其人之浅深邪正有不得而掩矣。文章者，载道之器
也。文晦而涩，其中必暗；文剽而浮，其中必嚣；文支离流漫，其
中必游移而无所守。凡道不足而强言者，〈无〉有能工于文也。近
世之士，或目文章为小技，大道无不在庖丁之解牛、伛偻丈人之承
蜩、轮扁之〈斫轮〉，养叔之射技也，亦道也，而况于文乎？

晋江张夏钟先生，学道而工文，尝取有明宋金华、刘青田、王
华川、方正学、王新建、王遵岩、唐荆川、归震川[10]八先生之
集[11]，录其合于道者，为明八大家，以继唐宋韩、欧诸公之后，
余尝得而读之。今年，先生来游平湖，又以所著《匏野文集》示
余，其中多考究心性、辨论学术，以上溯闽洛而得其宗。又知先生
之入乎道者深，不独有明八大家之菁英，取而为己有也。

夫文以明道，而世之庸人不能文者，务为闭藏以饰其弇浅，反
目文为害道之具。观是集所载，词明义精，洋洋洒洒，一洗晦涩剽
浮、支离流漫之弊，此其中之所得为何如哉？以此告天下，使知文
之与道，相为表里，而庸人不得用固陋以自文，其有功于圣人之道
也大矣，岂止为一家之言而已乎？

康熙辛未，长至钱塘弟高士奇顿首拜撰

翁　序

［清］翁叔元[12]

岁丙寅，晋江张夏钟先生，以其所选有明八大家之文，授使者谒余于邸第。余受而卒业，知先生之所取，皆以文而衷乎道者。其标旨远而命意微，非苟而已。今年冬，复自武林以《匏野集》寄示，则原心性之离合，明道德之精微，辨学问之同异，如程子之析心为二，张、朱〈子〉之析性为二，与夫慈湖之以弟累其师，白沙之以师累其弟，皆有卓识，非浅学可至。盖先生于经学、史学、理学深造，而自得之，其来旧矣。而后磨砻乎事业，奋发〈乎〉文章。宜其根柢性命，刊华就实，至于斯极也。

呜呼！今之学者，能自力于古文辞者，鲜矣，〈而况〉能衷于道乎？衷于道者既鲜，又况其穷极天人，于经学、史学、理学靡所不求其至者乎？于是知张子之学，直追有宋诸子，于数百载之上，而非徒文字之谓矣。余向者典山左试，与长乐高紫虹[13]先生共事。紫虹之尊甫毅寰公，为先王父太常公丙午典试所得士。相与序述先世，唏嘘感叹，因相视莫逆如同胞。今张子之祖五鳌公，亦先王父所得士，迨五鳌公丙辰成进士，而先王父已殁。崇祯壬午[14]，张子举于乡，余世父仔安府君，亦于是岁举南闱。先世父尝为余道太常公闽闱得士之盛，暨五鳌公宦游所树绩，津津不去口。今先世父之殁且三十五年，而张子方以文章理学，克自树立，著不朽于后世。追惟[15]先业，感念畴昔存殁盛衰之际，有余痛焉。

读张子来书，亦惓惓于通门之谊，回环循讽，触绪关情，不能自已，亦犹昔者在历下与紫虹先生序述先世、唏嘘感叹时也。因书之以报张子，即以题其集云。

康熙三十年冬十一月既望，年通家世侍生翁叔元拜题

臧　序

[清] 臧眉锡[16]

"天不生仲尼，万古如长夜"，此语得之邮亭壁上[17]，遂为万世定评。愚则以为天不生濂溪，则孔孟之道决不能皎然如日月之在天，秩然如川岳之在地。此明顾端文先生直以孔子比之也。由是而二程子接其统，张子、邵子踵其学，至紫阳朱子则起而集其成，是千古理学之传至赵宋而已定。而有明以来，纷纷聚讼，或朱或陆，或禅或儒，究无定说。黯昧如余亦知尊朱而诎陆，尊儒而诎禅，而中无卓见，犹豫两可，盖由于义理之未熟而世俗之见拘之也。

今读夏钟先生《匏野集》，而知先生持论确命意严，而不为世俗之见所拘牵者。无他，义理熟于中，而于古人之书，无不融贯而出之也。如太极无极之论、理气之分、道器之说、心性之别、一阴一阳之解，与夫宋明诸儒之辩，无一不归于正，而不肯稍为疑似之说。全其最得力处在读《易》。余于童年即喜读《易》，今年己学易，而求义理则遗象数，求象数则略义理。大道茫茫，无一会心之日，是可慨也。余向于燕台读先生所选明大家文，有李、王诸子，心窃疑之。今读《匏野集》，知先生之弃取，原一衷诸道而不沾沾以文字为然，后知先生之蕴藉者深，而非可以管窥而莛撞也，尝诵明文成之言曰："满街皆圣人。"[18]呜呼！满街皆圣人而求一为贤人，亦未易数。数见则当我世而有淡然于势利之途，日取古圣贤之书而较雠焉，是即仲尼之徒也。夫则先生诸集，其偲偲然救世之苦心，天下后世共见之矣。

康熙乙亥夏六月，同学弟浙西臧眉锡撰

注释：

[1] 高联璧，山西太原人，清康熙十五年（1676 年）进士。历刑部郎中、广西按察使司佥事、提调学政等职。

[2]《金门志·卷八选举表》明崇祯十五年壬午科载有"张汝瑚，青屿人。由府学，湖广安府通判"。青屿即同安县翔风里阳田保青屿（今属金门县金沙镇），故张汝瑚祖籍为同安。后迁晋江，故称其为晋江人。

[3] 清源，今山西省太原市清徐县的旧称。隋开皇十六年（596 年）置清源县。

[4] 辟呭，倾头交谈，不使口气及人，表示尊敬。

[5] 梗阳书院，位于山西清源，张汝湖创建。康熙初，因顺治朝科考场案之累，该县停考已四科。张汝湖令清源，未雨绸缪，创建梗阳书院，招儒士入学。丙午（1666 年）恢复科举，该县即中举二人，乙酉科中进士四人，自此科举不绝，督抚为此赠予"两省循良第一"及"三晋仪型"荣匾。

[6] 永济渠，位于山西清源的罗郭、罗白二都，为战国遗留古渠，长达三十余里。年久淤塞，张汝湖请准上司清淤通水，县民戴德。

[7] 邻封，本为相邻的封地。泛指邻县，邻地。

[8] 行取，明制。州县官有政绩者，经地方长官保举，由吏部行文调取至京，通过考选后补授科道或部属官职，称为行取。久格，久已停止。

[9] 高士奇（1644—1703），字澹人，号江村，钱塘（今浙江杭州）人。以诸生供奉清内廷，官詹事府少詹事兼翰林院侍读学士，晚年又特授詹事府詹事、礼部侍郎。学识渊博，能诗文，擅书法。著有《左传纪事本末》五十三卷，《清吟堂集》等。

[10] 宋金华，即宋濂；刘青田，即刘基；王华川，即王祎；方正学，即方孝孺；王新建，即王守仁；王遵岩，即王慎中；唐荆川，即唐顺之；归震川，即归有光。张汝瑚将其八人合称"明八大家"。

[11] 八先生之集，即指张汝瑚所辑的《明八大家集》。该书尚存，明刊本藏上海馆、天津馆；康熙二十一年（1682 年）温陵书林刊本藏北师大馆；康熙间刊本六十二卷、视古堂印本六十七卷藏人大馆。

[12] 翁叔元（1633—1701），字宝林，号铁庵，江苏常熟人。清康熙十五年（1676 年），一甲三名进士，授编修，馆试第一。累迁国子监祭酒，擢吏部侍郎，迁工部尚书。

[13] 高紫虹，即高龙光，字紫虹，福建长乐人。清顺治十六年（1659年）进士，历户部员外郎、礼部郎中、镇江知府、山西按察使司副使提调学政等职。

[14] 崇祯壬午，即崇祯十五年（1642年）。

[15] 追惟，追忆。

[16] 臧眉锡，字介子，号喟亭，浙江长兴人。清康熙六年（1667年）进士，官至侍御史，有直声。

[17] "天不生仲尼，万古如长夜"句出自朱熹的《朱子语类》卷九十三，此句后面尚有"唐子西尝于一邮亭梁间见此语"。唐子西，即唐庚（1069—1120），字子西，眉州（今四川眉山）人，《唐子西文录》记载："蜀道馆舍壁间题一联云：'天不生仲尼，万古如长夜。'不知何人诗也。"

[18] 文成，王守仁的谥号；"满街皆圣人"，有称是南宋大理学家朱熹所撰，而非王守仁撰。

榕林汇咏序（二篇）

《榕林汇咏》一卷，黄日纪辑。

黄日纪，字叶庵，号荔崖，别号叶三，清代福建龙溪县人，迁居厦门。乾隆十二年（1747年）以生员特用吏部中书，乾隆二十二年（1757年）擢兵部主事。后丁父艰，归居厦门，营别墅于凤凰山麓，饶泉石亭榭之胜。园多古榕，蔡文恭公题曰"榕林"。黄日纪性好客，常邀文人名士，吟咏唱和其间。是书乃其汇辑来游诸友吟咏榕林的诗章编纂而成。今尚存，有清乾隆三十五年（1770年）刻本藏上海图书馆。本序录自该刻本。

王　序

［清］王国选[1]

荔崖先生刻《榕林汇咏》，属序于予。予既诺之矣。

或问于予曰："咏榕林者多矣，子独无诗，何也？"

曰："予不工诗也。"

"不工诗则不知诗，而叙人之诗可乎？"

曰："观结风之舞而知其妙者，不必结风若也；闻阳春之曲而知其高者，不必阳春若也。则叙榕林之诗者，不必其工于诗也。且予以不工诗而愈知诸诗之工，何则？予游榕林久，举凡山之耸翠，海之浩荡，楼阁池馆之旷爽而清幽，竹树花草之葱茏而秀美，与夫阴晴风雨、晨夕寒暑之随时变态，莫不触于目，感于心。觉此中有天然之诗，隐隐欲吐。而思迟笔钝，不能直追其所见，或写景而乏情，或抒情而离景，即或有情有景，而非此一时所触之景、所感之情，则真意已失，奚取浮词？"

"迨观榕林诸咏，则一一皆如人意中之所欲言而不能言者。盖以幽静之思、灵妙之笔，发为自然之吟咏，故虽情景异致、篇章殊体，而未尝不各极其工，无论非拙者所能作，亦无庸作矣。如必欲强而作之，是邻妇而效西子之颦，昆仑而拟假师之音，适足见笑而自形其丑耳，庸愈于搁笔乎？"

或曰："闻子之言，诚能知诗之趣者。夫知诗之趣，则虽序而不作，可也。且知诗之趣，则虽继诸公而作之，亦可也。"

遂书其言以质诸荔崖先生云尔。

时乾隆庚寅[2]冬至前二日，同门晚弟王国选拜撰

自　序

[清] 黄日纪

余自归田后，尝有幽郁之疾，惟与好友论诗，则精神为之一振。然所居颇近尘嚣，不足以资清兴。偶得闲旷之地，可百亩，负山面海，多古榕及怪石。因为别墅，楼阁亭台池馆之属略具。吾友来游者，谓其旷远清幽，辄有留题，久之成卷。暇日乃检付诸梓，名曰《榕林汇咏》，志不忘也。

夫古之胜地，若逸少之兰亭[4]，季伦之梓泽[5]，摩诘之辋川[6]，其山林泉石之秀美，经营结构之曲折，与夫骚客之往来吟咏，可谓极一时之胜概。第数世之后，欲寻其遗迹，而划削消沉已杳然不可复识，况区区别墅非有怪奇绝特之观，而欲保其长存而不没，必无之理也。然而昔时之吟咏具在，不待亲临其地，亲按其图，而兰亭、梓泽、辋川之风景，无不一一呈露于披览之下。岂非

境可没，而诗不可没。诗既不可没，而境亦因之以不没乎？

今诸君之诗，卓卓可传，则榕林之藉以不没可知也，且夫胜会之不可常也。无论古人，即今吾友或居高，或宦远，或出于江湖，或潜于涧谷，其得时一经过者，不过数人，外此则东西南北，风流云散。回思旧游，怅然增感。犹幸留题如新，展卷吟哦，恍若与良朋登高而望远，临流而赋诗，不觉离绪之顿开，而幽郁之尽释也。夫诸咏之关于吾境与吾情也，有如是敢不亟授剞劂以志不忘，而且以见吾友之深情雅韵，不让于古人也乎！

乾隆庚寅长至日，荔崖黄日纪题于榕林之摩青阁

注释：

[1] 王国选，字菁墅，清乾隆十八年（1753 年）龙溪学拔贡。

[2] 乾隆庚寅，即乾隆三十五年（1770 年）。

[4] 逸少，即王羲之，字逸少，东晋著名书法家；兰亭，位于浙江省绍兴市西南的兰渚山下，是王羲之的寄居处。东晋永和九年（353 年）三月三日，王羲之与友人聚会于兰亭，饮酒赋诗。后王羲之汇编成集，并作《兰亭集序》。

[5] 季伦，即石崇（249—300），字季伦，小名齐奴。西晋渤海南皮（今河北南皮东北）人。西晋时期文学家；梓泽，石崇的别墅—金谷园的别称，故址在今河南省孟县境内。石崇常在此宴客赋诗。

[6] 摩诘，即王维，字摩诘，唐朝著名诗人、画家；辋川，在西安市蓝田县城西南的尧山间，晚年的王维在此筑"辋川别墅"过隐士生活。所作《辋川图》为文人理想山川的卧游地。

渔城诗草序

[清]　黄日纪[1]

《渔城诗草》四卷，林遇青撰。

林遇青，字春三，一字春贤，清代同安庠生，居厦门。师从黄日纪，肄业于玉屏书院。以《期门伕飞赋》见赏于巡道蔡琛，由此得名。该书尚存，同安区图书馆藏有清乾隆刻本，有黄日纪和蔡天任所撰的序。蔡天任之序尝收入《鹭江志》，《厦门古籍序跋汇编》已录入；黄日纪之序录自新近重现的清乾隆刻本。

　　林君春三，年少力学，经史子集，锐志兼通。制义外，尤好吟咏，其同人读而爱之，私以其诗付梓，而请余为序。

　　林君闻而辞，曰："某于诗，受先生之教久矣。性鲁，迄今未有所得。既传有作，亦如鸟语虫吟，不足渎雅人之听。方自匿之不暇，而遽暴其丑，适以滋世之嗤点[2]，且惧辱先生，奈何？"

　　余曰："君忘功令[3]乎？功令试帖次经义之后，圣天子雅意作人，欲使天下沐浴风雅，鼓吹休明，甚盛典也，以故天下士莫不习诗。其习之而工者，则不能禁人之不爱。爱而刻之，君何与焉而鳃鳃然以嗤点为惧？且夫嗤点正所以成君诗之美也。昔有塑像者，置像于通衢而匿其旁，听人嗤点，夜辄更之，后遂以其技擅天下。然则嗤点而是，吾得改焉；嗤点而非，吾亦得警焉。嗤点愈众，其病愈少，而诗愈工。是嗤点者，吾之三年艾、九转丹也，又何必以此为惧？况夫天下既莫不习诗，则莫不能诗，能诗必不妄加嗤点，吾安知见君诗者不如听鸾吟、如闻鹤唳，而爱之、慕之，如子之同人也耶？君以方富之年、不群之思，但益虚其心而无懈其力，将和其声以鸣国家之盛，而斯集则其嚆矢也，予且与有荣焉，何辱乎哉?"林君遂不敢辞。因诠次斯语以为序。

　　时乾隆岁次己丑[4]孟秋，龙溪友人黄日纪题于榕林雾隐楼

注释:

　　[1] 黄日纪，里居、阅历见《榕林汇咏序》提要。

　　[2] 嗤点，讥笑指摘；嘲笑挑剔。

　　[3] 功令，古时国家对学者考核和录用的法规。

　　[4] 乾隆岁次己丑，即乾隆三十四年（1769 年）。

生芝草堂诗存序跋 (六篇)

《生芝草堂诗存》八卷，刘逢升撰。

　　刘逢升（1762—1811），字仲允，号南吉，清代福建同安县康浔人，刘先登之四子。乾隆五十三年（1788 年）举人，主轮山书院讲席。年五十卒。是书系刘逢升辞世后，其孙刘棻龄为其校刊。书后有附录，为友人所作的"遗稿奉题"，据"遗稿奉题"所称，是书又名《独弦吟稿》。该书今有清刻本残卷藏厦门同安区图书馆，仅遗卷七、卷八，卷八"书后"留有友人题跋，而其卷首之序佚缺。今自《亦佳室文钞》查得苏廷玉撰有《生芝草堂诗存序》。是序录自《亦佳室文钞》，五篇题跋录自《生芝草堂诗存》残卷。

苏　序[1]

[清]　苏廷玉[2]

　　南吉先生，余中表叔也。少负奇才，深机沉识。忆余十一岁从先大夫归自皖署，伯兄学象为言：先生之诗深造有得，不肯寄人篱下，如其为人。兄少从祖姑夫定兴大尹问业，偕先生应童子试。先生少兄四龄，方平视伦辈。及睹先生诗若文，不觉首之俯也。乾隆戊申[3]，与先生同赴乡闱，为题所覊[4]，不克中其肯綮[5]。场后读先生作，披邰导窾，游刃有余，适如胸中所欲言而不能发者。榜出，先生果高隽，益信诗文有定价，不可诬也。廷玉谨识之。

　　嘉庆癸亥[6]，余与默存表弟[7]以岁科试掇郡邑，芹同出恩雨堂侍郎之门。越戊辰[8]，同举于乡。数往来，质正得尽见先生《易说》、古文词、时艺所著，而后知伯兄之言为不谬，而惜余从先生之不蚤也。

辛未[9]闰夏，先生卒于家，年甫五十。适余与表弟同试礼部，弗获助辑遗集，深为恨事。道光乙未[10]，余由蜀藩入觐，来往保阳[11]，默存大令手是编，谓余曰："先君子遗诗，收拾散亡仅得此，兄与先君游最久，知最深，内外家辈同咸籍而序之。"余受而卒业。盖所存者多己酉[12]公车以后稿也。嗟乎！表叔之诗，于古人堂奥无所不窥，而腾踔变幻，不能以一家名之，炉鞴停胸，风云入冶，杼柚在手，花水成文，渊乎浩乎，莫得而窥其涯涘焉。向使联步南宫、翱翔玉署，天假之年，其所成就上视渔洋、荔裳[13]诸前辈。吾不知其孰为轩轾矣。

犹记乾隆庚戌[14]，先生与其同年、今福宁教授林景莪[15]为中秋泛月之游，叠同里许瑶洲[16]吉士"溪西鸡齐啼"韵七律至百篇。又银城、轮山、华圃、鹭门[17]各有八景七律，多卓然可传之作。核稿中只有《银城十咏》，岂奇作为造物秘靳，果敕阳侯狠攫耶？而即此所谓泰山毫芒者，不愈可宝贵耶！

噫！今去先生殁且三十年，始获其遗诗于宦游而序之。回思弱冠，携酒问字于浏江精舍，听海潮声滚滚上古通去。先生引满者再顾余，诵其对语"莲花莫放牛羊牧，天马须如鸡犬求"，其声渊渊振金石，恍如梦寐。而把诵是编，又如亲聆謦欬。因叹老成之不可复作，而余又总制西川，授钺筹边，焦头烂额，荒落无成，犹得挂名字于长者集中，是可慨也，亦可幸也。故覼缕生平而备论其诗如此。

杨　跋[18]

[清]　杨惠元[19]

　　《诗》三百篇，大旨皆缘情而作也。情之所发，始乎夫妇居室之间，推而暨之乡国天下之际。孔子删《诗》，列《国风》于《雅》、《颂》之首，此物此志也。晋人云：圣人忘情，最下不及于情，非忘情也，谓用情而化不泥于情耳。况配偶之际，人伦之始，士有薄于此而能厚于彼者，未之有也。呜呼！此君子之道所以造端乎夫妇，而先生悼亡诗所由作也。

　　余初慕先生名而恨无谋面之雅，而其郎君宗成，余门中所得佳士也。由是以获交先生。甫一觏面，便觉浑朴恳挚之气扑人眉宇，余已为之心醉。及诵是诗，益叹先生本原之厚，根乎性而发乎情，有固结而不可解者，故其为言哀而弥艳，朴而弥文。有如此也。他日者出其身为国家用，将见敦伦纪、挽浇漓，正其情以正人之情者，胥本乎此。此又不独笃伉俪之情已也。吁！士之不知是诗者，余谓其未尝诵三百篇之诗。

赵　跋

[清]　赵在田[20]

　　文章之盛，根伦纪，抒性情。虽仓遽成之，无暇求工，而情至者，文生不知其然而然，流示后人则栉梡琴书之泽[21]，于是乎在。同安刘子默存尝问字于余，出其尊人南吉先生《独弦吟》见示。盖先生幼而颖异，掇乙科。洪孺人淑质早凋，先生遭家不造，而哀怨之音作焉。然而志益抗，训诸子益力。迨刘子举于乡，而先生不数年已厌人世矣。

尝论儒门伉俪之义与豪贵异，京兆之眉妩不及高士之椎髻，赁春也，即蕙殒兰摧矣，而长簟空床依稀梦寐，不过夸词华之凄惋，何足以美人伦，赞王化。若夫礼教之家，敬顺姑嫜，黾勉井臼，一旦分飞，凌虚失翼，儿女成行，悠悠苍天罹此荼苦，抚存悼亡曷其有极？此可激阴雨弃予之颓而使之厚矣，庄生鼓缶又何足云？

刘子将锓之梨枣，余谓先生之诗有情而止乎礼义，悱恻缠绵，乃河洲之变调也。刘子累遭闵凶，永怀衔恤，悼膝下之失，依披遗编而如见，当作蓼莪观。读之，哽咽不成声矣。非根柢性情，何以能感人如是乎？因书数语以复刘子，刘子以为何如也？

侯官赵在田毂士

何　跋

[清]　何兰汀[22]

诗三百篇，《关雎》列《国风》之首，说者谓匹妃之际，人伦之始，王化所基。夫子称其乐而不淫，哀而不伤。所谓乐者，由既得言之；哀者，由未得言之。夫以未得言哀，哀宜如是，则由得而失，失且不复得，其哀当何如？噫！此《独弦吟》之所由作与。

刘子默存与汀有通家之谊，尝出其先尊甫南吉先生《独弦吟》示余。余卒读之，而知刘子通经之彦，其家学有自来也。悼亡之诗，名之曰“独弦吟”，《棠棣》之诗曰“如鼓瑟琴”，即《关雎》“琴瑟友之”之义也。“弦”则追思其乐，“独”则备述其哀。三十章中，具征洪太夫人中馈内助之贤，家人风火之吉，于是占之南吉先生平时家室间由妻子之好合，所以乐妻帑，宜家室，以求得父母之顺者，皆可于此诗见之。且古人解经，必先识字。夫之无妻者，曰“鳏”，取鱼目夜明之义。由是而读《关雎》，所谓辗转反侧，寤寐思伏，至情之根于至性，至性之发为至文，则《独弦吟》三十章，直当以读三百篇之旨读之。

默存举乙科，可谓父没而能读父之书矣。栖梡之余泽犹存，是宜善体亲心，祗承先训，痛蓼莪[23]，罔极之思[24]，求葛藟樛木[25]之庇，乐常华鄂不[26]之荣乎？惟孝友于兄弟施于有政，此圣人之教也。经明行修，家修廷献，异日默存饰经术以为治，三百篇中将中诗一篇，何等也。

山阴何兰汀墨香

石　跋

［清］石　鼎[27]

夫妇人伦之始，万化之原，上以事宗庙，下以继后世，故庆齐眉，祝偕老。不幸而中道繐空，弱子幼女，凄凄在膝，虽至落拓，能不为之痛心哉？

孝廉南吉先生，同安修士也。醇谨端方，好学深思。其治家严肃，洪孺人多内助焉。丁卯[28]春，余奉檄宰同，方下车，即访求邑中贤俊，先生亦应请而至。论泉南民气悍戾，实莠民迫胁使然。若邑主锄暴安良，宽严洽乎人心，则良民居多，莠去而可使悉向善也。其言简而赅、切而当，余心识之，每试辄验。故六年之治，虽未能臻上理，而旧俗之凋敝浸除，则先生数语实导余先路也。但性介洁，羞入公廨，每欲商论公事，数请乃一至，言不多发。维时洪孺人早经谢世，专理家务，课子益笃。后嘱其子默存请业于余，时于公暇进与论文。则默存固天姿卓荦，渊源家学。戊辰即举于乡。余又以后进得人为幸。岁己巳，先生馆于石浔吴生家塾。余因公至浔，适馆就榻，日夕盘桓。出其所作制艺示余，披览数篇，皆本经义，一宗先正法度，益知先生之学根柢甚深，编摩尽粹，非寻常操舣家数可拟也。

是秋，先生忽抱病，目足具艰。默存频年侍养，未敢少离。越庚午冬，少痊，尚为子疕行李，促入都。迨返，而先生已作古矣。阅岁，余亦解组旋省。间二年，复以留绁至同，默存取先尊父南吉先生《独弦吟》三十首问序于余。哦诵数篇，觉缠绵之意，溢于楮墨；哀怨之音，不伤于雅，乃更叹洪孺人之懿行，感人甚深。而先生之悲吟，能发乎情而止乎礼义也。夫鼓缶之歌，几于幻诞；悼亡之诗，比于亵溺，而此诗情义兼至，伦化攸关。默存将付之梓，以显扬先德固宜。故蓼莪可废，而此三十首不可废也。后之读者其亦可以兴矣。

宿松石鼎仙田

陈　跋[29]

［清］陈天泽[30]

由来伤逝早属恒情，自古追亡每多哀诔。环遗白玉，青衣则苦忆萧娘；钗寄黄金，上界亦神游妃子。琵琶既去，伤哉鹦鹉之诗；金缕犹存，痛矣花枝之咏。然而恋镜湖之春色，纵嬗多情；留绮语为香奁，终惭大雅。求其敦夫妇之伦，得性情之正，戞乎难矣！可多得哉。

同年刘荷衣大兄，其先尊南吉年老伯先生，闻望圭璋，文章山斗。人如康节，交游尽仰儒宗；身是刘宽，戚属咸称长者[31]。甫当英挺之年，早树英多之望。以故停车有客，未敢为凡鸟之题；因而剪烛联床，遂订作乘龙之选。雨雷天暮，媒似倩夫阿香；葵藿心倾，丝许牵于次女。如斯快婿，无愧东床，从此大家遂归名士。而老伯母洪夫人，高门望族、巨阀名家，乃能屏盛饰而不居，申礼防以自饬。仰事则听鸡整服，孝以尽伦；俯育而画荻和丸，勤能教子。通宵纺绩，俭而且勤；十指持家，贫原非病。披来荆布，厌世态之多华；典去金钗，助秋风于一战。想见挑灯佐读，断机为勖乐羊；遂教题塔标声，片玉竟成郅诜。方拟视凫听雁，相夫子以眉齐；讵知别鹤离鸾，叹瑶仙之驾返。虽佩还金阙，正多极乐之乡；而赋就安仁，可少悼亡之作。先生则情为伦敦，哀由义起，画台犹是，故剑难忘。墨洒泪以淋漓，诗成绝句；笔描肠而屈曲，吟号独弦。无意续胶，整鹊惨来鸠之嘱（集中第二十二首有"丁宁弦断续，鸾胶珍重，鸠来整鹊巢"句）；不堪失翼，抽丝凄僵茧之词（第十四首有"却似抽丝僵茧蚕"句）。为思冠帔，生前办付金棺而一恸（第五首有"办付金棺一断肠"句）；无那纸灰，墓上纷〈纷〉蝴蝶以交飞（第二十四首有"万贯酬卿竟何补，纸灰蝴蝶等浮沤"句）。地忆经行，烟寒一缕（第二十八首有"等闲重过经行地，荡作寒烟一缕飞"句）；人嗟永隔，泪迸千丝（第三十首有"泪迸千丝肠九转"句）。合瑶章之三十首，无意不深迫阃范。于十二年闻言亦痛斯。即咏江淹之句，未有逾此凄清；赓奉倩[32]之文，无能方兹悱恻矣。今者成名有子，欣售慈母之恩；而驻寿无丹，转叹哲人其萎。当年奉读，已触哀思；此日歌诗，仅成剩响。夫夫妇为人伦之纪，篇章实先泽之遗。苟念梧槚，应书梨枣。情真义当，讵金寒石泐以同灰；露白霜青，想地老天荒而饮恨。嗟嗟我友，思亲不匮其诚；渺渺残篇，开卷何能卒读？遂乃登之剞劂，将刻骨以难忘，实则譬彼蓼莪见系，怀之不倦也。天泽契付芝兰，伤同屺岵，十年接翅，光分同谱之荣；三载操竿，怆甚登堂之拜。自惭腹陋，谬荷青垂。猥以绣虎之章，命试雕虫之技。碔砆白玉相质，非伦瓦缶黄钟争鸣致诮。然而披云可慕，知家学之有源；睹景争先，幸风诗之足绎。文能动听，如聆变徵之音；石即称顽，聊效点头之意。爰伸蛙见，勉学鸦涂，一声一泪，那堪对此茫茫；当哭当歌，正自不能已已。

　　闽县陈天泽士亮

注释：

[1]"苏序"，原文题为"生芝草堂诗存序"。

[2]苏廷玉（1783—1852），字韫山，号鳌石，福建同安县翔风里澳头村（今属厦门翔安区新店镇）人。清嘉庆八年（1803年）补弟子员，嘉庆十三年（1808年）中举人。嘉庆十九年（1814年）进士，选为庶吉士，任刑部主事。擢刑部员外郎、刑部郎中，历松江、江宁、苏州等府知府，擢陕西延榆绥道、山东、四川按察使、四川布政使、署四川总督、加兵部侍郎衔等。道光二十年（1840年）以大理寺少卿致仕，归居泉州。著有《亦佳室诗文钞》和《从政杂录》。

[3]乾隆戊申，即乾隆五十三年（1788年）。

[4]鞶，缠在佩刀把上的皮绳。引申为缚系，束缚。

[5]肯綮，指筋骨结合的地方，比喻要害或最重要的关键。

[6]嘉庆癸亥，即嘉庆八年（1803年）。

[7]默存表弟，即刘宗成，字念修，又字默存，刘逢升之子。清嘉庆八年（1803年）补弟子员，曾主南安、丰州、永春、梅峰书院讲席。嘉庆十三年（1808年）举人，道光六年（1836年）任大名县令，历东明、束鹿、迁安、南宫诸县县令。道光十八年（1838年），授南靖县教谕。

[8]戊辰，即嘉庆十三年（1808年）。

[9]辛未，即嘉庆十六年（1811年）。

[10]道光乙未，即道光十五年（1835年）。

[11]保阳，今河北省保定市。

[12]己酉，即乾隆五十四年（1789年）。

[13]渔洋，即王士禛（1634—1711），原名王士禛，字贻上，号阮亭，又号渔洋山人，山东新城（今桓台）人。顺治十四年（1657年）进士。初官扬州推官，入为部曹，转翰林，官至刑部尚书；荔裳，即宋琬，字玉叔，号荔裳，山东莱阳人。顺治四年（1647年）进士，授户部主事，累迁永平兵备道、宁绍台道。

[14]乾隆庚戌，即乾隆五十五年（1790年）。

[15]林景莪，即林菁，字景莪，福建同安铜鱼馆（今属厦门同安区大同街道）人。清乾隆五十三年（1788年）举人，任福宁（今宁德市霞浦县）教授。

[16] 许瑶洲，即许琰，字保生，号瑶洲，福建同安后浦（今属金门县）人。清雍正五年（1727 年）进士，授翰林院吉士。后改官知县。性情傲岸，弃官飘游四海。返乡后，闭门谢客，作诗自娱。著有《玉森轩稿》、《鳌峰近咏》、《宁我堂诗钞》、《瑶洲文集》等。

[17] 银城，即同安城；轮山，即同安县的大轮山；华圃，即华圃书院，在同安西文圃山龙池岩山涧之南，原为唐谢翛、宋石蕢读书处，清乾隆二十六年（1761 年），进士黄涛倡办书院，乡绅黄砥园、藩君雅募资建造，后屡有修葺；鹭门，即厦门岛。

[18] "杨跋"原文题为"南吉先生独弦吟书后"。

[19] 杨惠元，字蓉峰，福建闽县人（今福州市）。清嘉庆六年（1801 年）进士，历官泰安知府。

[20] 赵在田，字光中，号毅士，福建侯官（今福州市）人。清嘉庆四年（1799 年）进士，授编修，以亲老假归。先后主持道南、擢英、南浦等书院。嘉庆二十年（1815 年）赴都城供职，翌年归福州。后主讲厦门玉屏书院。

[21] 梧棬，亦作"杯圈"，一种木质的饮器，多为妇人所用，后因用作思念先母之词。北齐颜之推《颜氏家训·风操》："父之遗书，母之杯圈，感其手口之泽，不忍读用。"

[22] 何兰汀，字墨香，浙江山阴人。清嘉庆七年（1802 年）进士，授庶吉士。嘉庆十五年（1810 年）任晋江知县，十九年（1814 年）任同安知县。后任云南府知府。

[23] 蓼莪，《诗经·小雅》篇名。此诗表达了子女追慕双亲抚养之德的情思。后因以"蓼莪"指对亡亲的悼念。

[24] 罔极之思，用以颂扬父母养育子女的无穷无尽恩德。

[25] 葛藟樛木，典出《诗经·国风·樛木》"南有樛木，葛藟累之"，是首祝贺新婚的民歌。

[26] 常华鄂不，典出《诗经·小雅·常棣》"常棣之华，鄂不韡韡"，是周人宴会兄弟时歌唱兄弟亲情的诗。

[27] 石鼎，字仙田，安徽宿松县人。清嘉庆四年（1799 年）进士，嘉庆九年任长乐知县，十二年（1807 年）任同安知县。

[28] 丁卯，即嘉庆十二年（1807 年）。

[29] "陈跋"原文题为"南吉年伯大人独弦吟敬跋"。

〔30〕陈天泽，字士亮，福建闽县（今福州市）人。

〔31〕康节，当指邵雍，字尧夫，谥号康节，北宋哲学家、易学家；刘宽，字文饶，东汉华阴人。为人有德量，涵养深厚。

〔32〕奉倩，即荀粲，字奉倩，三国时期魏国人。因妻病逝，痛悼不能已，岁余亦死。

亦佳室诗文钞序

[清] 杨庆琛[1]

《亦佳室诗文钞》八卷，苏廷玉撰。

苏廷玉（1783—1852），字韫玉，号鳌石，清代马巷厅澳头（今属厦门市翔安区新店镇）人。嘉庆十九年（1814年）进士，授刑部主事。旋外放，历松江、苏州知府，山东、四川按察使，升四川总督、大理寺少卿。道光二十年（1840年）返乡，组织民团抗英。是书系苏廷玉归田后所作，为诗钞四卷，文钞四卷，计骈散文共七十余篇，古今体诗二百数十首。其文关于时务如练兵、造船、御寇，安边之作尤有卓见。今尚存，有咸丰八年（1856年）同安苏氏刻本四册藏同安区图书馆、中科院图书馆、南京图书馆、福师大图书馆（仅存诗钞四卷）。是书有杨庆琛、陈庆镛、徐宗幹为之序。《厦门古籍序跋汇编》自《籀经堂类稿》摘录陈庆镛之序，自《斯未信斋文编》摘录徐宗幹之序，独遗杨庆琛之序，今补之。是序录自《亦佳室诗文钞》咸丰六年同安苏氏刻本。

嘉庆庚辰[2]六月，余以新进士观政秋曹[3]，在河南司行走，得与苏鳌石四兄共事。公余议论，畅所欲言，余心重其人。秋间，同派主稿一堂鞠狱，虚衷质问，务得其平。余获益于鳌石者多，鳌石亦以余为臂指之助。先后入秋审处，充律例馆提调，敬慎弥至。嗣鳌石膺察典[4]，出守松江[5]，余奉太夫人讳，星奔出都。过吴时，鳌石已擢陕右观察，舟中一晤，匆匆而别。

道光癸巳[6]二月，服阕入都。时鳌石陈臬青齐[7]，奉檄出祭岱宗。相遇于泰安，途次停车道左，立谈者逾两时。明年，余以郎中察典，备兵芜湖，旋即秉臬湘南，擢藩山左，鳌石以西川[8]方伯晋膺总制[9]。尺书往复，互以政事文章相切劇。盖余两人生同庚，居同里，服官同部，分则益友，亲若同胞，历三十年如一日，风谊若斯之笃也。

癸卯[10]正月，余以光禄卿致仕，鳌石先谢政，侨寓吴门[11]，旋即挈眷归泉州。暇时晋省，彼此过谈，辄至夜分不能休。回首京洛缁尘，皇华驿路，真黄粱梦觉耳。

壬子[12]三月，遽闻鳌石之讣，始而骇，继而悲，不知涕泗奚从。今夏，长嗣士荣以书来，汇《亦佳室遗稿》求鉴定并序言。余不能辞，为录其可存者，散行骈体文共七十余篇，古近体诗二百数十首。嗟乎！没世无称，君子所疾人患不能树立耳。鳌石幼而颖异，长而练达，宦游所至，绰有政声，其遗爱在人心口，固不必以诗文传。而即此诗文中一种不可磨灭之气，流露于楮墨间，滔滔不竭，非胸中确有卓识直抒所见，下笔乌能若是？余披阅再四，敬与爱并。择其纯粹者，嘱其孤付之剞劂，尝脔知味，见豹一斑，亦足以慰良友于地下矣。

是为序。

咸丰四年甲寅[13]夏，光禄寺卿、前山东布政使署山东巡抚、山东提督学政、福州杨庆琛撰，时年七十有二

注释：

[1] 杨庆琛（1783—1867），原名际春，字廷元，号雪茉，晚号绛雪老人，福建侯官县（今福州市）人。清嘉庆二十五年（1820 年）进士，历任刑部河南司主事、陕西司员外郎、山东司、广东司郎中、安徽宁池太广道、湖南按察使、山东布政使等，官至光禄寺卿。

[2] 嘉庆庚辰，即清嘉庆二十五年（1818 年）。

[3] 秋曹，刑部的别称。

[4] 察典，考核官吏的大典。清制对官吏三年考核一次。

[5] 松江，即松江府，元至元十四年（1277 年），由华亭县升为华亭府，

次年改名松江府。清代治华亭、娄县。辖地在今上海苏州河以南地区，府治在今上海市松江区松江二中附近。

[6] 道光癸巳，即清道光十三年（1823 年）。

[7] 青齐，山东别称。

[8] 湘南，今湖南南部，指衡阳、郴州、永州三地；山左，山东省的别称；西川，四川省原名。

[9] 总制，总督的雅称。

[10] 癸卯，即道光二十三年（1833 年）。

[11] 吴门，苏州的别称。

[12] 壬子，即清咸丰二年（1841 年）。

[13] 咸丰四年甲寅，即公元 1843 年。

问云山房诗存序

李　禧[1]

《问云山房诗存》，李正华撰。

李正华，字望之，清代同安县厦门厦港人。道光五年（1825年）贡生，掌教紫阳书院，门下之士多有成名。该书著录于《同安县志·艺文志》，题作《问云山房诗稿》。今尚存，有《闽三家诗》合辑本，题为《问云山房诗选》，与吕澂《默庵诗选》一卷、施乾《健庵诗选》一卷合为一册，藏福建省图书馆；另有1956年李禧刊刻石印本，附于李禧的《梦梅花馆诗钞》之卷首，合订为一册，藏厦门市图书馆、厦大图书馆、福建省图书馆、福师大图书馆、国家图书馆等。本序为李禧刊刻时所作，录自该石印本。

正华先生，字望之，道光五年同安拔贡，居厦港，掌教厦港紫阳书院。此册为吴景川学友所贻册，有其世父渭竹丈小印。据《小梅诗存》称，问云山房诗文甚富，藏其婿侯锡恩家。李、侯二家后人已无识者，知为问云山房诗已湮没久矣。渭竹丈从吴小梅[2]先生学诗，而小梅又为望之先生再传弟子，其诗脉一贯如。此《厦〈门〉市志》采问云山房诗颇多，其诗风流潇洒，时有警句，不及今刊出恐又遭散失。兹附入拙集卷首，以表崇拜之忱。

一九五六年瓜秋，后学李禧谨识

注释：

　　[1] 李禧（1883—1964），字绣伊，号小谷，福建厦门人。清末毕业于全

闽师范学堂。1912 年至 1938 年，历任厦门竞存小学校长、厦门（思明）教育
会副会长。20 世纪 20 年代任市政会董事，参与市政建设。厦门沦陷时避居香
港。抗战胜利后，任厦门市临时参议员。新中国成立后，任厦门图书馆馆长、
厦门市政协委员、福建省文史研究馆馆员，是厦门著名的学者、诗人和书法
家。

　　[2] 吴小梅，即吴兆荃，字丹农，号小梅，清代同安县厦门人。自幼学
诗，九岁能吟。咸丰三年（1853 年），厦门告警，入提督王得禄幕，又奉檄往
建瓯，帮办军务，积劳成疾，请假以还。讵料又丧妻亡子，病笃家贫，诗学
弥工。著有《小梅诗存》。

陈忠愍公遗像诗卷题记 (二篇)

《陈忠愍公遗像诗卷》，苏廷玉等撰。

本《诗卷》由著名抗英名将陈化成遗像及悼陈化成殉难的诗文组成。陈化成（1776—1842），字业章，号莲峰，清代福建同安县民安里丙洲村（今属厦门市同安区西柯镇）人。嘉庆年间，从提督李长庚追剿蔡牵，屡有建功，授水师把总，累擢千总、参将、副将、总兵。清道光十年（1830 年）升任福建水师提督，二十年（1840 年），调任江南提督。清道光二十二年五月初八日（1842 年 6 月 16 日），英军战船侵犯吴淞口，陈化成率师抗击，战死炮台。钦赐祭葬，谥"忠愍"。《诗卷》为一幅绢本画像和十五幅题诗、题记作品装裱而成的手卷，乃陈化成的后人分散征集而后集中装裱成卷。其题诗、题记作品有四十四篇，写作时间最早从清道光二十三年（1843 年）开始，至迟为清同治二年（1863 年），作者及题款者共四十九人，遍及吴门（苏州）、津门（天津）、厦门、霞漳（今漳州）等地。此诗卷之作品，后收入刊刻于清咸丰二年（1852 年）的《表忠录》第二卷之中。此《诗卷》为孤本，今藏于厦门市图书馆。

苏题记

[清] 苏廷玉[1]

此陈忠愍公遗像[2]也。初，练笠人[3]刺史绘公像诗。道光壬寅九月，余奉命到吴办理粮台，见公像赋诗哀之，因属笠人再摹副卷，寄余归付其孤，存之家乘。公与余里居沿海相望，十里而强。李忠毅公[4]与余三十里而弱。忠贞之气，后先相继，咫尺相望，亦足见吾乡山川英气，代多伟人耳。

　　道光癸卯五月，同里苏廷玉于吴中又记

李题记

李　禧[5]

　　此卷为陈汉承[6]君持赠，陈适洲[7]君召匠装褙。崇拜伟人，保存文献，殊堪钦佩也。

　　厦门市图书馆馆长　李禧　一九五五年四月

注释：

　　[1] 苏廷玉，里居、阅历见集部《亦佳室诗文钞序》提要。

　　[2] 陈忠愍公遗像，陈化成牺牲十日后，嘉定县令练廷璜觅得其遗体，殓于嘉定武庙，并请画家程庭鹭绘其遗像。遗像为工笔重彩的陈化成半身戎装画像，以传统的浅赭墨层层渲染而成。此《诗卷》之遗像，乃原作之临摹作品。道光二十二年九月，苏廷玉到吴办理粮台，请练廷璜再摹副卷，先是在吴中一带征得张际亮、梁章钜等人的题诗，而于次年交陈化成的后人携归福建厦门，并陆续获得《诗卷》现存的所有诗文手迹。

　　[3] 练笠人，即练廷璜，字笠人，广东连平人。清道光五年（1825 年）科拔贡朝考二等，进士，分发江苏，历任阳湖、丹阳、元和、上海、长州、嘉定、宜兴、常熟、吴县等知县，升授江苏松江知府，诰授朝议大夫。例晋中宪大夫。

　　[4] 李忠毅公，即李长庚（1751—1808）字超人，号西岩，清代福建马巷厅后滨（今属厦门市翔安区马巷镇）人。乾隆三十六年（1771 年）武进士，授蓝翎侍卫，历福建海坛镇总兵、铜山参将、澎湖协副将、定海镇总兵、嘉庆五年（1800 年）擢浙江水师提督。十二年（1808 年）征剿蔡牵海上武装，

至黑水洋，中炮身亡，赐祭葬，谥"忠毅"。

［5］李禧（1883—1964），里居、阅历见《问云山房诗存序》注。

［6］陈汉承，福建同安人，陈化成后裔。民国十五年（1926年）参与筹建国民党同安临时县党部，历任县党部特派员、监察委员。民国二十四年（1935年）任同安县第一中心小学校长。

［7］陈适洲，归侨，厦门鹭江剧场副经理，曾任厦门市归国华侨联合会第四届、第五届执行委员会委员。

西海纪游草序题跋 （二十四篇）

《西海纪游草》，林鍼撰。

林鍼，字景周，号留轩，祖籍福州，世居厦门。清道光二十七年（1847年）受聘赴美教习中文，行踪遍及美国南北。其时，有潮州人被英人诱拐至美国，身陷囹圄。林鍼悉之，出为营救，二十六名同胞得以脱难归梓。而林鍼旋为英人所陷，几遭监禁。幸美国友人代剖曲直，方脱此厄，于道光二十九年（1849年）返厦。返厦后，以在美亲身经历与感受，用诗文形式撰写西海纪游。诗中对十九世纪四十年代美国医学、科技、教育、工艺、交通、建筑等状况之描述，较为全面系统。并附有《救回被诱潮人记》一篇，记述营救潮州同胞之事。是书有英桂等五人之序、林鍼自序与周见三等五人之跋，亦有甚多闽中名人为之题诗。这些序跋、题诗最早的撰写时间为林鍼完稿的道光二十九年（1849年），最晚的时间则是同治六年（1867年），故该书约刊刻于同治六年。是书尚存，清同治刻本藏厦门民间书家；另有现代杨国桢标点本，收入《走向世界丛书》。本序跋录自《走向世界丛书》本。

英　序

[清]　英　桂[1]

余阅留轩林君《西海纪游草》，知其由闽挂帆九万余里，行抵绝域，得以详究其风土人情、天时物理，使阅者了然于目。盖西游者，溯自汉纪及唐元以来，历有其人。然以游之远而且壮者，莫留轩若也。留轩素习番语，能译文，尤不失其诚信，是以为各国推重，即奉委通商事务。余适奉镇闽南，得展其纪，既壮其游，复嘉其孝义为心，诚足以感人者。何也？留轩远在异域时，犹不忘祖母之训，尤述祖母苦节，表扬当世，孝足称也。更遇粤民为奸商诱陷，乃为营救，二十六人遂得生还，义足取也。则其孝义之诚，忠信之笃，孔子曰："虽蛮貊之邦，行矣。"以故履险如夷，吉人天眷。一旦挂帆从九万里归来，庆团圆，亲色笑，虽留轩之智略足以驭之，亦留轩之孝义有以致之乎？爰志数言，以表其孝义云尔。

岁同治丙寅[2]五年夏日，镇闽将军督理海关英桂撰

周　序

[清] 周立瀛[3]

自古游历之广，如《淮南子》云："禹使大章步东极至于西极二亿三万三千五百七十里，自北极至南极亦然。"尚已！特词近荒渺，犹难征信。其后史册所载，或远蹈绝域，而未有为海外之行者。迨我朝声教遐讫，即琉球东南海邦，使臣奉册命往封，每数十年一至其地，然舟行风刹，计程四五日可达，大约去中华尚在万里内也。独留轩林君，负奇气，以家贫谋奉旨甘，遂乘风破浪，涉溟洋九万余里，行百四十日而抵花旗，视球洋又远增十数倍。噫！何其壮欤！

今林君自鹭门晋省，接晤之余，出所著《西海纪游草》见示，且嘱为弁言简端。余览其于异域风土人情，天时物产，足扩新闻而舒伟抱。顾其所最难者，邂逅羁旅中，辄能救被诱潮民二十六人，俾得生还故里。虽遭诬引祸，毫不介怀。终亦为侠女所援，而安然返棹。或谓全人乃以自全，或谓其于海外犹笃念大母，节孝所感，

姑不具论。第即此仁心义行，吾固喜其斯游重也。使更推一事之善，以广其利济之心，则他日惠及于人，当不仅是是。则予之所为林君期者，彼徒夸歌舞欢娱，诧为奇遇，证诸林君之守礼不乱，岂其所乐取哉！林君能谙外国语言，素习通商事务。予前守福州时，曾与一晤。兹欣幸重来，于其归也，爰书此以为之赠。

同治丙寅孟秋月上浣，安福周立瀛序

周　序

[清]　周揆源[4]

汉代自张骞寻河源，泛斗牛，始达西域。唐玄奘、元耶律楚材衔命西游，后此鲜有继者。然张骞未睹昆仑，玄奘、耶律楚材仅至西番。唯我〈明〉朝徐霞客以书生遍游宇内名山大川，出玉门关数千里，至昆仑山，穷星宿海，去中夏三万四千三百里，可谓游之远者。今林君景周由闽挂帆九万余里，行抵绝域，详悉各国风土人情，了如指掌。是霞客而后，游之远而壮者，莫景周若也。

壬戌秋，晤于榕垣。询及素习番语译文，为各国所推重，奉委经理通商事务。秋试报罢来厦，袖《西海游草》见示，获悉颠末。虽事与霞客足迹所至遍历海内者不同，即昆仑未能达，而景周行抵北亚墨利加花旗国，视霞客游历之程仅三万余里者，则有其过之。霞客每岁三时出游，秋冬觐省，人称其孝。景周亦为甘旨之奉，远涉重洋，殆有同者。唯于异域营救潮州二十六人出之患难，卒得侠女子引手援出，获返故里，则其天性之笃、忠信之孚，可以感人心而荷开眷可知也。

余读《霞客游记》数十卷，所见奇怪万状，骇人听闻，而如景周之救人异地，出险入夷，鲜有其事。至事亲之孝，两人遥遥相符。倘入輶轩之采，即与霞客合传可也。

同治癸亥二年秋月，福建督粮道署兴泉永兵备道沔阳周揆源序

王　序

[清]　王广业[5]

　　吾阅林君景周《西海纪游草》，窃喟然叹曰：呜呼！此即大易中孚[6]之旨乎？夫风泽无知也，豚鱼无知而有知也。圣人不以物之无知而弃之，而以我之有知而通物之知，即通天地之知，险者且夷，蠢者且格，况生人血气之属哉！

　　景周家贫亲老，上有祖母，无以为养，乘风破浪为海外之行，抵绝域，适粤中有二十六人为奸商诱陷，景周百计救之得生还。而景周即以此遭诬，几罹不测。救火焚身，所谓无妄之灾，往往如是乎？乃彼地官役，以及居停之女子，咸知其枉，为之婉转营脱，得以闲然游览南北，详究风土人情、天时物理，挂帆九万里而归。噫！景周之救人，景周之诚有以格之也。人之救景周，亦景周之诚有以格之也。

　　夫人踽踽于一室之中，老死于户牖之下，几不知天地之大，九洲之外更有何物。一二儒生矫其失，则又搜奇吊异，张皇幽渺，诧为耳目之殊观，不知天元地黄，一诚之积也。诚之所至，异类可通，况在含形负气之伦，宁有异性哉？圣人知其然也，矢一念之诚，可以格千家，可以格于天下，可以格于穷发赤裸、焦齿枭瞷之域，矧大川利涉，身亲其地，启其衷，发其冢，诱以民彝物，则有不帖然□者乎？

　　今观景周之游西海，一出于诚，益恍然于大易中孚之旨焉。孔子曰："言信忠，行笃敬，虽蛮貊之邦，行矣。"中孚之谓也。景周以中孚行于绝域如此，景周之所志其可量乎？景周之所造其有穷乎？吾于景周有厚望焉！

辛亥[7]秋月，子勤王广业敬识

王　序

[清] 王道徵[8]

　　吾乡林君景周，翩翩佳公子也，侨寓鹭门。丁未二月，由粤东起程往花旗，至六月达其国。越己酉二月，仍返泉州。足迹所经，一一纪述，并托之长句，名曰《西海纪游草》，以写其天时人事之变迁，风俗山川之离合，令阅者惝恍迷离，恍如置身绝域。壮哉斯游乎！

　　顾余闻景周性惇笃而家甚贫，白发在堂，无以为养。其乘风破浪，孤剑长征，将以博菽水资而为二老欢也。其游不久即归，非得已者。不知者乃以此相夸诧，过矣！

　　集中所记尊大母节孝事略，语极真挚。而营救潮州二十六人，身蹈不测，幸得闺秀雷即声以三百金力为排解，其事尤可传。夫以景周负权奇俶傥之姿，何施不可？而必为海外之行，以蓄其甘旨。义愤所发，至于从井救人。向非侠女子引手一援，其欲牛入玉门关也，难矣！乃景周俱有所不顾，一意孤行，自求其是。卒之吉人天相，履险如夷，抽身从九万里归，家庆团圆，重承色笑。虽景周之智略足以驭之，亦景周之孝思有以致之乎？

　　余于景周素未谋面，近其师林伊洛先生以所著大集见示，并属题识。时余方株守穷庐，毫无善状足以仰慰先灵。受而卒业，深羡其逮事二亲，能得天伦之至乐也！于是乎书。

　　　　　　　　　　庚戌[9]仲春，三山王道徵撰

自　序

［清］林　鍼

岁维丁未[10]，月届仲春，爰借东风，远游西极。萧萧长夜，碧海青天；黯黯离愁，临形吊影。驹蟒过刻，廿四年之去日匆匆；傀儡登场，九万里之奔波碌碌。感时抚景，惨淡吟诗；往事聊陈，焉能情已。于是谱海市蜃楼，表新奇之佳话；借镜花水月，发壮丽之大观。

嚅蓼集荼，苦中之苦；披星带月，天外重天。父母倚闾而望，星霜即父母之星霜；家人筹数愆期，冷暖殆家人之冷暖。腹如悬磬，晨夕不计饔飧；身似簸箕，日夜飘流风雨。千金一饭，王孙容易豪雄；百结愁肠，绝域难堪腥臭。灯如求璧，水甚淘金。年来之心迹迷茫，有谁知己；此日之关山迢递，即景生愁。鬼气蛙声，频增旅恨；蓬头垢首，强啜糟醨。水手跳梁，呼余伙计（番人呼粤人为伙计）；梢工督令，宛尔将军（洋俗出海多权）。伍子吹箫，英雄气短；周郎顾曲．儿女情长。梦里还家，欢然故里；醒仍作客，触目红毛（番人多红毛蓝目）。

四旬航海，惊殊寒暑三更（仅得四十日之洋，而三迁寒暑，因南北躔度之分故也）；两阅人生，虚度韶光什二。回忆牛衣对泣，游人知有室之乖（予初婚未久，即辞家外出）；举头斗柄频更，荡子抱无家之痛。东西华夏，球地相悬；南北舆图，身家背面（大地旋转不息，中国昼即西洋之夜）。痛思及此，涕出潸然；逝者如斯，情深今古矣！

时而寂寞光阴，空仍是色；继暂逍遥云汉，醉不关痴。睹环海之连天，天仍连海；念双亲之思子，子更思亲。桴海远游，谩笑囊无长物；图书左右，竟忘地不容锥。水绿山青，遽喜舍舟登彼岸；

花明柳暗，来随飞絮去飘萍。屈指桃放春芳，不觉莲香夏至（予自二月由广东起程，至六月方达其国）。

百丈之楼台重叠，铁石参差（以石为瓦，各家兼竖铁支，自地至屋顶，以防电患）；万家之亭榭嵯峨，桅樯错杂（学校行店以及舟车，浩瀚而齐整）。舻舳出洋入口，引水掀轮（货物出口无饷，而入税甚重。以火烟舟引水，时行百里）；街衢运货行装，拖车驭马（无肩挑背负之役）。浑浑则老少安怀，嬉嬉而男女混杂（男女出入，携手同行）。田园为重，农夫乐岁兴歌；山海之珍，商贾应墟载市（每七日为安息期，则官民罢业）。博古院明灯幻影，彩焕云霄（有一院集天下珍奇，任人游玩，楼上悬灯，运用机括，变幻可观）；巧驿传密事急邮，支联脉络。暗用廿六文字，隔省俄通（每百步竖两木，水上横架铁线，以胆矾、磁石、水银等物，兼用活轨，将廿六字母为暗号，首尾各有人以任其职。如首一动，尾即知之，不论政务，顷刻可通万里。予知其法之详）；沿开百里河源，四民资益（地名纽约克，为花旗之大马头，番人毕集。初患无水，故沿开至百里外，用大铁管为水筒，藏于地中，以承河溜。兼筑石室以蓄水，高与楼齐，且积水可供四亿人民四月之需。各家楼台暗藏铜管于壁上，以承放清浊之水，极工尽巧。而平地喷水高出数丈，如天花乱坠）。酋长与诸民并集，贵贱难分；白番与黑面私通，生成杂种（土番面赤身昂，性直而愚。三百年前，英人深入其地，久而家焉。屡夺亚非利加黑面，卖其地为奴。而禁白黑相配。间有私通者，遂生黄面虬毛之类）。天堂地狱，奉教兢兢；赎罪捐躯，超生——（西洋诸国多奉耶稣、天主二教）。

舣海舰舸列阵，子母炮连城（即大炮也）；坤灵日月旋乾，浑天仪秉鉴（其人善测天地度数，虽航海周年不睹山岚，亦无毫厘之差。如西儒利玛窦之天地形说，亦不及其详），郡邑有司，置刑不用（其法：准原被告各携状师，并廿四耆老当堂证驳，负者金作赎刑，槛作罪刑）；城乡要害，寓兵于农。刻字为碑，瞽盲摩读（盲

瞽院华丽非常，刻板为书，使盲人摸读）；捐金置舍，孤寡栽培
（设院以济孤寡鳏独）。车舂水织，功称鬼斧丛奇；铁铸书镌，技夺
天工灵活（集板印书，以及舟、车、舂、织、锤、铸等工，均用火
烟轮，运以机器，神速而不费力。余独有志于舟车之学，可以济公
利私，惟独力不支，苟吾人有志共成，不期年可奏效也）。或风或
雨，暴狂示兆于悬针；乍暑乍寒，冷暖旋龟于画指（以玻璃管装水
银，为风雨暑寒针）。山川人物，镜中指日留形（有神镜，炼药能
借日光以照花鸟人物，顷刻留模，余详其法）；术数经纶，学校男
师女傅（有闺秀雷即声，其同学女友，见余恭敬无嫌疑，现为女
傅。其书院中有子女自六七岁至十六七岁者四百余人，男女师长四
人，均任其职。每日课定巳、午、未，每礼拜期放学二日，率此成
例）。

　　一团和气，境无流丐僧尼；四毒冲天，人有奸淫邪盗（斯亦不
免）。应心得手，创一技便可成名（其俗不尚虚文，凡人能首创一
艺，足以利世，特加奖赏）；远国他邦，道不同目为愚蠢（目崇信
鬼神、奉祀土木偶者为贱鄙罪人）。四海工商毕集，阜尔经营；卅
省民庶丛生，年增倍蓰。医精剖割，验伤特地停棺（每省有一医
馆，传方济世。凡贫民入其中就医，虽免谢金，或病致死，即剖尸
验病，有不从者，即停棺细验）；事刊传闻，亏行难藏漏屋（大政
细务，以及四海新文，日印于纸，传扬四方，故宫民无私受授之
弊）。南圃南农遍地，棉麦秋收；北工北贾居奇，工人价重。黑面
生充下陈，毕世相承（英人以黑面卖于其地，遂世为贱役。主人
贫，辄转卖之）；土官众选贤良，多签获荐（凡大小官吏，命士民
保举，多人荐拔者得售）。暴强所扰，八载劳师（其地原属英吉利
管辖，因征税繁扰，故华盛顿出而拒之，遂自为国，争霸西洋）；
统领为尊，四年更代（众见华盛顿有功于国，遂立为统领，四年复
留一任，今率成例）。四时土产，物等价昂；半据荒洲，地宽人少
（其地虽居天下四分之一，而人民不及中国二省之多。工人少而土

物贵，理所必然）。

　　去日之观天坐井，语判齐东；年来只测海窥蠡，气吞泰岱。眼界森临万象，彩笔难描，耳闻奇怪多端，事珠谁记？潺潺流水，桃源渔子重来；烛烛其华，周召家人遗爱（男女自婚配，宜其有室家之乐矣）。瓜田纳履，世复何疑；李下整冠，人无旁论（归舟之出海，主事者每抱客妇在怀，丑态难状，恬不为怪）。春风入座，一言联静好之机；宋玉东墙，百礼防范围之制（予恒与洋女并肩把臂于月下花前，未尝及乱）。娇藏锦绣，遍地氍毹；貌衬玻璃，映窗梅雪。桃花上马，蛮姨领露蜻蜓；油壁香车，游女鞭含夕照。依依杨柳，到处垂青；荡荡桃花，西秦薄命（予有句云："好花一入行人手，不插金樽痛客心"）。秋月春芳，难穷幽韵；龟年延寿，莫绘倾城。诗酒琴棋，堂飞旧燕；绮罗书画，醉写春风（书画琴棋，玉人各精其妙）。敢喷卿卿，言真咄咄。蛮腰舞掌，轻鸿远渡重渊（女友随凌氏，玉腰纤小，窈窕可人，恐小蛮见者，应羞婢对夫人）；莺啭歌檀，玉佩声来月下（番女虽工诸艺，予独取其风琴，手弹足按，音韵铿锵，神致飘然）。

　　时临乞巧，巧遇潮人；景为玉成，成资侠女（时有潮州澄海人二十六辈，被英商诱去，舟飘其地，值余哀诉舟中鞭朴以及离别之苦。余为营救，竟得附舟归里。余之获交女友雷即声，亦根于此，遂主于其家者两月。噫！予之救火及身，更感其情多方垂顾。不意平生知己，竟出于海外之女郎。而余结草衔环，又在何日？兴怀及此，未尝不潸然欲涕也。被诱之事，余详卷后）。廿六人之随风飘荡，苦海无涯；两百日之忍声吞气，捐生一旦。众为救归贾祸，遭驱象而送向蛇吞；吾悲同调相怜，计钓鲤而驱由獭祭。相逢萍水，难辞萍寄他方；无缝天衣，幸获天缘凑巧。番官会审，临提难画葫芦；鲍管分金，即日乘机航苇（于八月廿六日，众得返棹）。

　　天从人愿，何妨平地兴波；我本情钟，窃幸他山友玉。东人高义，保非罪之拘囚（因救潮人而贾祸，蒙女友之父以三百金保余出

禁）；彼美多情，喜惊鳞之脱网。百八度之星娥系念，指约酬情
（自厦到其处，恰一百八十度，余感其情，赠与金指约一枚）；两阅
月之红拂垂青，玉容表敬（答以小照）。翩翩春梦，镜笑招花；淅
淅秋天，炉灰画字（恒与围炉夜话）。虽使君有妇，痛抱人天；惯
小姑无郎，心坚金石（尝语余以不嫁）。底事华番异致，黎倩牵心；
天然胡妇多情，子卿谁是？夜绕横塘梦草，孤灯泪渍衾裯；时维睹
画呼真，一纸心悬枕席。

　　刻刻关心双鲤，云山万叠潜踪；年年作客秦川，面目故吾鬷
瘦。客楼危坐，树头空盼尽寒鸦；沟水长流，叶上只一通锦字（余
在南方九月，只得友人一书而已）。阴晴渺渺，一残编昏晓流年；
雨雪霏霏，九阅月婆娑牙轴。蠹虫饱蚀，咀嚼华英（每译英书以解
闷）；秃管余堆，抹涂鸦字。时即凄风苦雨，冒冻寻芳；居恒矮屋
炎天，汗蒸流背。深感兰香割股，馈奉高堂；减寿祈天，孝慈守节
（在彼追念先祖妣节孝，因作一记，详卷后）。音容如在，痛绕膝之
无从；桑梓虽遥，幸归帆之迅发。

　　山海奇观，书真难罄；椿萱并茂，贫亦何忧。生逢盛世，岂甘
异域之久居；略叙游踪，思补职方之外纪。情有未尽，复缀以诗。

林题诗

　　　　　　　　　　　　　　　　［清］林树梅[11]

西极舟航古未通，壮游似子有谁同？
足心相对一球抛，海面长乘万里风。
留意所收皆药石，搜奇多识到鱼虫。
此行不负平生学，历尽波涛悟化工。

　　　　　　　　　　　　　　　浯屿　树梅瘦云

咸丰元年夏五月，皖江李生煐颖光氏书于鹭门节署

梁　跋

[清]　梁开桢

去岁由都航海回闽，出天津，买舟而南，卸帆于厦门之鹭岛，计程七千余里，不见山影者四十二日。西穷日本，东望琉球，方自诧洋洋大观，足以夸示吾辈。乃读景周林君《西海纪游草》，不禁爽然自失。夫具纵横四海之才，而仅于花旗拯潮州二十六人生命，此固英雄度内之事，未足为林君重，即林君亦未必以此自多。吾读而羡其以少年破浪乘风，历九万里，遍览乎他邦人物，且得夷女为之歌舞，以佐其茶边酒后之欢。快哉斯游，竟可为吾辈生色矣！海客荒唐，吾当访林君一谈瀛洲之胜。

辛酉[21]八月，长乐愚弟梁开桢拜序

注释：

[1] 英桂（1821—1879），字香岩，赫舍里氏，满洲正蓝旗人。道光元年（1821年）举人，以中书充军机章京，晋侍读，历山东青州知府、登莱青道员、山西按察使、山东署布政使、河南、山西巡抚、福州将军、闽浙总督、兵部尚书、官至体仁阁大学士。

[2] 同治丙寅，即同治五年（1866年）。

[3] 周立瀛，清代江西安福人。道光二十四年（1844年）进士。历知县、福州知府，同治五年分巡延建邵道。

[4] 周揆源（1789—?），原名周鑰，字铁臣，清代湖北沔阳人。道光六年（1826年）进士，授刑部主事，升郎中。道光三十年（1850年）出任福建建宁知府，历邵武知府、署福建延建邵道、兴泉永道、福建督粮道。同治四年（1865年）被弹劾革职，回乡为聚奎书院主讲。

[5] 王广业，原名佐业，字子勤，清代江苏泰州人。道光三年（1823年）

进士，授户部主事，累迁福建汀漳龙兵备道。

　　[6] 中孚，易经六十四卦第六十一卦，卦辞原文为"豚鱼吉，利涉大川，利贞。"意为用豚和鱼祭祀先祖吉利，利于涉越大河大川，利于坚持下去。此卦象征诚信。

　　[7] 辛亥，即咸丰元年（1851 年）。

　　[8] 王道徵，字叔兰，清代福建长乐人。闽县生员，喜藏书，于福州三坊七巷开书肆，半以收藏。

　　[9] 庚戌，即道光三十年（1850 年）。

　　[10] 丁未，即道光二十七年（1847 年）。

　　[11] 林树梅，里居、阅历见子部《闽海握要图说总序》提要。

　　[12] 李蝉仙，号阆湖女史，清代福建南安湖头人。阅历不详。湖头镇五代前称阆湖。

　　[13] 王丹书，号晴坡，清代福建南安金安人。咸丰二年（1852 年）举人。是时太平军兴，道途梗塞，不上公车，归而养母。

　　[14] 邓廷枬，字双坡，清代广西人。同治三年（1864 年）任兴泉永道道员，后历任福建布政使、广东布政使。

　　[15] 吴大廷（1824—1877），字桐云，号小酉腴山馆主人，清代湖南沅陵人。咸丰五年（1855 年）举人，七年，派充方略馆分校。同治四年（1865），简放福建盐法道。五年，以按察使衔分巡台湾兵备道。卒赠太仆寺卿。

　　[16] 曾宪德，字峻轩，清代湖北京山人。道光十七年（1837 年）拔贡。同治二年（1863 年）、四年（1865 年）、七年（1868 年）三任福建兴泉永道。同治二年，削平英国侵略者归还的、擅自改建的道署洋楼，重新扩建道署。

　　[17] 叶宗元，字峭岩，清代江西宜黄人。历官云霄厅同知、台防同知。同治二年（1863 年），署台湾府知府，七年（1868 年）回任。

　　[18] 郑守孟，字海邹，清代福建闽县（今福州）人，郑孝胥堂叔。同治四年（1865 年）进士，任翰林院编修。

　　[19] 同治甲子，即同治三年（1864 年）；清龢，又作清和，农历四月的俗称；望日，通常指旧历每月之十五日。

　　[20] 己酉，即道光二十九年（1849 年）。

　　[21] 辛酉，即咸丰十一年（1861 年）。

冠悔堂诗钞序题（六篇）

《冠悔堂诗钞》八卷，杨浚撰。

　　杨浚，里居、阅历见子部《小演雅序》。杨浚著述存目有二十多种，该书为其主要著述《冠悔堂全集》之一种。该书有陈宝琛题名，内封面镌有"光绪壬辰季秋开雕"，即始刻于光绪十八年（1892年）。卷首有光绪十九年唐宝鉴、陈榮仁、叶大焯的序，当是于当年完成刊印。又有同治七年（1868年）孙衣言、许宗衡、王轩的题词。全书收自道光二十七年（1847年）至光绪十六年（1890年）所作古今体诗1616首，其中卷八所收的《鹭江感旧诗》62首，曾于宣统元年（1909年）以单刻本行世。该书今尚存，光绪十八年刻本藏国家图书馆、上海图书馆、南京图书馆、厦门市图书馆、泉州市图书馆、福建省图书馆、辽宁省图书馆、中科院、福师大图书馆等。本序录自光绪十八年刊本。

唐　序

[清] 唐宝鉴[1]

　　杨君雪沧，闽南博物君子也。与予定交于戊辰礼闱棘舍中，时予已官内阁。君是岁下第后，亦以舍人待诏金马门[2]，遂为僚友，惜君不久即南归。嗣是君以试事抵都，必过予叙契阔。虽知其撰著宏富，亦缘匆匆唱渭城，未遑请以读耳。逮予记名外用，旋奉檄来闽，已喜得与君聚晤稍多矣。既而予管篆厦防，君适主讲于厦之紫阳书院，由是踪迹益密。君方删纂《湄洲志略》成，喜其抉择精审，为谋集资，以付梓人。君遂愈引予为文字知己。

君喜藏书，工文章，书画、金石悉所研究。又殚心经世之术，早岁已为徐清惠[3]中丞所知。左文襄[4]由闽移督秦陇，邀襄戎幕。君驰驱万里，夸为壮游，顾未一厕军功邀荐剡，则君品之高又如此，是岂仅得称为诗人而已。然君固酷好作诗，凡有感触，无不于诗乎寓之。而又虚怀博采，绝少自是之见。以予之抗尘走俗，手重五斤，尚不为所鄙。屡以篇什见贻，予则正如闻宏农坐啸[5]，心形俱服，而外莫赞一词。未几，予调摄福防，虽带水相违，而邮筒互达。至岁杪，君亦返三山，盖仍喜良晤之不遥也。讵庚寅春别未半载，而君竟以末疾捐馆于厦门讲舍矣。

予频年官辙驰驱，既以计典膺荐入都展觐，及回闽即擢守延平，复量移首郡，劳形案牍，欲求如曩日与君之挥麈论文纵谈为乐，此境何可再得？回首前尘，不禁惘惘已。今幸嗣君辈能读父书，守家学，凡手泽所在，将次第刊布，传之海内。一日以君所著《冠悔堂古今体诗》八卷梓竣，乞为序言。予因念与君交二十余年，辱君相知逾恒等，执笔以序其遗集，固责所莫贷。况读其诗，而君之声音笑貌与夫性情嗜好，仿佛遇于目前，正不第蒙庄所云"跫然足音"[6]而已。爰历述定交始末，以当山阳闻笛[7]之赋。若夫君诗之佳，则世自有知之者，无俟予赘焉。

光绪十有九年，岁在癸巳夏五，静海唐宝鉴拜序

陈　序

[清]　陈棨仁[8]

廿年前，与表丈雪沧先生晤于京师。时先生方辞湘阴之幕，自秦中出嘉峪关，循河套，历统漠，度雁门，以入居庸塞，行数千

里，仲春抵都。衣上斑斑，犹有拂庐雪也[9]。会星变[10]，求言。先生抗疏论时事，多所指斥不报，遂请急归。既余亦以亲老田居，相聚于厦门者，又数稔，而先生则亦耄且病以没矣。越岁癸巳，哲嗣幼雪、希沧昆弟刊先生遗著若干卷，属引其端。因得尽读先生之诗千数百通，不禁焦妍累欷[11]，掩卷长太息也。

先生形体魁梧，才气超迈。与人语，嚅呐若不竟意。比一搦管，则苕发颖竖，风驱潮涌，刺刺不能自休。弱冠举于乡，囊笔薇省[12]，交游皆一时英俊。中岁拥锋车，游关辅，历吴、楚、兖、豫、幽、并之域，遍览岱、华、恒、嵩诸胜。放棹瀛海，策马边碛。所至辄访耆宿，揽形势，跻高俯深，慷慨怀古，慨然有独立苍茫之感，写志拓抱，无不于诗发之。孙琴西[13]、许海秋[14]诸先生服其才，且比之亨父张氏[15]，谅哉其言之也。比晚，无所遇。感时慨事，俯仰身世，嬉笑怒骂，肮脏壹郁[16]之气，勿可复遏。格益老气益苍，篇什亦益富。较诸少壮之作，一身若判初盛。呜呼！令琴西、海秋诸先生见之，其倾倒不知又当何似也。

本朝自乾隆中叶以后，考据之学盛行，其以诗文专其业而名于世者，指寥寥可偻也。洎赭寇盗弄，海氛继讧，魁垒英伟之材，又率而谈事功，讲经济。向所谓寥寥者，益无俚矣。先生稽经籍，收金石，未尝不言考据也。帕首弓衣，从军三辅，未尝不究经济、志事功也。卒落落不合，无尺寸之获，引身归田，以著述老。语曰：诗人少达而多穷。其信然耶？抑穷而后工，天固啬其遇以昌其诗耶？顾闽诗数十年来旗鼓中原者，独一亨父，既落寞不得志。而先生之才与亨父埒，亦复悠悠无所于遇，得不为长太息哉！余学殖梼昧，于先生无能为役，有所述制，辄复不自存录。回忆春明联袂，朋樽致欢，忽忽如前日事，而先生则墓已宿草，余亦星星渐出，两鬓皤矣。读先生之诗，自恶益以自慨也。

光绪癸巳孟夏，晋江表愚侄陈榮仁拜序

叶　序

[清]　叶大焯[17]

《诗》始三百篇，燕飨[18]咏答，如《鹿鸣》、《天保》、《桑扈》、《鸳鸯》、《鱼藻》、《采菽》诸篇[19]，皆义系君臣其寮友投赠。《雅》之所录，唯尹吉甫饮御张仲[20]，犹非其自为诗。申伯之入谢[21]、樊侯之徂齐[22]，吉甫乃作诗送之。赠友之什，盖滥觞于此。汉世河梁五字，苏李最著[23]。魏晋以降，此风遂煽。《昭明文选》自建安七子，下逮潘、陆、颜、谢[24]之属，赠答凡七十余篇，称极盛也。夫人抱幽忧抑郁之志，无可告诉，遇所亲识[25]必倾吐而后已。倾吐之不足，必歌咏而后已。情则然也，方其合也。山川游览，琴樽谶集，方其谁也。临歧凄悲，望远怀想，彼赠此答，因而即词，情动于中，胡能自忍？《伐木》[26]之诗曰："嘤其鸣矣，求其友声。"诗者，人声也。求友之声，尽在是矣，非泛然酬应也。

观察雪沧杨君，夙嗜学，淹洽群籍，尤工为诗。居里闲日，乡之士大夫皆乐与游。每饮食赠送，君必有诗，而诗名遂起。泊游关陇，莅京师，交益广，诗益夥，诗名亦益盛。上而名公巨卿，下而布衣紃屦之士，苟当于意诗，皆及之。综君集中赠答怀旧之作，什殆七八。噫嘻！君之笃于朋友之义，斯可见矣。余交君垂三十年。咸丰庚申、辛酉间，君集同志立吟社，余兄弟与焉。晨夕促膝，踪迹甚密。已而分散，仅一相见于京邸。逮余归里，同志罕有存者，君犹得晤，今亦不可复见矣。读君之诗，感君之笃于朋友之义，谓余其能已于言乎哉！

光绪十九年癸巳仲夏上浣，愚弟叶大焯顿首拜序

题　辞

［清］孙衣言[27]

闽诗人昔见张亨父，后乃得交林颖叔[28]。亨父即不可作，颖叔远宦秦中，殊不得有所施为。今年至京师，颖叔书来，为我言雪沧，遂得相见。示以新诗，盖才华似亨父，格律似颖叔也。同辈多才，深为斯文庆慰，不独闽中山水之光也。

戊辰[29]八月朔，瑞安愚弟孙衣言读毕记

题　辞

［清］许宗衡[30]

卷中各体，均深稳有骨。七言律尤高迈，间有似冬郎、玉溪生者，而风格转胜。盖韵味非常，不可以貌袭也。七古有逸气，略近太白。《题魏午庄鹰鹿图》一作，又似元遗山[31]，皆非近时率尔为诗者所解。盥读数过，聊书记之。他日成集时，当再论也。

戊辰中秋雨中，弟许宗衡识于我园意隐斋

题　辞

［清］王　轩[32]

七闽诗人二百年来，以亨甫为第一，道光间独步海内，垂三十年无异词。稍后则吾友林颖叔，以坚重之笔，运深曲之思，于亨甫天才踔发外，别树一帜，允推劲敌。余性懒交，寡未能遍识当代豪

贤。屈指交游中，惟许君海秋、王君定甫、孙君琴西及颖叔，皆卓然已自成家，敬爱畏服，友而兼师者。其已经论定，与方精进未已者，不在此列也。今又读雪沧道兄之诗，奇肆似亨父，坚粹似颖叔，将来鼎足二公，又不当为七闽私也。颖叔与君书，推许数君而谬及鄙人，殊为失言，然足信余之非阿好已。至君诗之妙，则海秋论之最当，故不复赞。以余折服张、林两君，君诗可知矣。

　　戊辰中秋后三日，弟王轩识

注释：

　　[1] 唐宝鉴（1831—1899），字蓉石，清代直隶静海（今属天津）人。清咸丰元年（1851年）举人。在京任方略馆、国史馆校对官、内阁中书等职。光绪七年（1881年），调任福建永春州知州。历任台湾府凤山县知县、福州海防同知、厦门海防同知、福州府知府、延平府知府、署理盐法道、盐运使、福建督粮道，官至福建按察使。卒于任中。

　　[2] 以舍人待诏金马门，指杨浚于同治四年（1865年）任内阁中书的中书舍人，掌书写诰敕。金马门，乃汉代宫门名，为学士待诏之处。

　　[3] 徐清惠，即徐宗幹（1796—1866），字伯桢，又字树人。江苏通州人。清嘉庆二十五年（1820年）进士，历知曲阜、泰安两县。后由高唐知州升兖州知府兼济宁知州。道光二十八年（1848年）任按察使衔分巡台湾兵备道，累官至福建巡抚、浙闽总督。卒谥清惠。

　　[4] 左文襄，即左宗棠，谥号文襄。

　　[5] 宏农，指成瑨（？—166），字幼平，弘农人。东汉桓帝时荐举为孝廉，拜郎中。任南阳太守，闻岑晊高名，请来任为功曹，委事之，时有"南阳太守岑公考，弘农成瑨但坐啸"之语；坐啸，闲坐吟啸。后因以"坐啸"指为官清闲或不理政事。

　　[6] 蒙庄，指庄周；跫，脚步声；跫然足音，原指长期住在荒凉寂寞的地方，对别人的突然来访感到欣悦。典出《庄子·徐无鬼》。后常比喻难得的东西。

　　[7] 山阳闻笛，典出向秀《思旧赋》，比喻沉痛怀念故友。

　　[8] 陈棨仁，里居、阅历见子部《小演雅序》注。

[9] 拂庐雪，出自明代何景明的《胡人猎图歌》诗句："月高琵琶海西城，拂庐雪干氍毹轻。"

[10] 星变，星象的异常变化。古时谓将有凶灾。

[11] 欷，抽泣。

[12] 薇省，唐代官署紫薇省的简称。借指中枢机要官署。

[13] 孙琴西，即孙衣言（1814—1894），字绍闻，号琴西，晚号逊披，斋名逊学，清代浙江瑞安人。道光三十年（1850年）进士，授编修，光绪间，官至太仆寺卿。生平努力搜辑乡邦文献，刻《永嘉丛书》，筑玉海楼以藏书。著有《逊学斋诗文钞》。

[14] 许海秋，即许宗衡（1811—1869），字海秋，号我园，江苏上元县（今南京市）人。咸丰二年（1852年）进士，改庶吉士，历官起居注主事。有《玉井山馆文集》。

[15] 亨父张氏，即张际亮（1799—1843），字亨甫，号华胥大夫、松寥山人，清代福建建宁人。年少即负盛名，道光九年（1829年）参与重修《福建通志》，道光十五年（1835年）中举人，然一生未入仕。创作诗文上千卷"万余首"，为鸦片战争时期享有盛誉的爱国诗人，与魏源、龚自珍、汤鹏并称为"道光四子"。其诗作主要辑录于《松寥山人集》、《娄光堂稿》等。

[16] 壹郁，沉郁不畅。多指情怀抑郁。

[17] 叶大焯（1840—1900），字迪恭，号恂予，清代福建闽县（今福州）人。同治七年（1870年）进士，改庶吉士，翰林院侍读学士，授编修，会试同考官、赞善、湖北乡试正考官。归里，主讲凤池书院、正谊书院。

[18] 燕飨，亦作"燕享"。是指以酒食祭神，泛指以酒食款待人。

[19]《鹿鸣》、《天保》、《桑扈》、《鸳鸯》、《鱼藻》、《采菽》诸篇，均为《诗经·小雅》里面的古诗。

[20] 尹吉甫（前852—前775），即兮伯吉父，西周封矩（今沧州南皮）人。周宣王的大臣，军事家、诗人，据说是《诗经》的主要采集者。张仲，字广明、号仲甫，河北清河人，周宣王时卿士。尹吉甫饮御张仲，即《诗经·小雅·六月》所咏："吉甫燕喜，既多受祉。来归自镐，我行永久。饮御诸友，炰鳖脍鲤。侯谁在矣，张仲孝友。"

[21] 申伯之入谢，周宣王之母舅申伯，受封于谢，尹吉甫为申伯送行，写诗赞美，即《诗经·崧高》。

[22] 樊侯之徂齐，周宣王派仲山甫去齐地筑城，临行时尹吉甫作诗赠之，诗歌赞扬仲山甫的美德和辅佐宣王的政绩。即《诗经·大雅·荡之什》的《烝民》。樊侯，即仲山甫。周宣王元年（前 827），受举荐入王室，任卿士，位居百官之首，封地为樊，故以樊为姓，称樊侯。

[23] 河梁五字，典出明邵璨《香囊记·寄书》："别离情况，愁断河梁五字诗。"五字诗，即五言诗。苏李，是指西汉的苏武、李陵二人，其相互赠答的的诗歌体裁被称为"苏李体"，由于这批诗大都是五言诗，所以有人认为他们是五言诗的创始之作。

[24] 潘、陆、颜、谢，西晋文学家潘岳、陆机和南朝宋文学家颜延之、谢灵运的并称。

[25] 亲识，犹亲友；亲近熟识。

[26]《伐木》，《诗经·小雅》的一首，是抒写宴请亲朋故旧的诗歌。

[27] 孙衣言，号琴西，里居、阅历见本篇"孙琴西"条注。

[28] 林颖叔，即林寿图（1809—1885），初名英奇，字恭三、颖叔，别署黄鹄山人，清代福建闽县（今福州市）人。道光二十五年（1845 年）进士，官工部主事，历军机章京、员外郎、监察御史、给事中、顺开府尹等职，官至山西布政使。光绪七年（1881 年）返榕，主讲鳌峰书院。

[29] 戊辰，即同治七年（1868 年）。

[30] 许宗衡，字海秋，里居、阅历见本篇"许海秋"条注。

[31] 元遗山，即元好问，字裕之，号遗山，金、元之际著名文学家。

[32] 王轩（1823—1887），字霞举，自号顾斋，晚年或署壶翁，清代山西洪洞人。道光年间举人，同治年间进士，任职兵部。同治八年（1869 年）离京，应聘主持运城宏运书院。光绪三年（1877 年），总纂山西省志，并主晋阳书院。著有《顾斋诗集》等。

冠悔堂赋钞序（二篇）

《冠悔堂赋钞》四卷，杨浚撰。

　　杨浚，里居、阅历见子部《小演雅序》。杨浚著述存目有二十多种，该书为其主要著述《冠悔堂全集》之一种。该书有陈宝琛题名，内封面镌有"光绪壬辰季秋开雕"，即始刻于光绪十八年（1892年）。卷首有光绪十九年陈榮仁、叶大焯的序，当于是年完成刊印。卷一收拟古赋17篇，其余各卷均为典赋，共收赋142篇。今尚存，光绪十八年刻本藏国家图书馆、上海图书馆、南京图书馆、厦门市图书馆、泉州市图书馆、福建省图书馆、辽宁省图书馆、中科院、福师大图书馆等。本序录自光绪十八年刻本。

陈　序

[清]　陈榮仁

　　谁昔郿鼎沦泗[1]，雅风寝声，荆累怀沙，些只缀响。兰陵体物之什，列在儒家[2]；宋玉登高之辞，冠乎集略[3]。古诗之流，兹其朔矣。嬴烬既炮，赤精乃光。竖儒不坑，斯文犹在。长沙谪传，芬其投汨之篇[4]；临邛酒佣，富有凌云之气[5]。扬班踵武，左陆代兴[6]。汉晋之间，其揆一耳。江南风流，剧于典午[7]；唐始丽藻，未更永明。大抵沼洄陵信，排比王杨。构思涔蹄，撮胜雪月。采丰于正始，骨弱于汉魏矣。洎乎神龙以后，律体肇兴，贞元而还，闽材间出。于时纬乾还珠[8]，去来得诸神助；行周明水[9]，龙虎蜇其英声。文江名章，布在杨录；厚象隽制，副乎诫文。新词探龙，金书渤海之幛；小集麟角，名香江南之春。先民有作，来者可追也。观其组纂八韵，经纬尺幅。疏密剂其格制，宫徵调乎唇齿。擅场于起结之际，争工乎章句之间。固未足攀附，骚士舆伫京都。比响箫笛之音，振华征殿之笔。然而秦筝赵瑟，不辍韵于鸣廉修营；轻纨香罗，讵掩美乎山龙黼绣。诗有试律，而沈宋[10]亦称大家；文有制艺，而王唐[11]非无巨擘。况乎沿自宋，以逮熙朝。令甲悬为规绳，士子奉若圭臬。斯亦六义之余波，八吟之极轨矣。

雪沧先生，生于闽而工于赋者也。逸气云上，隽才飙驰，托体既高，食古能化。或仵兴而就寂寥乎短篇，或仵笔而书唐皇乎巨制。偶然拟古，笑太白之类俳；刻意伤春，比安仁而尤怨。兼六代之藻而振其靡，规三唐之格而汰其率。孔门用赋，定在升堂入室之班；南人好文，抑亦枚速马工之亚也。不佞少涉篱藩，壮惭璆刻。凤吐无梦，虫雕匪工。未谐摩空之声，终受倒绷之诮。而酸咸之嗜，不垂于长者；詅痴之符，曾辱乎元晏。迨翻洪藻，弥触前尘。辄为籯泽升降之原，知其有合乎古；发明浏亮之旨，知其不鳌[12]乎今。缃素未沫，金石有声。傥合《金策扬言》[13]之编（先生所自刻赋），自足裒为一集。谁谓《闽南唐赋》[14]之外（先生手辑），不可别本单行也哉。

光绪癸巳日躔鹑首[15]之次，表愚侄、晋江陈棨仁拜撰

叶　序

［清］叶大焯[16]

观察雪沧杨君之诗，余既序而行之矣。君之令子复辑君赋四卷镂版，丐余言。受而读之，沉浸酖郁，各体兼备，洵能取材两汉、

追轨六朝，而源入唐贤之室者也。刘彦和[17]曰："赋者，铺也。铺采摛文，体物写志也。"盖诗以情胜，赋以文胜。诗为赋之发源，赋为诗之流别。以君闻见殚洽，蓄积而发，工为诗歌，其优于赋，特余绪耳。曩者君刊《闽南唐赋》，津逮艺林，有邦先正文采，赖以不坠。他日有广君之志，续编闽赋者，是集固铁网中珊瑚也。将不唯有光家乘已也。是为序。

　　光绪十九年癸巳季夏中浣[18]，愚弟叶大焯顿首拜撰

注释：

　　[1] 郏，古地名，周朝东都，旧址在今河南省洛阳市境内；郏鼎沦泗，相传我国夏朝时禹铸造九鼎，以体现夏王朝的王权至高无上。后成汤迁九鼎于商邑，周武王迁之于洛邑。秦灭周前，鼎沦没于泗水彭城下。

　　[2] 兰陵，指荀子，名况，字卿，战国时期思想家，曾任楚兰陵（今山东兰陵县）令。荀况的《赋篇》首次以赋名篇，以赋的形式体物言情。

　　[3] 宋玉，又名子渊，战国时期鄢（今湖北宜城）人。楚国著名的辞赋家。其《招魂》一赋，乃其登高生愁的心绪发端，故有宋玉为"伤高怀远"之鼻祖的说法。

　　[4] "长沙谪传……"句，指贾谊所作《吊屈原赋》。贾谊（前200—前168），洛阳（今河南洛阳东）人，西汉初年著名政论家、文学家。少有才名，汉文帝时任博士，受排挤谪为长沙王太傅，故后世称贾长沙。其谪去时，及渡湘水，历屈原放逐之地，对这位竭诚尽忠以事其君的诗人深致伤悼，遂作此赋。

　　[5] "临邛酒佣……"句，指司马相如与卓文君私奔，在临邛开设酒档的故事。司马相如（约前179—前118），字长卿，巴郡安汉县（今四川蓬安县）人。西汉辞赋家，中国文学史的杰出代表。

　　[6] 扬班，汉代文学家扬雄和班固的并称；左陆，当指左思与陆机。左思（约250—305），字太冲，齐国临淄（今山东淄博）人。西晋著名文学家，其《三都赋》颇被称颂。陆机，陆机（261—303），字士衡，吴县（今江苏苏州）人，西晋著名文学家、与其弟陆云并称"二陆"。

　　[7] 典午，"司马"的隐语。晋帝姓司马氏，后因以"典午"指晋朝。

[8] 纬乾还珠，纬乾，即林藻，字纬乾，唐代福建莆田人。少时，和弟林蕴及晋江欧阳詹读书于南山灵岩精舍（今广化寺）。励志攻文。唐贞元七年（791年），赴省试，所作《合浦还珠赋》，辞彩过人，极受主考杜黄裳的赞赏，因登进士第。后官至殿中侍御史、江陵刺史。

[9] 行周，即欧阳詹（755—800），字行周，唐代福建晋江人。贞元八年（792年），进士及第。贞元十五年（799年）授予国子监四门助教；明水，指当年科试题目《明水赋》。欧阳詹为史上闽南首位中进士者，对福建产生深远的影响。其后，福建文士始慕读书，儒学风气自此振兴。

[10] 沈宋，即初唐武后时期的宫廷诗人沈佺期、宋之问的并称。

[11] 王唐，即明代制艺名家王慎中、唐顺之的并称，嘉靖初年的当代古文运动代表。

[12] 戾，古同"戾"，乖违。

[13] 《金策扬言》，一卷，杨浚撰，同治二年刊本三册。另有同治三年三山吴玉田刻本，附评语一卷首三卷，三册。

[14] 《闽南唐赋》，六卷，杨浚辑。

[15] 日躔，太阳视运动的度次。《元史·历志一》："列宿著於天，为舍二十有八，为度三百六十五有奇。非日躔无以校其度，非列舍无以纪其度。"鹑首，星次名。指朱鸟七宿中的井宿和鬼宿。此处指农历五月上旬。古代认为太阳至鹑首之初为芒种。芒种在五月初，故称。鹑首，指农历五月上旬。

[16] 叶大焯，里居、阅历见《冠悔堂诗钞序题》注。

[17] 刘彦和，即刘勰（约465—520），字彦和，南北朝梁代人。中国古代伟大的文学理论家，以一部《文心雕龙》奠定了在中国文学批评史上的地位。"赋者……"句，出自其《文心雕龙·诠赋》。

[18] 中浣，唐代定制，官吏十天一次休息、沐浴，每月分为上浣、中浣、下浣，后来借作上旬、中旬、下旬的别称。

冠悔堂骈体文钞序跋（三篇）

《冠悔堂骈体文钞》六卷，杨浚撰。

杨浚，里居、阅历见子部《小演雅序》。杨浚著述存目有二十多种，该书为其主要著述《冠悔堂全集》之一种。内封面镌有"光绪癸巳孟春开雕"，即始刻于清光绪十九年（1893年）。卷首有光绪二十二年（1896年）张景祁的序和光绪二十一年张亨嘉、傅以礼的序，故当完刊于光绪二十二年。全书收杨浚的骈体文共151篇，卷一收折、序、引，计23篇；卷二收论、传、祭文、表、书、启、颂、赞、铭，计44篇；卷三、卷四收序34篇；卷五收序、弁言、墓志铭、诔文，计15篇；卷六收祝寿文、祭文、呈文、檄文、疏文、启文，计35篇。今尚存，光绪十九年至二十二年刻本藏国家图书馆、上海图书馆、南京图书馆、厦门市图书馆、泉州市图书馆、福建省图书馆、中科院、福师大图书馆等。本序录自光绪刻本。

张　序

[清] 张亨嘉[1]

余始识杨雪沧先生于福州正谊书局[2]中。局为闽督左文襄公重刊先贤遗书，公总领局事。余亦分任校勘，故得乐数晨夕也。嗣公从左公西征军中，逾年浮海为赤嵌游，复从义州李子和[3]制帅于厦门，部勒[4]乡人子弟为团营。余则跧伏田庐久之，始北游大梁，留滞周南，旷不相接十余年，间惟偶一再见而已。

光绪癸未[5]，余归自京师，始得与公数数相见，而公子季鹿茂才尤喜与余论文，余于是知公之诸子能趾美名父世其业矣。洎余于役楚南，犹时时相问讯。忽得季鹿书，则公已成古人。余既伤故人之奄逝，然未尝不念公诸子之贤，必能守公遗书以无貫坠也。

岁甲午，与公子希沧孝廉相见于京师，以大集数种见贻。余受而卒业，乃仰而言曰：士之怀抱利器，锐欲有所为于时，而其功有成不成，言有传不传，其命也欤哉！方左公帅师救闽，公独上书陈兵事数千言。左公辟公参军事，相从入秦，几于行军司马长史之任。遽以妻丧归，不复出。李帅尤器公，既以下游防务相属。会抚局成，公又翛然去矣。夫士之硁硁自守者无论已。若公才足以治三军，而功不著于边；论足以维国是，而位不显于朝，此又何说欤？余以谓公苟大用于时，其纂述必不能如是之富。今虽仕宦连蹇，志不获伸，而文章必得名于世，君子固不以彼易此也。然则功之宜成而不成，与言之卒以有传，渠皆非命耶？

公喜藏书，所收宋元椠本最富。嗜学老而不倦。诸子濡染家学，举于乡，充明经、茂才，皆绩学能文。公殁仅数年，遗书已次第剞劂告藏，足为博雅好古、百年食报之盛事矣。希沧属余序公骈文，余因推论公出处大节，并及聚散离合之迹，盖不能无交游零落之悲，而又幸慰公之有后也。遂书而归之。

光绪乙未嘉平月，侯官张亨嘉拜序

张　序

［清］张景祁[6]

侯官杨雪沧先生，天才卓砾，博极群书，著述等身，雄视海内。主东南坛坫者垂四十年，鸿笔巨儒、缀学文徒奔走门下，仰之若岱宗斗极。祁到闽后，神交十稔，宦辙星驰，未及面也。岁丁亥[7]，移宰晋江，先生回籍省墓，始通缟纻[8]。嗣是邮筒往复无虚日，因得读所为诗文。类皆胎息醇古，吐纳闳深，而于骈体尤擅胜场，由其胸次浩博，综贯源流，属比既精，光熖腾踔，昌黎所谓"沉浸襛郁，含英咀华"，庶几近之矣。

窃维骈俪之作，滥觞二京，六代三唐，厥体益盛。维时阙廷诏书、台省笺奏，悉以偶句行之。浸至蛙淫啴缓，气骨顿衰，为古文家所诟病。不知奇耦相生，天道人文并著两间，平章协和，肇自虞典[9]；觏闵受侮，载于风诗[10]，征文隶事，谁能废之。然非具沉博绝丽之才、超心炼冶之笔、上下驰骋之气、质文酌剂之用，则亦如湿鼓腐木，形干具而神采铄，适成为卑靡之体格而已。今观先生所著，窈然而深、颢然而皜、嶭然而挺，特以视迦陵、天游、小仓诸家之訏訑曼衍若渭泾，然是真能独树一帜者，即曰掩班扬、跨徐庾[11]，岂得谓阿私所好乎哉？呜呼！先生往矣！风流文采，照耀犹昔。哲嗣幼雪、希沧、季鹿诸君绍承先志，镂版以行，信今传后，夫复奚疑。刊既成，乃欢喜赞叹而为之序。

光绪二十有二年仲春之月，钱塘张景祁撰。

傅　跋[12]

［清］傅以礼[13]

《冠悔堂集》者，侯官杨雪沧观察之遗著也。观察既归道山之五年，哲嗣幼雪明经、希沧孝廉裒其诗若文共若干卷，以墨诸版，而问序于余。余不能文，何足以序斯集？惟念二十余载交谊，相知最深，追溯前尘，有不能已于言者，因不辞覼缕而为之跋。

在昔同治癸酉[14]春，晤君于陆存斋[15]观察座中，一见如故。知余方校勘先忠肃集，承以旧钞残本见贻，此为订交之始。洎光绪乙酉、丙戌间，余两次榷税临漳，君适在彼掌教，昕夕过从，相得益欢。而搜罗金石，又雅有同好，且不以余为穿陋。每有著作，辄以见视。余偶参末议其文，虽已登梨枣，罔勿点窜征订，务衷于是。见余所辑《二十四史备补》暨《傅子重集》本，即假归录副。每叹其虚心广益，析疑赏奇，为不可及。会余编次《续得石墨》为二集，君为作长歌以纪其事。而君撰《漳州杂咏》，则余为题端并系以二绝句。盖不仅时共谈艺，即尺一往还，亦日恒三四昏暮。叩门两家臧获[16]皆闻声知之，友朋踪迹之密，当无逾我两人者矣。

庚寅[17]春，余在会垣，君又有鹭门之役，赋诗书箑留别，方期归时，重结古欢。乃未数月，遽以赴闻，犹忆暇日与君纵谈，偶及同辈知交凋零殆尽，因共伤迟暮，将来先作古人不知为谁，相与欷歔者久之。曾几何时，言犹在耳，讵料余竟为后死友也。

客岁先集刊成，当以新椠及原赠本付哲嗣辈藏庋，惜君已不及见矣。至今读君集中见赠诸什，老泪犹涔涔下也。君诗才超逸，文笔尤敏捷，工篆书及八分。自少至老，淡亡他嗜好，独矻矻文字间，于书无所不窥。然亦留意当世之务，不欲以文人自囿，故登贤书后直薇省，未久尝从戎陕右，佐左文襄相国幕府，司饷糈事立办。迨再落南宫，虽以釀资助振议叙，得监司而无力谒选，遂里居授徒课子不复出。历主漳州丹霞、霞文，厦门紫阳，金门浯江各讲席。课业之余，举生平阅历之所得，方言俗语之所征以及山川名胜足迹所经，磅礴郁积于胸中者，悉发之于诗与文。又为一切考据之学，凡朝章国故、士习民风，无不采摭纂详，裒然成帙，藉以启迪后学。此其见闻所以日扩，著述所以日富也。诗文两集而外，尚有《楹语》、《岛居随录》、《续录》、《三录》、《金策扬言》、《小演雅》、《闽南唐赋》、《闽竹居》各种，均已刊行。晚年颇耽禅悦，并有佛经诸刻，不在是列。至于此集之足传与否，播之艺林，夫固有目共赏，初无待余之赘言云。

　　光绪二十有一年岁次乙未喜平既望，大兴傅以礼节子拜跋

注释：

[1] 张亨嘉（1847—1911），字燮钧，号铁君，清代福建侯官（今福州市）人。光绪九年（1883 年）进士。选庶吉士，散馆授编修。历国子监司业、右春坊右中允、司经局洗马、翰林院侍讲、太常寺少卿、京师大学堂总监督、光禄寺卿、都察院左副都御史、兵部右侍郎等职，官至礼部左侍郎、玉牒馆副总裁、经筵讲官。

[2] 正谊书局，址在福州城内新美里（今城内黄巷），是闽浙总督左宗棠在清同治五年（1866 年）所创立。书局以校、刊理学总集为主要任务，选举人和五贡百人入局工作，共计刻成书籍五百二十五卷，总名为《正谊堂全书》。改制为正谊书院，院址选在福州骆舍铺（今东街口），今建筑尚存。

[3] 李子和，即李鹤年（1827—1890），字子和，号雪樵，清代奉天义州（今辽宁义县）人。道光二十五年（1845 年）进士，选庶吉士，历官御史、给事中、按察使、布政使等职，同治十年（1871 年）任闽浙总督兼署福州将军，其间筹防厦门。十三年兼署福建巡抚。官至河东河道总督，授兵部尚书衔。

[4] 部勒，统御、指挥。

[5] 光绪癸未，即光绪九年（1883 年）。

[6] 张景祁（1827—?），原名左钺，字蘩甫，号韵梅（一作蕴梅），又号新蘅主人，清代浙江钱塘（今杭州）人。同治十三年（1874 年）进士。曾任福安、连江等地知县，光绪十三年（1887 年）任晋江知县。晚年渡海去台。工诗词，是晚清词坛上一位颇为独特的词人。

[7] 丁亥，即光绪十三年（1887 年）。

[8] 缟纻，典出《左传·襄公二十九年》："〔吴季札〕聘于郑，见子产，如旧相识。与之缟带，子产献纻衣焉。"后因以指朋友间的互相馈赠，亦喻深厚的友谊。

[9] 平章协和，典出《尚书·虞书·尧典》："九族既睦，平章百姓。百姓昭明，协和万邦。"意为：氏族和睦，明察表彰激励百官。百官协调理顺了，各个邦国随着和睦统一起来。虞典，指《尚书·虞书》。

[10] 觏闵受侮，典出《诗·邶风·柏舟》："觏闵既多，受侮不少。"意为：遭遇痛苦已经很多，受到侮辱也已不少。风诗，指《诗经》中的《国风》。

[11] 班扬，即汉代班固和扬雄的并称，二人以擅辞赋著名；徐庾，指南

北朝梁后期徐摛和庾肩吾的并称，二人以写艳体诗闻名。

　　［12］傅跋，原本题为"冠悔堂诗文集跋"。

　　［13］傅以礼（1827—1898），原名以豫，字戊臣，又字节子，号小石、节庵学人。清代浙江山阴（今绍兴）人，原籍大兴。同治初捐官县丞，分福建任长吏，署福州府事，加盐运使。同治十三年（1874 年）任台湾府海防兼南路理番同知。

　　［14］同治癸酉，即同治十二年（1873 年）。

　　［15］陆存斋（1834—1894），陆心源，字子稼，一字刚甫，号存斋，晚号潜园老人，浙江归安（今湖州）人。清季著名的四大藏书家之一。清咸丰九年（1859 年）举人。曾官广东南韶兵备道，调高廉道，后署福建盐法道。同治十三年（1874 年）去职，光绪十九年（1893 年），原职，委上海稽查招商局事。

　　［16］臧获，古代对奴婢的贱称。

　　［17］庚寅，即光绪十六年（1890 年）。是年杨浚卒于厦门。

冠悔堂楹语序

[清] 杨　浚

《冠悔堂楹语》三卷，杨浚撰。

杨浚，里居、阅历见子部《小演雅序》。杨浚著述存目有二十多种，该书为其主要著述《冠悔堂全集》之一种。其内封面镌有"光绪甲午孟冬开雕"，即始刻于清光绪二十年（1894年）。卷首有其自撰小序。卷一为集句（附集字）、祠庙（附斋坛）；卷二为公廨（附书院会馆）、第宅（附市廛岁时）、酬赠、祝嘏、喜庆；卷三为哀挽（附坟茔），共分为八类。是书尚存，有光绪二十年刻本藏厦门市图书馆、南京图书馆、福建省图书馆、福师大图书馆、中科院、北大图书馆等。本序录自光绪二十年刊本。

楹语，小道也，奚足述？述之以志一时交游，且有轶事藉可钩稽。惟纪事非隶典则不文，生平鸿爪雪泥，记忆所及，略为之注。素所代拟，抛弃不少，间有语属平庸，姑存其事。亦有撰而未用，或经友人涂乙者，统录三卷，分为八门，以备去取云。

杨浚识

闽南唐赋序

[清] 胡凤丹[1]

《闽南唐赋》六卷附《考异》一卷，杨浚辑。

杨浚，里居、阅历见子部《小演雅序》。该书辑有唐代闽南籍文士所作的赋 144 篇。内封面镌有"光绪丙子孟秋月重镌"，即始刻于光绪二年（1876 年）。卷首有胡凤丹之序，其后为闽南唐赋十二家小传。卷一收陈诩、林藻、欧阳詹、潘存实、陈去疾、陈黯、林滋各赋 22 篇，卷二、卷三各收王棨赋 23 篇，卷四收徐寅赋 28 篇，卷五收徐寅赋 23 篇，卷六收黄滔、韩偓、江妃各赋 25 篇。后附《考异》一卷，为胡凤丹所作。今尚存，有清光绪二年（1876 年）重刊本藏上海图书馆、云南省图书馆、福建省图书馆、浙江省图书馆、北师大图书馆、清华大学图书馆、福师大图书馆、香港中大图书等。本序录自光绪二年重刊本。

同治辛未[2]夏四月，林颖叔[3]方伯由陕藩奉讳归闽。杜门读礼，时与杨舍人雪沧[4]诸君子商量旧学，讨论往还，著有《冶南诗薮》若干卷。而雪沧手辑《闽南唐赋》，稿脱而未梓行。

光绪乙亥[5]，颖叔服阕将入觐，假道于鄂。濒行，出雪沧所辑《唐赋》示余，曰："赋，莫盛于唐，作者不皆闽产。是赋之辑，人有议雪沧为隘且私者，君谓何如？盍任校刊之役？"余曰："《国风》所载始《邶》迄《曹》，其诗率采之本国，而各以其国名篇。不闻采风者，废列国之名，而概统之于王风也。况雪沧闽人也，以闽人而瓣香于闽之乡前辈，谁曰不宜？"犹忆余向者有《金华丛书》之刻，盖与雪沧私淑雅意不谋而合焉。

　　夫天下者，各行省之积也。自古迄今，何省无才，即何省不有
著作？假令各省士皆如雪沧不没其乡先哲遗文，无论刻有专集及散
见于他集者，靡不旁搜博采，汇为一编，付诸剞劂，以公同好，将
散之为千狐之腋而集之为千金之裘，闭门造车，出门合辙，骎骎乎
汗牛充栋成大观焉，独《唐赋》也哉。

　　我朝沿明旧制，乡会试以制艺取士，而恭遇殿廷各试，则以赋
命题者居多。余谓制艺如敲门砖，开即弃之，而赋则不然。盖赋
者，古诗之流，自六朝以来未之或废。苟有佳作，便可历劫不磨。
然则雪沧是编，可不寿诸手民，为士林之先导乎？按雪沧原辑《十
二家赋》，据《全唐文》本。余校是书，间有异同，复检《文苑英
华》历代赋汇及本人各集，分别考订，往往篇中之句，句中之字，
歧异颇多。刻既成，谨撰《考异》一卷，附诸卷末，以质雪沧，并
以简颖叔云。

　　时光绪二年秋七月，永康胡凤丹月樵甫识于鄂垣之退补斋

注释：

　　[1] 胡凤丹（1828—1889），初字枫江，后字齐飞，号月樵，别号桃溪渔
隐，清代浙江永康溪岸人。咸丰五年（1855年）捐官入光禄寺署正眼法，次
年，荐为兵部员外郎。同治六年（1867年）应湖广总督之邀，创办崇文书局，
领补用道衔，为书局督校。光绪元年（1875年），任湖北督粮道。三年，解组
归田，筑十万卷楼，杜门著述，编《金华丛书》。

　　[2] 同治辛未，即同治十年（1871年）。

　　[3] 林颖叔，林寿图（1809—1885），初名英奇，字恭三、颖叔，别署黄
鹄山人，清代福建闽县（今福州市区）人。道光二十五年（1845年）进士，
历工部主事、员外郎、监察御史、开封府尹、陕西布政使、山西布政使等职。

　　[4] 杨舍人雪沧，即杨浚，字雪沧。

　　[5] 光绪乙亥，即光绪元年（1875年）。

鹭门同咏集序跋（二篇）

　　《鹭门同咏集》，周揆源纂辑。

　　周揆源（1789—?），原名周镳，清代湖北沔阳（今仙桃市）人。道光六年（1826年）进士，授刑部主事，升郎中。道光三十年（1850年）出知福建建宁府，咸丰元年（1851年）改邵武府知府。历署福建延建邵道、兴泉永道。同治二年（1863年）任福建督粮道。同治四年被革职。回乡为聚奎书院主讲。著有《听春草堂诗钞》二卷。该书乃周揆源七十大寿时，属吏与厦门地方士绅的和韵祝寿诗，其中有陈骏三、苏瑞书、陈廷荣、陈廷芸、林鄂翔、曾瀚、方兆福、胡承烈、陈炳坤、林朝邦、孙长龄、杨凤来等厦门本地籍人士。是书今尚存，清同治二年（1863年）刻本藏厦门同安区图书馆。本序录自该本。

自　序

［清］周揆源

　　咸丰癸丑春，余在樵川[1]，时值周甲生辰，郡人士多称祝焉。余自作诗八章，和者数十家，刊入《蕉堂同咏集》。迨丁巳之变，板毁于火，卷帙亦仅有存者可慨也。忆曩时，粤匪甫扰吴、楚，而江、闽之间安堵无哗，关以内肃然也。樵郡自有宋严沧浪、黄元镇二公以诗鸣。国朝周栎园侍郎驻军郡垣，乃搜刊二家诗，传之海内，家各有集。厥后，骚坛继起，代不乏人。余下车时，时尚有守先辈声律卓然可观者。其时,政简民安,课士之暇,相与博采旁搜,追论宗旨,窃幸士敦诗书、户习弦诵,领郡是邦,差免俗吏之诮矣。然余非癖于诗,亦不求工于诗也。每见仕宦嗜吟咏,辄援元白作郡,寄与湖山、耽情风月为韵事,不知古今人不相及,且时地攸殊,何能易廊庙而山林等冠履于泉石耶?

余供京职有年,得诗三千余首,选入《听春诗钞》仅三百余首,大都秦、晋、燕、赵、吴、楚、齐、豫得之。輶轩所及,居多鸿雪留题、山川寄慨,藉以慰旅况而志寄托耳。入闽后,兴之所至,偶一拈韵,如闻警有诗,伤时变也;凯旋有诗,叶师贞也;怀友有诗,念故旧也;弄璋有诗,娱衰老也,此外无诗也。少年慕天下名山,思一游,目骋怀尽兴而返。乃咸阳道中登华岳有诗,仅涉松柯坪而还。他岳亦舟船经过得之。近瞻远瞩,徒殷仰止,至今犹怅怅焉。鹭门,亦闽南观海地也。人且谓五岳归来,十洲在望,携谢朓惊人之句。渺沧海而小蓬瀛,在所游也。讵知去秋莅任,纷纷案牍,如理乱丝;叠叠军书,似驰疾羽,搁笔又数月矣。

大抵天生诗人当有位置。诗人之地如唐、宋名家,大半事权不属游心物外,始成诗名而享诗福,余何敢望焉。嗟嗟!光阴荏苒,余年又七十矣。回忆十年中,屡参戎政,备历艰辛,固职分所当尽。而事过境迁,恍惚如梦,殆泛海之舶,茫无津涯;下濑之舟,任其激荡,听所止而休也。志中流自在,难忘骇浪之形,倦鸟知还,安有迁乔之志?感怀之作乌能已耶?诗成质之同人,逾月和章迭至,且多邮致之章。乃嘱陈南金广文校订成帙。校毕请于余曰:"是可继《蕉堂集》传也。"余应之曰:"余非征诗也,称祝亦非敢当也,唯披阅诸作,益信海邦邹鲁,不乏人材;玉屏英灵,每钟佳士。宦游斯土者,扬风扢雅,亦资历江山之助,既唱且和,其事可志也。"爰付剞人,题曰《鹭门同咏》,亦"蕉堂"题名意也。唯诸作揄扬之词,奖誉过当,何异以支流喻河海,众山比泰岳,名实纪莫能副也。披是篇者,幸勿泥于词焉,可也。

同治二年癸亥岁秋日，沔阳周揆源叙

后　跋

[清]　陈骏三[2]

　　和韵诗创自元白，盛于皮陆[3]，近今应酬诸作尤多用之。然其诗以韵为主，以意相从，必所咏者之文章事业，足以供人扬厉而后善，有征而可信，言虽大而匪夸也。今我观察周公，以名进士扬历中外。近四十年其性情见之诗歌，其经济征之政事，其振拔单寒、扶持善类之深心，则尤不啻若自其口出。岁癸亥元宵前，为公七十大庆。三郡穷乡僻壤诸父老，感公德禠，负走数百里，愿登堂而上寿。公闭门谢客，自为寿诗八章，叠六十自寿原韵，属吏及绅士以不获称觞，咸乐和之，效嵩祝焉。诗成，乞梓之，公辞不获，属三校订。读之，如砍如何之树，随刀改味；又如观舍利状，言人人殊。诗之韵虽同，而立言则各极其才而尽其变。于是诗之意境开辟而不竭，诗之理趣发泄而无余。然而公之生平实事则究非笔墨形容所得而罄也。校毕，谓三不可无言，爰不揣固陋，谨缀数言于末。

　　同治二年癸亥秋，建宁县教谕陈骏三谨跋

注释：

　　[1] 樵川，邵武的别称。

　　[2] 陈骏三，字南金，号良田，清代同安县厦门人。道光二十四年（1844年）恩科乡荐。海澄黄德美之乱，因防剿出力，被授建宁县教谕，后为金门浯江书院主讲。太平军据漳州，奉檄办团练，事平后，督师左宗棠上奏加封四品顶戴。

　　[3] 元白，指中唐诗人元稹与白居易的并称；皮陆，晚唐诗人皮日休与陆龟蒙的并称。

后苏龛诗钞自序

［清］施士洁

《后苏龛诗钞》十二卷　施士洁撰。

施士洁（1855—1922），字云舫，号芸况，又号喆园，晚年号耐公、耐道人，清末台湾台南人，原籍晋江。清光绪三年（1877年）进士，官工部郎中。无意仕途，辞官归。光绪二十一年（1895年）割台，携眷内渡，居厦门。宣统三年（1911年）任马巷厅通判。民国改元，曾受聘入福建修志局。晚年寄居鼓浪屿林菽庄家，日与名流唱和，卒于鼓浪屿。其生辰与苏轼同日，尝以苏氏再世自况，故各种著作皆冠以"后苏龛"，有《后苏龛文稿》、《后苏龛诗钞》、《后苏龛词草》三种书稿存世。其逝世后，菽庄主人欲辑为《后苏龛集》镂刻出版，然其后人未能同意，携稿返回台湾，一直深藏家中，未曾刊行。1964年，台湾学者黄典权始在施氏后人处发见这些遗作，经多次商洽，终于全部购得。黄典权以《后苏龛文稿》、《后苏龛诗钞》、《后苏龛词草》三种定稿为基础，另就其他诗文稿中，选其有关台湾史料者，作为"补编"，合编为《后苏龛合集》，列入《台湾文献史料丛刊》，为第三辑。其中《后苏龛诗钞》十一卷，卷五全卷佚失。《丛刊》编者就他稿选加《补编》一卷，为光绪六年至十年前后之吟篇，合为十二卷。所收古今体诗，大体按时日排比，多为内渡后所作，而内渡前诗稿因散失，所存者仅及三卷。《后苏龛诗钞》有施士洁自序一篇，本序录自《台湾文献史料丛刊》。

耐道人赋性疏率，少而壮，壮而老，每一枨触，□□□吟。而感而辄作，作而辄弃者，糊窗覆瓿，□□□□□亦斯之未能信耳。自乙未[1]弃家内渡，余□□□□□荡然。丙申以后，始稍稍追忆旧作，随手辄□□□□□，近作亦渐收存。非最谓□锦囊□□，而□□□□□谷一生可叹可怜可□□□□将□□□□业，迄无一成，研□□□□综亦秃思之能□□然耶？故山遁迹，罕履城市，苍凉阒寂之区，殆无□足以语此。回念海东诸子，死生离聚于浩劫中□，如隔一世，则又幡然于昔者之自失其稿为重可惜也！□岩花自开，谷鸟自鸣，第吾心之所谓诗，世之好我□我成者，听之而已。

　　光绪庚子[2]重九日，耐道人施士洁□□□□□岑二松寄庐

注释：

　　[1] 乙未，即光绪二十一年（1895 年）。

　　[2] 光绪庚子，即光绪二十六年（1900 年）。

啸虹生诗钞序（三篇）

《啸虹生诗钞》四卷、《续抄》三卷，丘炜萲撰。

丘炜萲，里居、阅历见子部《菽园赘谈序》篇。是书乃丘炜萲的主要两部诗集之一，由丘炜萲亲自编订，约刊刻于民国十一年（1922年），有康有为于是年所作之序。《诗钞》四卷，按写作时间编排。卷一起光绪十六年（1880年）至二十五年，为十七至二十六岁所作；卷二起二十六年（1900年）至三十年，为二十七至三十一岁所作；卷三起三十一年（1905年）至三十三年，为三十二至三十四岁所作；卷四起三十四年（1908年）至民国六年（1917年），为三十五至四十四岁所作。《续抄》三卷，乃检《诗钞》未录之稿以续。卷一起光绪十六年（1880年）至三十年，卷二起三十一年（1905年）至民国六年（1917年），卷三不分年次。今尚存，有铅印线装本，藏厦门市图书馆等处。本序录自该本。

康　序[1]

［清］康有为[2]

生海外蛮荒之地，当冠岁绮靡之年，遭君国非常之变，而能毁家纾难、指困赠周瑜[3]者，难其人矣。假若其人未必能卓荦观群书、华妙工词章也，吾门人海澄丘炜萲菽园乃兼而有之。当庚子之变，吾游星坡，主菽园之家。唐才常举义师[4]，实赖焉。党人多托命于菽园，虽不幸败，而忠义之气、雄杰之姿，与张良之破产救

［刺］秦[5]，奚异焉！太白曰："子房未虎啸，破产不为家。沧海得壮士，椎秦博浪沙。报韩虽不成，天地皆震动。潜匿游下邳，岂曰非智勇。"岂非为菽园写赠者。天下英雄固不以成败论也。

菽园冠举于乡，才名噪一时。遭逢不时，豪志不展。遘国多难，那拉在位，则受党人之疑，民国大乱，遂绝仕进之意，养晦肥遁，抱膝长吟，于是豪情胜概一寄于诗，所谓"独寐寤歌，永矢不过"[6]者，非耶？菽园既好学能诗，虽辟陋在夷，而藏书甚富，无学不窥，口诵掌故、古今文词，滔滔若悬河。其为诗，滂博天苑，雄奇俊迈，兴会飙发，秾郁芬芳，盖其天才之俊逸与时事之迁移合而成之。沈寐叟[7]尚书叹尝之，谓："可争长中原，北方之学者莫能先也。或与黄公度京卿骖靳联镳焉。"

然其诗正集尚久郁而未发于世。其与世之一得炫名者，盖亦远矣。吾索其近作，菽园谓："正集未编，手写此钞。来沪皆游戏之作，然多有寄托。"其奇情壮采，浓姿活态，勃窣而忧怒，清深而馨婑，自发遒峭于行间，读者可论世而知其人也。即论书法，亦复遒逸俊妙，驰骋于国朝诸名家。吾门能诗者甚夥，若麦孺博、潘若海、谭复生、唐黻丞、林暾谷[8]，皆以雄才远志妙解诗词。中道往矣，惟菽园与我独存，而万里远隔，望海怀思，为序其诗，我劳云何？

壬戌秋，康有为

自　序

［清］丘炜菱

菽园居士既编其艳体诸韵言，别署为《啸虹生诗钞》，乃辄引其端曰：

余之运用此体者有三，我思古人，会心不远。苏属相以闺房喻朋友，玛志尼[9]视故国为爱妻，则《无题》诸作是而感怀者属之；屈灵均[10]哀高丘之无女，莎士比亚衍神话于长吟，则《游仙》诸作是而咏古者属之；香山居士忆妓多于忆民，伊籐博文醉枕无忘醒握，则《香奁》诸作是而冶游者属之。虽然，此亦其大略耳，非必如算计之析分，地层之界划也。故自其特异者观之，时复因人、因地、因时之别，遂有言情、写景、纪事之殊。自其不异者观之，孰与痴语、醉语、梦语之成，都为绮业香尘文字之障。

余以性兼狷侠，哀乐每不犹人。时而乎动，则先春占断，达旦清游，顾渺渺夫余怀，惜娟娟于此矛，遭茫茫之白日，俯仰无端，夫固有感极而悲者矣。时而乎静，则帘儿萧疏，枕屏宴贴，芳霏霏其相袭，物蔼蔼以含淳，葩幽幽而媚独，快然自足，曾不知老之将至者矣。动乎、静乎，哀乐循环，其理之也无绪，其索之也无方。吾不能以自喻诸吾心，又焉能以求喻诸来者。用是各卷之中，故个强为区体，兹所诠次都无先例。有以时代之相禅，今雨古月，略如编年者焉；为有以意匠之相生，连琐婵嫣，略如分类者焉；有以一事之自为起讫，遥承近接，首尾率然，略如纪事本末者焉。究之皆陈迹焉尔，苟以万古为一期，斯千秋若旦暮，而况吾身数十寒暑之末哉。

吾闻"言为心声"，而诗尤言之永者。凡情之至，间非言之所可传，二说似相背，而实相容。当其未有文句之先，意固激于哀乐而后鸣，及其得诸哀乐之外，情复不沿文句以俱熄，亦曰既竭，吾才顷之所得而言者止此，读者谅其志而略其词焉可已，更何容心于体云例云之，为吾因之，而重有感矣。人之有其童冠壮老，亦犹诗之有其进退盛衰耶。时一过而不可留，境须历而后切。隋炀不云乎"穷通苦乐，更迭为之，亦滋可喜"[11]，向子平亦云"贫富不逾，所未知者，死何如生耳"[12]。夫以二子之慧解通玄，向所云富无得而称，炀虽称诗未宣苦绪，语其究竟，皆片面观。余兹藐焉，乃混然而中处。方当韶华意气，排斥万难，处物维轻，处己为厚，固尝涉历。夫世之所谓庸福者，十年迫夫中道蹉跎，百凡捐弃，世则忘我，我亦忘人，寻复有味。夫古之所谓闲福者，十年徐而返照灵明，对境数起，用吾自觉与世无终，生死之外有死生，后今之视，犹今视其所以消遣。此最近之十年者，云慧福乎犹病未能，若庸若闲，久成故物，原诗具在，可复按也。

　　嗟夫！此虽数卷之诗，且为全集中摘钞。少数之艳辞，又为"醉梦时多醒时少"之所留，贻区区者，将无所用之。弟念陶君语曰："不为无益之事，曷以悦有涯之生。"[13]因之而自壮曰："不有博弈者乎，为之犹贤乎已？"此则过而存之之意耶。吾将见其进也，未见其止也。

　　丁巳长至，闽丘炜萲菽园甫志于星洲寓次之天海空明室

续钞自序

[清] 丘炜萲

　　昔板桥道人生时，自行编定其诗，区划勿收之稿甚严。重虑后人弗察，复从而搜补羼入，之致为身后高名之累，遂乃留诅卷端，以厉鬼相雠之说，预鸣愤慨，传者每嗤其不达。余谓彼诚晚年进德之猛，回视昔时有作，直如隔世。故本其良工，不欲示人，以璞之心，始为是文士自知爱惜羽毛之举，固无怪尔。余才弗逮，若人远甚。既然有所作，则亦有所弃。惟既已弃矣，今复有所收，是当有说以处此。盖文章之事，巧妙难穷，得失虽在寸心，好丑要难自镜，故贾岛以推敲之句待商韩公，丁仪以并世之人亟谋子建，彼岂好为撝谦[14]哉？诚有所自觉，无待于迫逼而后然已。若不多行布露，将向之孤陋自安者，又何以就正于大雅乎？

　　余前既取历年所为佚游及艳体诗，编存若干卷待刊。继而检点

丛残，只[15]就此类，覆观所弃，因事、因人中心不无恋恋，又非徒词句之未能割爱而已。自维多欲之私，实愧板桥之勇，因从宽格，略事改修，续附前钞，同时请于南海先生为我印行。就使一无可观，例以敝帚自珍之义。既弗辞乎蛇足之徒劳，又何疑于菜佣之求益乎？闻之传记，"虽有絲麻，无弃菅蒯；虽有姬姜，无弃蕉萃"[16]。诗人之旨，抑何厚也。况余之齿发未暮，进德需时，用俟他年全集之重订，不亦可乎？其在今日，故宁为诗人之从厚，勿敢慕板桥之用猛，知言君子庶几其谅余也夫。

　　菽园居士撰于南洋星洲

注释：

[1] 康序原题为"丘菽园诗集叙"。

[2] 康有为（1858—1927），原名祖诒，字广厦，号长素，又号明夷、更甡、西樵山人、游存叟、天游化人，清末广东南海人。光绪二十一年（1895年）进士，资产阶级改良主义的代表人物，曾与弟子梁启超合作戊戌变法。辛亥革命后，曾担任孔教会会长，为复辟帝制的精神领袖。

[3] 指困赠周瑜，典出《三国志》。周瑜江东起兵，无粮无兵器，遂向鲁肃求援。鲁肃即指仓粮食相赠。

[4] 唐才常（1867—1900），字伯平、黻丞，号佛尘，清末湖南浏阳人。贡生，教习长沙时务学堂，与谭嗣同并称"浏阳二杰"。清末维新派领袖，戊戌变法后，去日本、南洋集资，回沪后创"自立会"，旋于汉口谋发动自立军起义，事泄被捕就义。

[5] 救，误，当为"刺"。张良刺秦，指的是秦始皇第三次巡游时，张良为国复仇，带着力士于博浪沙刺杀秦始皇之事。

[6] 独寐寤歌，永矢不过，出自《诗经·考槃》。是诗描写一位在山涧结庐独居的人，自得其乐的意趣。

[7] 沈寐叟，即沈曾植（1850—1922），字子培，号巽斋，别号乙盦，晚号寐叟，清末浙江嘉兴人。光绪六年（1880年）进士，历官刑部主事、总理衙门行走、安徽布政使护理巡抚等职。溥仪复辟时，授学部尚书。

[8] 麦孺博，即麦孟华（1875—1915），字孺博，清末广东顺德人。康有

为的弟子，清末维新派重要成员。生平喜爱吟咏，著有《蜕庵诗词》三卷；潘若海，即潘博，原名又博，字弱海，后改若海，广东南海人。康有为的弟子；谭复生，即谭嗣同（1865—1898），字复生，号壮飞，湖南浏阳人，中国近代资产阶级著名的政治家、思想家，"戊戌六君子"之一。参加领导戊戌变法，失败后被杀；唐黻丞，即唐才常；林暾谷，即林旭（1875—1898），字暾谷，福建侯官（今福州）人。清光绪十九年（1893年）举人，清末维新派人士，为"戊戌六君子"之一。遗著有《晚翠轩集》。

　　[9] 玛志尼（1805—1872），意大利爱国者。意大利受奥地利帝国奴役时期，创立"少年意大利党"，发动和组织资产阶级革命，完成意大利的独立统一事业。

　　[10] 屈灵均，指屈原。屈原在《离骚》中称："名余曰正则兮，字余曰灵均。"而后人把《离骚》中的"余"和屈原本人划等号，故错将"正则"和"灵均"当作屈原的名和字。

　　[11] "穷通苦乐……"句，隋炀帝杨广的名言，原句为："贵贱苦乐，更迭为之，亦复何伤。"

　　[12] 向子平，即向长，字子平，后汉河内朝歌人，隐居不仕；"贫富不踰……"句，典出《后汉书·逸民列传·向长》，（向长）读易至损、益卦，喟然叹曰："吾已知富不如贫，贵不如贱，但未知死何如生耳。"

　　[13] "不为无益之事……"句，原语出于唐代著名画论家张彦远，原句为"若复不为无益之事，则安能悦有涯之生"。明代画家董其昌在其《容台集·诗集》中误作南朝著名道士陶弘景所说，后以讹传讹。

　　[14] 撝谦，施行谦德。泛指谦逊。

　　[15] 只，仅仅。

　　[16] "虽有絲麻……"句，出自于《左传》，意思是纵有丝麻也不要丢弃蒯草，纵有美女也不要抛弃糟糠之妻。

丘菽园居士诗集序（三篇）

　　《丘菽园居士诗集》初编七卷，二编一卷，三编一卷，丘炜萲撰。

　　丘炜萲，里居、阅历见《菽园赘谈序》篇。是书为丘炜萲的另一部诗作，乃丘炜萲逝世后，其女婿王盛治、女儿丘鸣权编选刊行，约刊印民国三十八年（1949 年），卷首有康有为作于民国初年的序和李俊承作于民国三十八年的序。另有二编的自序。其编排亦按写作时间，《诗集》初编卷一起光绪十九年（1893 年）至二十八年（1902 年），为二十至二十九岁所作；卷二起光绪二十九年（1903 年）至宣统元年（1909 年），为三十至三十六岁所作；卷三起宣统二年（1910 年）至民国元年（1912 年），为三十七至三十九岁所作；卷四起民国二年（1913 年）至民国十一年（1922 年），为四十至四十九岁所作；卷五起民国十二年（1923 年）至十八年（1929 年），为五十至五十六岁所作；卷六起民国十九年（1930 年）至二十八年（1939 年），为五十七至六十六岁所作；卷七为童年之作，起光绪十六年（1890 年）至十八年（1892 年），为十七至十九岁所作。二编一卷，为民国二十九年（1940 年）所作。今尚存，有铅印线装本，藏厦门市图书馆等处。本序录自该本。

康　序[1]

[清]　康有为

　　大原旷旷万里无山者，非中印度与中美国耶？其有突起崇高数丈者，必石砠崔萃莽苍者也。平沙莽莽万里无际者，非撒沙拉大漠与瀚瀣戈壁耶？其有湖波淀泊者，必深碧澄清、伏流怒发者也。碧梧翠竹之美，中原之常植也，然北京不能产。有亭亭一株，则御苑以名其屋矣。醴泉芝草，何以为祥瑞也，以其非有根源而常生者也。夫人所以震惊豪杰以为异人者，岂其有异于圆颅方趾之表哉？岂非以挺生于其土产之所无，特出于其时世之所不为耶。夫人情莫不幽囚于土俗，化之、生之、囿之、蔽之，若天之四垂，若墙之四合，虽有大力高足，岂能破垣而窥出天之外哉？故豪杰之成就大小虽殊，要其不囿于耳目游处，不假于师友赞助，嵚崎磊砢，突兀耸拔，奇识大力，各随其天授之姿以得之。以吾所见，天下士多矣，率皆有所依据凭藉，而成就不过尔尔也。若与中原文献不接，甚且与士夫不相属，远处绝海蛮夷巫来由之域，隶于异邦殖民初辟之壤。箕踞魋结[2]，裸跣手饭之与游居阛阓，腥臊滞居殖货之与长化能美田宅，致富急公好施，斯亦彼中人豪魁垒者矣。岂有讲学术、能文章、著述满家者哉，更岂有毁家纾难、慷慨勤王为之于举世不为之日者哉，是皆绝出常伟为理势之所不能产者也。然而星嘉坡乃魁然挺出丘菽园矣。

　　星嘉坡为英属巫来由地，大商市也。菽园少长是间，乃不为殖产之商，而为误身之儒。既以童龄颖秀，弱冠登科，挂名内阁。挟其生产百万之富，方当西园鬻爵之时，不以之交通中贵报效牝朝，上之得卜式之封侯，下之得崔马之公卿。今之目不识丁者，比比皆是，岂况菽园之文学才术，即起家藜褐，已足平视内国之才士，况挟其百万之资以奴使朝贵者哉。则今之拥旄江海、曳履星辰久矣。

而乃闻戊戌维新而大喜，闻己亥废立而痛心。同为四万万之编氓，而忧国如家，引为己任。捐施十余万，冒险犯难，以事勤王。家人左右谏之以保守，朋识交游怵之以祸患，一皆不顾，独行其是。事虽不成乎，然子房报韩之心，敬业发愤之志，及古今中处爱国之士杀身破家沉族之不恤而惟国是忧者，彼皆愚夫也哉？怪物也哉？而千百世后咏之、歌之、爱之、慕之英雄而豪杰之。鹓雏食于桐实，而燕雀以腐鼠吓之，其相去何远也。然则若菽园者，虽谓之非豪杰，而岂可得哉？常人之情，荣古而虐今，于古之豪杰，则慕之于今之豪杰则怪之。夫豪杰块然，特立独行，无人世之见，存如狮虎之行。自无伴侣则同时之目为怪物者，即他日豪杰之代名云尔。

　　菽园以能诗好客名天下，又纵于声伎饮酒，中原士夫或以顾阿瑛[3]、马秋玉[4]目之。庚戌重游坡，菽园请点定其诗。自戊戌以来，感时抚事，沉郁之气、哀历之音、悱恻之情，绵邈滂沱，顿挫浏亮以吐之。虽多托乎好色之言，而夷考风骚，可兴可怨，哀感顽艳实正则也。吾与菽园共事，知菽园深。菽园才志类明末四公子、二秀才，就中尤类冒辟疆[5]、吴次尾[6]。佛称不生边地而生中国，其侧出旁生于域外蛮荒，成就尤难则远过之。呜呼！可谓豪杰之士矣！若以诗人目之，则蒋藏园所谓"呼作词人心骨痛"矣。菽园少年豪富有盛名，时血气尚激朋友，助寡少、偏宥狂，简未中行，盖豪杰之常耶。孟子曰："人之有德、慧、术、知者，恒存乎疢疾？"今阅历日深，学道有得，进德甚猛，非复畴昔。家虽日贫而道日富，诗亦以穷而益工。天或以退为进而大成就之耶？其童年之作，别为一卷，附于集末，不遽删之，亦以见童乌之颖生有自来也。

　　孔子二千四百六十一年庚戌夏五，康有为序

李　叙

［民国］李俊承[7]

菽园居士殁十年，其婿王君盛治知公生平与余厚，以公遗稿见，属为叙，并谋付梓以行于世。余虽不文，谊何敢辞？

公精湛内典，博览群书，与余谈道甚契。廿余年来，诗酒酬唱，时相过从，虽风雨之夜，低徊不忍去。乃知公立身守道，无愧古人，平昔所蓄者深也。余性好篇咏，每脱稿必请益于公。公不以浅陋见弃，加墨谬许，其诱掖后进，至老弗衰。文字知己之感，固未尝一日忘也。公赋性豪迈，其行谊出入儒侠之间，陈孟公之口占授十吏[8]，李太白之斗酒诗百篇，几于兼而有之，故早岁撰著才华艳发，不名一家。已而刊落枝叶，根极理要，则蜕尽缘情绮靡故习，几于前后判若两人。昔人以诗喻禅，若公者，盖以禅为诗矣。公幼即侨居海外，而自壮至老未尝不以祖国为念。当清室之季，宫阃擅柄朝政，日非常思，有以自效，既知事不可为，则毁橦牙、摧机构，屏绝一切，而以禅悦吟咏终老。由其诗而观其志，可以知其先忧后乐之素，非绝人逃世者所可同日谈也。后之学者其亦憬然有感于斯文也矣。

一九四九年十二月，慧觉李俊承叙于星洲觉园

二编自序

［清］丘炜菱

此一卷诗，乃庚辰[9]一年之所作，大约可分为四季：春季，起《春首试笔》讫《读〈史记·大宛列传〉》，凡二十三首；夏季，起《嘉东首夏》讫《瞿留孙》，凡六十四首；秋季，起《题画秋景》讫

《送秋辞》，凡一百二十八首；冬季，起《东滨作》讫《自喜》，凡一百零二首，全年共三百一十七首。回视初编卷一至卷七，由庚寅至已卯，积五十载之长岁月，所得只六百九十六首。以今视昔，今何多而昔何少也。盖昔时心杂事杂，加以游戏之作、应酬之篇、醉梦之吟，诗成漫不存稿。或虽存稿且已刊布，而终弗自聊仍须痛删者，什居八九，故存诗少也。今兹二编，所作乃隐居嘉东一岁所成。是时门无杂宾，身无杂役，案无杂卷，心无杂念，称情而出，即景而成，物我相逢，与之无尽，有触即书，有书弗弃，故存诗多也。有爱余者为余悬想："君作诗之勇如此，何难追踪陆游日课一首。"余曰："余无陆游之才学，未敢妄希古贤，且有心为之，欲其如此，是先犯杂念之戒，无事讨事，无诗找诗。吾老矣，不敢承教也。"进说者遂无言而退。

　　民国三十年辛巳立春，六十八叟丘菽园

注释：

　　［1］康序原题为"丘菽园所著诗序"。

　　［2］箕踞，一种不拘礼节的坐法，比喻轻慢傲视对方的姿态；魋结，亦作"魋髻"，结成椎形的髻。

　　［3］顾阿瑛（1310—1369），名瑛，一名仲瑛，字德辉，号金粟道人。元代末年诗人，曾授会稽教谕，不就。其才性高旷，广交宾客，购古书、名画、彝鼎，以会海内文士为乐。

　　［4］马曰琯（1688—1755），字秋玉，号懈谷，清代祁门人，徙居江苏江都。著名徽商，官候选知州。一生喜爱写诗、藏书和结交文人雅士。雍正年间，在扬州建造小玲珑山馆，广交天下名流。

　　［5］冒辟疆，即冒襄（1611—1693），字辟疆，号巢民，一号朴庵，又号朴巢，私谥潜孝先生，明末清初南直隶如皋县（今江苏如皋）人。明末清初的文学家。

　　［6］吴次尾，即吴应箕（1594—1645），字次尾，号楼山，明末南直隶贵池县（今安徽池州市）人。性豪放，喜交游，与著名的明季四公子结为挚友。满清入关后，举兵抗清，兵败被俘，不屈而死。

[7] 李俊承（1888—1966），法名慧觉，福建永春人。年少南渡，在星洲创立太兴公司，后成为新加坡华人富商侨领。热心于华侨教育，创办中华中学。1933年起，任华侨银行董事长。抗战爆发，出任"南侨总会"执委。

[8] 陈孟公，即陈遵，字孟公，西汉末期杜陵（今西安）人。任校尉有功，封嘉威侯。王莽任其为河南郡太守。既已到任，招书吏十人于前，写私信以谢京京师故人。其凭几口述，且一边省察公事，书写上百封信，亲疏意思各不相同，河南郡人为此而惊骇。

[9] 庚辰，即民国二十九年（1940年）。

庚寅偶存序题 （六篇）

《庚寅偶存》，丘炜萲撰。

丘炜萲，里居、阅历见《菽园赘谈序》篇。该书为丘炜萲十七岁之前的诗作，收古近体诗八十七题，百四十二首首。清光绪十七年（1891年），初刻于厦门，时丘炜萲为十八岁。初刻本有侯材骥为之序，并有丘炜萲自撰小引。光绪二十三年（1897年），丘炜萲从故乡海澄经广州到达香港，携《菽园赘谈》一书在香港印行，同时重刻《庚寅偶存》，有吴联薰、潘飞声为之序及许南英、范今题词。该重刻本与《菽园赘谈》、《壬辰冬兴》两种合刊，题作《菽园著书三种》。是书尚存，有光绪二十三年重刻本藏国家图书馆、福建省图书馆、厦门市图书馆等处，本序录自该书。

原刻序

[清] 侯材骥[1]

闽为汉闽越地，绵亘四千里，五岭环其前，大海拥其后，东南一大都会也。自唐常衮[2]为观察使，设学校，课文士，闽之人物时乎称盛。其山川奇淑瑰异之气所钟毓者有然，况漳适当岭海之奥窔，久沐紫阳之过化者乎？

余不敏，岁庚寅来守是邦，景仰遗徽，流连久之。意扶舆间气，必先有所郁而后发，其菁英特延访未周，所谓伊人或尚未至于偃之室耳。是秋，循例校士，七邑之属各举所知以荐。至海澄，获一卷文，独胎息深厚，意理蓄足，其他杂作亦复明快俊爽，取径幽折，首拔之，即丘生也。揭晓来谒，知生青年媚学，又尝随父走万里路，得于阅历者多，故其言皆有心得。

明年春，生以事忤学使者。未几，代余任者至，复以负气见诎。昔人谓其地泉石峭洌，磅礴浩荡，钟气清劲，士多负气岸，尚节概，此言近之矣。乃犹有贵耳贱目，环而姗笑者，则甚矣。俗学之塞聪而势利之可鄙也，此生之所以掉头不顾也。忆余别漳日，生自澄徒步来，逆于郊而请曰："先生去矣，某不才不遇于时，命也。无所苦，惟平日课诵之余，好以诗自适。里中僻陋，风雅之旨未有所闻，愿先生留一言。"余告之曰："夫诗言志而已。士知尚志，归而求之有余，师何待？余言虽然温柔敦厚，其教也；翕纯缴绎，其声也；婐阿嗫嚅，韦脂谐俗，皆非其正也。生负性戆，不屑苟合，凡此非其正者，当不至率然蹈之。惟身值盛平，服膺古训，自宜以大者远者相期。不幸而穷，亦可藉为他山攻错修德之资，慎勿逞其血气之刚，猖狂颓废、束缚颠倒为也。由是优游涵养，驯至乎中正和平之归。他日扬拜志喜，鼓吹休明，胥于此基之矣。吾行矣，生其勉旃。"

及抵闽垣，得生寄书，遂以其所著行卷曰《庚寅偶存》者属余商榷。余既以生不以余言之为迂也，欣然校阅。凡古近体二百首，专主性灵，能出新意，虽于古之沉雄渊博或犹未逮，要其词无枝叶，笔有炉锤，自非随人俯仰者。倘由此进而不已，吾乌能测其所至哉？抑吾又闻生之居乡落落难合，恒终日手一编，晦明罔辍。惟师事同安曾廉亭[3]孝廉，及友龙溪秀才曾渭兆、慕襄昆仲。最厚廉亭，践履纯实，能敦名义，余久闻其名而爱之。若渭兆、慕襄，则余在漳所礼士。渭兆颇饶经世学，慕襄工为帖括家言。而生早有志于诗古文词，锐然以著述自励，无怪乎与三子之相得益彰也。今观其所与三子往返唱和之作，具在卷中，坦率缠绵，各极其妙，则生之朴洁自好，不苟徇俗，可知所以与三子者之相期，又可知生幸以余言告诸三子，永坚金石贞此远大之材。余仕学无状，终当藉其匡救焉，纠绳焉，则余之尤惓惓者，固有余于诗文之外哉。余因于序生之诗，乐得而类及之。

光绪十有七年岁次辛卯蜡八日，友弟安仁侯材骥拜书

原刻小引

[清] 丘炜萲

萲也，僻处瀣滨。少交游之雅，寡闻孤陋，外而不能上万言书，为朝廷策治安之要；内而不能居千载后，为经生成一家之言。徒以蝉鸣蛙噪，自写无聊，择术既疏居诸浪，掷悔且不暇，更何敢以质大雅，故所得辄随手弃去，悉无存稿。友人见之每惜，为心力所在，不可任其湮没。由是稍稍出以示人，阿好者多，传观日众。余虽求其为魏收藏拙[4]，而有所不能矣。爰就记忆所及，与戚友处所代存者，录为一卷。前此概不阑入，统以今年为断。亦曰萲之获闻诗说于吾师，固自今年始耳，付诸手民，其亦偶志吾鸿爪也。当世不乏大方家，其人倘不弃予，而有以教我焉，是则萲此抄而存之之志也。然则此抄也，亦犹唐人行卷例夫。

光绪十六年庚寅除夕，闽海丘炜萲菽园甫志于听雨小楼，时年十七

古瀛狂客翻刻题词

[清] 范当世[5]

丙申葭冬过菽园孝廉师，获读大著旧刻《庚寅偶存》，叠初谒

韵志幸:

> 书似侯鲭[6]百味陈，钻研久结半生因。
> 忽欣福地嫏嬛入，又觉鸿篇耳目新。
> 比兴自饶风雅旨，藩篱未屏宋元人。
> 盥薇[7]削竹如奢愿，长喜先生坐我春。

携大著《庚寅偶存》归寓后，挑灯竟夕，手不停钞，或以为问，再叠前韵代答:

> 暂且停钞对客陈，窗前矻矻讵无因。
> 昔闻墨竹连朝换，此已奇文入手新。
> 永夜销来留副本，名山藏得慕其人。
> 手胝口沫今时认，我比张华梦境春。

丙申葭冬之吉，受业范今校毕，附跋于南洋星嘉坡之佘氏明丽园

重刻吴序

〔清〕吴联薰[8]

从来有积德者，其后必昌；有大度者，其泽必长。士当家食自安，而能厚资以赈亿万民濡首之灾，作千万间欢颜之庇，食报之隆不于其身，必于其后，而科名之显报尤在目前。然不但科名已也，禀乾坤清淑之气，著为文辞，发为歌咏，令人诵其诗，思其学，即以念其先人之德，不置若丘菽园孝廉是已。

孝廉为海澄封翁丘正中[9]公子。幼而岐嶷，长而颖异，聪明过

人。每读书辄以尚友古人为念，故其为诗也，冲和宕逸，潇洒出尘，质不伤俚，华不及靡，是其能得古人之神而兼以韵胜者。生十七年于鹭门刻《庚寅偶存》行卷，纸为之贵。予倩[10]魏斗北廪生，读而爱之，遂与之游，数年来如一日也。今岁丁酉[11]，孝廉携所自著笔记几二十万言，航海付梓。门下士林、范诸子，并请重刻旧作《庚寅偶存》，以丽其后。闻之神旺，欲多晤菽园而万里不得。犹想见封翁在日，为筹赈事踊跃赴义，动费巨万。他如倡修堤工、书院及鼎建澄属考棚，尤不资同事中称巨擘焉，余为偕见。观察刘君朴堂[12]即开门倒屣以迎，有乡中祭酒之目。而孝廉亦于其时亟自振拔，文围蜚声，试辄甲其侪，最为郡守侯、邑令何[13]激赏识者。早为封翁幸有其子矣，无如事不遇时，欲伸先屈，竟以豪放不拘见抑于学使者。菽园之诗，其亦有忧思郁结、牢骚不平者乎？然而数益奇，诗益工，兴益豪，啸歌自得，不介介于怀。则自未举于乡时，已有是哀然一集也。今者，海外传经，千秋之业日进无疆。回忆当年意气，知必有躁释矜平者。观夫蔽贤巷伯[14]，木已拱于墓门；可杀青莲，声独满于天地。浮云一过，何累太清？雨雪之霏，终销烈日。此尤彼苍[15]位置之奇，而不妨侈谈以为快者也。

适余倩魏君将有远行，遂书此托其致我孝廉，请将阶此卷末，俾世之读君书，慕君人者，知有此一段因缘，又岂徒联两家之交谊已哉！

光绪丁酉嘉平之吉，芎江世愚弟篁圃吴联薰拜撰于城南种兰别墅

重刻题辞

［清］潘飞声[16]

　　菽园孝廉，天资卓拔，无学不窥。此卷诗一刻于辛卯，再刻于丁酉，要为十七岁时作耳。而格律清健，词句浑成，当春华之年，已造秋实之境，殆所谓天授非人力者欤！昔王渔洋尚书集编自十三岁，黄仲则布衣集编自十五岁，天才绝学遂成大家。以孝廉方之，岂让昔贤哉！余于庚寅岁从海外归舟，检拾诗文，荒率俚窳[17]，百不存十，今兹颓废，益无所成。读孝廉此编，惭恧甚矣！

　　光绪丁酉五月，番禺潘飞声兰史谨题于绿水园

翻刻题辞

［清］许南英[18]

思藉文传本下乘，漫将此意例先生。
月能自照宜留影，花岂无香便累名。
不用人怜知舌在，从教鬼泣是诗成。
海枯天闷供搜索，知己残更共短檠[19]。菽园原刻此诗时，犹困童军也，故追慰之。

十年前事费评量，敢信诗穷道不昌。
天老高才艰重任，名先不朽快文章。
性情挚处言偏淡，意理真时味愈长。
折挫轮番添阅历，冥冥位置未寻常。菽园诗多见道语，实由屡经郁塞得来。

丁酉六月，允伯弟许南英拜题

注释:

[1] 侯材冀，号仙舫，湖南安仁人。清同治元年（1862年）举人，任户部主事。光绪八年（1882年），外放任台湾知府，后调任福州知府，光绪十六年（1890年）改任漳州知府。

[2] 常衮（729—785），字夷甫，京兆（今陕西西安）人。唐代状元宰相。唐天宝十四年（755年）状元及第。累官至宰相，后贬为福建观察使。在闽期间，兴学育才，闽地文风为之一振。

[3] 曾廉亭，即曾士玉，号廉亭，清代福建同安岳口人。同治十二年（1873年）由拔贡中举人。掌金门浯州书院山长。

[4] 魏收（507—572），字伯起，巨鹿下曲阳（今河北晋州）人。南北朝时期史学家、文学家，《魏史》撰者；魏收藏拙，典出《隋唐嘉话》。南朝通直散骑常侍徐陵使齐，魏收将自己文集托其带往南朝，期传之江东。徐陵南归，将其文集扔进长江。从者问何因，徐陵答：'吾为魏公藏拙。'"

[5] 范当世（1854—1905），字无错，一字肯堂，号伯子，别署古瀛狂客，清代江苏通州（今南通市）人。光绪十七年（1891年）入李鸿章幕府，常相与谈论政事。自负甚高，而终身坎坷。能诗，有《范伯子先生全集》行世。与弟钟、铠同有文名，世称"通州三范"。

[6] 鲭，鱼和肉合烹而成的食物；侯鲭，即五侯鲭，精美的荤菜杂烩，为西汉娄护所创。据传，汉成帝封五个舅舅为侯，娄护游走于五侯之门，尝其所饷之鲭，后试合五侯之鲭而食之，味道甚美，遂称"五侯鲭"。

[7] 盥薇，用蔷薇露洗手。唐冯贽《云仙杂记·大雅之文》："柳宗元得韩愈所寄诗，先以蔷薇露灌手，熏玉蕤香后发读，曰：大雅之文，正当如是。"

[8] 吴联薰，号篁圃，清代福建漳州人。清光绪三年（1877年）漳州知府沈定均重刊《漳州府志》时，负责编纂工作。

[9] 丘正中，即丘笃信（1820—1896），字正中，以字行，号勤植，丘炜萲之父亲。于二十余岁到新加坡，先在码头从事苦力。道光三十年（1850年）在驳船码头开设恒春号，经营米业致富，成百万富翁。清光绪十四年（1888年），携子回海澄。光绪二十一年（1895年）再赴新加坡，次年病逝于新加

坡。

［10］倩，旧称女婿。

［11］丁酉，即光绪二十三年（1897年）。

［12］刘朴堂，即刘倬云，字季樨，号朴堂，清代湖南宁乡人。随兄刘典从军，以功叙知县，迁知府，署按察使，授福建汀漳龙兵备道。

［13］郡守侯，即侯材冀，里居、阅历见前注；邑令何，即何鼎，清末湖南桂阳人，光绪十三年（1887年）至二十一年（1895年）四任海澄知县。

［14］蔽贤，埋没贤能的人；巷伯，典出《诗经·小雅·巷伯》。该诗作者被谗言陷害，作此诗以发泄满腔的怨愤。巷伯即为"寺人"、宦官，乃该诗作者。

［15］彼苍，天的代称。

［16］潘飞声（1858—1934），字兰史，号剑士、心兰，别署剑道人、独立山人等，斋名翦淞阁，清末广东番禺（今属广州市）人，祖籍福建。清光绪十三年（1887年）应聘执教柏林大学汉文学教授。甲午战争后，提倡变法图强。同年秋赴香港，任《华字日报》、《实报》主笔。1907年到上海定居，加入南社。长于诗词书画，为近代著名诗人、书画家。

［17］荒率，草率；俚瘛，俚俗、粗劣。

［18］许南英（1855—1917），号蕴白或允白，又号窥园主人、留发头陀，清末台湾安平人。清光绪十六年（1890年）进士，分签兵部主事，未就任，返回台湾参与垦土。台湾巡抚唐景崧曾聘为台湾通志局协修。1895年任台南筹防局统领，抗击日本进犯台湾。日军占领台南后，被迫离台，落户福建龙溪。曾被委以税关总办、知县等职。辛亥革命后，曾任龙溪县知事。因感政界险恶，不再从政，参与林叔臧诗社。后赴苏门答拉谋事，客死异乡。

［19］短檠，矮灯架，借指小灯。

壬辰冬兴序

[清] 黄乃裳[1]

《壬辰冬兴》一卷，丘炜萲撰。

丘炜萲，里居、阅历见《菽园赘谈序》篇。该书为丘炜萲的诗作，收古近体诗十六首。书名称壬辰者，乃清光绪十八年（1892年），故所录之诗为是年所作。该书与《菽园赘谈》、《庚寅偶存》两种合刊，题作《菽园著书三种》。是书尚存，有光绪二十三年（1897年）刻本藏国家图书馆、福建省图书馆、厦门市图书馆等处，本序录自该书。

同年海澄丘菽园仁兄惊才绝艳，独出冠时。生十五年自海外归，常于稠人中赋玉笛诗，众为敛手[2]。其警句有云“落梅五月吹黄鹤，折柳三春散洛阳”，人竟以“丘玉笛”呼之，犹国初之有“王桐花”[3]也。乃其自刻稿，则从十七年编起，即今坊行之《庚寅偶存》一卷。时方从同安曾孝廉廉亭先生游，故自序云“前此有作，概不阑入。以获闻诗说于师，实今年始。”此虽谦词，亦见君之歉，不自足而即以进而不已也。嗣后辛卯、壬辰、癸巳、甲午四岁之作，则编为《辛壬癸甲稿》。甲午为君发轫岁，余忝附骥[4]。读君文并读君诗，因悉君为人及少年轶事，顾从文字远托神交，然犹未谋面也。

今夏君游香海，刻自著书曰《赘谈》者，几二十万言。门下士等请得重刊《庚寅偶存》以附其后。亦即摘及《辛壬癸甲稿》之《壬辰冬兴》十六首，别为一卷，附《偶存》后。余友徐季钧秀才亦君海外友也，知余素嗜君诗，代录原作，邮以示余。其诗盖因辛卯、壬辰两诎小试而作，语苦心长，一气挥洒，十首直如一首，诚足令人绅绎无穷、笑啼不敢者。至其行间爽飒有牢骚之气，无噍杀[5]之音，愈以见君天怀之浩荡，固不自今日而始然也。拜服无既，爰赘数语于后。

　　年愚弟闽清黄乃裳

注释：

　　[1] 黄乃裳（1849—1924），原名久美，字绂丞，号慕华，晚号退庵居士，清末福建闽清人。光绪二十年（1894年）举人，曾参与公车上书和百日维新运动以及辛亥革命，是清末民初的革命家。同时也是著名的侨领，曾率领福州移民开垦马来西亚沙捞越的诗巫（新福州）。

　　[2] 敛手，拱手。表示态度恭敬。

　　[3] 王桐花，清代王士禛《蝶恋花·和漱玉词》中有佳句"郎似桐花，妾似桐花凤"，在京城被广为传诵，王因之而被称为"王桐花"。

　　[4] 甲午，即清光绪二十年（1894年），是年丘炜萲与黄乃裳同榜中举人，故有此说。

　　[5] 噍杀，声音急促，不舒缓。

五百石洞天挥麈序题（四篇）

《五百石洞天挥麈》十二卷、《挥麈拾遗》六卷，丘炜萲撰。

丘炜萲，里居、阅历见子部《菽园赘谈序》篇。该书为丘炜萲的诗话著作。原拟名《薪樊琐缀》，后在海外得五百奇石，有米老洞天者，遂改易今名。凡十二卷，以"花落家僮未归，鸟啼山客犹眠"十二字分题各卷。后又续之《拾遗》六卷。此书以采录近人之诗、论为主，援佛谈诗，话头甚活。有清光绪二十五年（1899年）观天演斋校刊本，《拾遗》有光绪二十七年（1901年）观天演齐排印本，收入《续修四库全书》，为第1708册。本序录自光绪二十五年刊本。

丘　序

［清］丘逢甲[1]

《五百石洞天挥麈》者，菽园孝廉纪谈之作也。孝廉以陆生入洛之年，善为才语。上计甫罢，庐居多暇，方温温而无所试，由是著等身书以问世。前方镌梨，后已脱草，述作之勇，方今罕畴。读其书者，方以为耆旧之作，而不知其固翩翩年少也。其才与学洵不易及，而其年则尤不可及也。

孝廉藏石五百，有米老风。洞天者，其说出道书。假神灵之居，标文章之目，列神仙之传，其称已久，若宋人之《洞天清暑录》[2]，固其例耳。孝廉前著《菽园赘谈》已风行海内外。曰《赘

谈》则质言之，曰《挥麈》则文言之，而仍纪谈之作也。盖以古之
谈者，必挥麈云尔也。其书以谈诗为主义，然标举襟灵之外，留心
风化，尤为天下有心人所同许。嗟乎！菽园第以著述遣壮心，而岂
漠然于经世者哉。虽然吾于麈也，窃有世变之感焉，盖谈者之必挥
麈也，自汉以前，罕见有闻者。西京之风节既衰，东都之清谈遂
盛，而麈尾出焉。与隐囊方褥世咸推为王谢家物，于时麈之用大著
焉。为卿士大夫者，操玉柄而自命谈宗。裙屐少年靡然从风，若陶
侃之斸，祖逖之楫，虽出于志士，而世且以俗物目之。盖自司马家
儿遂为帝后，五胡迭起，分裂中原，遗患百数十年。阅晋、宋、
齐、梁、陈至隋而后已，则皆南朝人士挥麈时也。唐人奋起，胡越
来庭，武功之盛，几轶炎汉。功成作乐，郁乎文哉。其凌烟功臣，
多半武夫悍将，于长枪大戟为宜，不能用麈，无足怪者。若瀛洲学
士，则皆方雅之流，乃今考之载籍，验之图画，亦鲜睹焉。盖唐方
全盛，麈遂中衰，拂子宗风，惟演别派于禅门道流耳。乃天下刓学
之士，媚古之徒，犹以麈为口实，称道弗衰。至于宋人且不惟其
实，而惟其名焉。则又何也？方宋德之中微也，荆舒始祸，蜀洛肆
争，时则麈史出。迨夫金人入汴，泥马渡江，天水之祸益烈，时则
挥麈前后录出。于是贼桧当国。今日议和，明日割地，胡患之在中
原者，亦阅百数十岁而后已。

　　呜呼！异矣！天下事吾愚不敢知，乃今菽园之书则固以"挥
麈"名，吾用是不能不重有感也。菽园之齿方富，而已以经世为
心，他日出，其宏才博学，属车豹尾间，珥笔[3]以待顾问，润色为
鸿业，匪异人任[4]，若夫秉旄作镇[5]，奉盘莅盟，济变之略，当不
世出，吾于著书之勇征之焉。《赘谈》吾既前为之序，此书之成，
菽园复遥以相属。因取其心之倾倒于菽园者，以为言而观物感世之
微旨，亦附著于篇。

　　光绪戊戌夏五，台湾宗弟逢甲仲阅甫序于潮州心太平寄庐

潘　序

［清］潘飞声[6]

中土山川原野无诗也，硗确沮洳[7]无诗也。扶舆磅礴之气，中原迤逦万余里，蜿蟺象赴，横溢怒恣，必不能无所泄者，盖天作而地成之。又郁以付瑰玮之士发为诗歌，所谓凌轹八表[8]、踔厉风发也。中原地轴虽旷，自晋生二谢，唐生李、柳、孟、韩，菁华奇丽，发泄已尽，则山川可穷，而笔墨亦穷，宋元作者固不能与前贤屹立欤。

南洋之外有大岛，曰"息力"，古之柔佛国也。其俗狉獉，其人椎鲁。秦［泰］西人垦治其地，惟务通商交易而退，鲜所薅栉[9]。闽中丘淑源［叔园］孝廉，客游其间，语人曰："开荒革俗，其吾儒之责乎？"为设丽泽社，以课商子孙之能读书者。又著书数十种，以昌明诗之奥义。夫軺轩采风，莫先于诗。士人专经，亦莫先于诗。以诗乐道，性情之正，乃能继之以书、礼。学文者，必能讽咏字句，乃可发挥为文章。于是知中原之诗，殆浩浩其已穷也。外洋之诗，方郁郁其独造也。

孝廉与余论诗，曰"曲"，曰"清"。余维易典谟春秋之言，靡不曲屈子、龙门、长卿之言，靡不清仲尼曰"辞达而已矣。"言达者，曲在其内。刘勰曰"清曲可味，清丽居宗"，作者之源若是其审乎？五百石洞天者，孝廉渡海得五百奇石，即以名地，并以名书。是书不仅言诗，要以诗为主，钩章棘句，刿目鉥心，日撝中原二谢、李、柳、孟、韩于洞天溟渤间，尽其凌轹八表、踔厉风发之概若而人，盖瑰玮之士也。息力，余之旧游，天风泠然，海槎可即，飘飘乎余将从孝廉挥麈，各证其所诣乎？

独立山人潘飞声

丘题词

台湾　　丘树甲[10] 叔崧

当代有奇士，天南诗运开。书疑缃石室，居况近蓬莱。
洞府镌云字，谈宗霏雪才。平生最心许，家集继琼台。

不负此年少，著书今等身。江山柔佛国，诗酒谪仙人。
慷慨论时事，高歌有鬼神。读君传世作，谈笑想纶巾。

王题词

嘉应　　王恩翔[11] 晓沧

海山有畸士，挥麈谈宗旨。解人或难索，聚石吾可矣。
洞天三十六，我闻止如是。灵閟五百石，倾倒拜老米。
大力负之趋，缩翠列斐几。一石一洞天，岩壑观者骇。
号召万烟云，兹事顾不伟。先生值高兴，谈次捉麈尾。
昔从圮上游，曾纳黄石履。雅契白石翁，高咏得神似。
谈诗入超妙，裂石惊角徵。谈兵说阴符，图石阵云委。
亦谈天下事，亦谈古今理。心中郁不平，五岳隐然起。
海水日横飞，中流谁作砥？天自西北倾，历世千百纪。
灵鳌竟放弃，全球曷有乂？东南任沦没，神山不再峙。
补天不补地，安用女娲氏？洪流多变迁，芦灰弗能止。
人心孟门险，愚公弗能徙。石人又复出，挑动黄河圮。
世岂有洞天，或在昆仑址。似闻葱岭东，苔花战血紫。
茫茫大九州，岛穴纷斗蚁。飞车洞山腹，穿走若神鬼。

草木为之摧，玉石为之毁。劫运到神仙，洞府亦难恃。
莽林古佛国，鹫岭高莫比。赞叹石幢经，天龙来作礼。
法力困群魔，毒雾愁海水。开坛说法人，胸莫消魂磈。
五百阿罗汉，天人泪同洒。化石石不言，秋雨逗弥弥。
何况尘世间，戈戈丘壑美。剩此东海石，一拳裹袖里。
但惜洞壶清，勿受黄尘滓。与落他人手，无宁隶诸己。
管领诸洞天，谈薮星洲启。在昔世多故，说论出麈史。
其余挥麈录，名目不胜指。不幸谈微中，愈非所得已。
空谈究何补，道高将积毁。掉头竟不顾，石兄汝当解。
手把青松枝，为世扫糠粃。万喙等蝇蚋，拔剑驱之尔。
勿涸乃公事，颜状益自喜。群魔汝何来？含涕佩玉蕊。
倘扰及洞天，宝刀旋汝拟。天遁掣火龙，一试棕拂子。
东坡鉴仇池，百金买奇诡。仙人惯游戏，其意别有在。
嗟我谪人间，古洞餐石髓。煮石疗吾饥，漱石砺吾齿。
我心究匪石，洞天伤徒倚。挥斥困八极，竖拂溯元始。
知之而不言，小臣罪当死。鹑首蓟诸秦，相乎焉用彼。
天也而帝也，胡乃醉若此。稽首出洞天，帝阍隔万里。
愿固磐石宗，作歌诵行苇。愿勿魁柄移，黄钺执丹宸。
仰视色苍苍，下瞩风靡靡。挥涕书万言，净拂蔚蓝纸。

注释：

[1] 丘逢甲（1864—1912），字仙根，又字吉甫，号蛰庵、仲阏，别署海东遗民等，清末台湾苗栗人，祖籍广东蕉岭。清光绪十五（1889年）进士，授工部主事。无意仕途，返台任台中衡文书院主讲，又于台南、嘉义办新学。光绪二十一年（1895年），任义勇军统领，抗击侵台日军。兵败内渡，在广东兴办教育，历任兴民学堂校长、广东教育总会会长、广东咨议局副议长。后投身民主革命，参与筹划潮州黄冈起义等革命活动。民国建立，被选为广东省代表参加孙中山的临时政府。

[2]《洞天清暑录》，当指《洞天清录》，南宋赵希鹄著。为中国文化史上

最早出现的专门论述古器物辨认的书籍之一。

[3] 珥笔，古代史官、谏官上朝，常插笔冠侧，以便记录，谓之"珥笔"。

[4] 毌异人任，责任不能推诿，要自己负责

[5] 秉旄，持握旄旗，借指掌握兵权；作镇，镇守一方。

[6] 潘飞声，里居、阅历见集部《庚寅偶存序题》篇注。

[7] 硗确，指土地坚硬瘠薄；沮洳，低湿之地。

[8] 凌轹，超越、压倒；八表，八方之外，又称八荒，指极远的地方。

[9] 薙栉，清除整治。

[10] 丘树甲，号叔崧，清末台湾苗栗人，丘逢甲之弟。清光绪二十一年（1895年）参与抗击侵台日军，兵败内渡。

[11] 王恩翔，字晓沧，清末广东嘉应（今梅州）人。贡生，曾赴闽出仕。丘逢甲内渡占籍梅州，与其交为知己。一生嗜诗，著有《鹧鸪村人诗稿》。

爱国送别编序（二篇）

《爱国送别编》，叶大年等撰。

　　是书为厦门绅商学界送别因天仙茶园案而去职的兴泉永道台刘庆汾赠诗颂辞汇编。宣统元年（1909年）正月十二日，入籍西班牙的玛甘保（华名黄瑞曲）开设的天仙茶园在光绪帝和慈禧太后治丧期间违规演戏，且滋事斗殴。巡警前往禁止，玛甘保父子竟开洋枪抵抗并掳禁、殴打巡警。为此，巡警冲击茶园，逮捕玛甘保之子雷士。法国领事竟闯入道署，强夺雷士而去。刘庆汾严辞照会法领事，以护国权，而省宪却慑于洋人之势将刘庆汾去职。厦门绅商学界愤愤不平，赠以诗文颂辞表达心情。是书尚存，有清宣统元年（1909年）铅印线装本藏厦门市图书馆。本序录自该本。

朱　序

〔清〕朱光宗

　　夫人有治世之才，必先有爱国之心，才因心而始着，心因才而益彰，二者不可偏废也。苟有是才而无是心，虽困处草茅，终为乡愿之士；有是心而无是才，虽腾达飞黄，亦碌碌庸庸、无足轻重焉尔已。经谓修齐平治之道，始于诚意正心，即此义也。

　　吾夫子刘公子贞[1]，性情诚朴，抱负不凡。弱冠游学东瀛，每见彼国政治修明，辄慨祖国泄沓不振，忠爱之忱，时流露于言表。甲午归国，经刘忠诚公、南皮张相国[2]先后奏留江南，差委补用。

中东之役，南洋一带得以安然无恙者，公之力居多。旋办苏州开埠事宜，坚持到底，几至枝节横生，竟能将租界章程挽回，驾于各口租界章程之上，至今吴人德之。当时刘忠诚公奖公用心纯笃，办事忠诚，洵非虚誉。继荷德宗先皇帝特达之知，着在总理衙门章京上行走。公俯察钱荒民困，条陈圜法[3]，仰蒙两宫嘉纳，敕令各省创行。比年财政大都仰给于此，而民困亦因之渐苏。公之才可概见也，而公之爱国之心亦于此可知之矣。

乃去冬，痛值国恤百日期内，日斯巴尼亚[4]籍民玛甘保违制演戏，经公迭次劝谕，不服禁阻，竟敢拒殴巡士，凶横达于极点。后经巡士将玛甘保之子雷士拘送道署。不逾一时，法领事立至强索，无端咆哮，侮我辱我，竟夺雷士而去。反电松鹤帅，谓公背约欺凌，虚声恫吓。未逾四旬，公则奉旨开缺矣。呜呼！公办洋务垂三十年矣，凡遇交涉，莫不据理以辩，执约以争，牺牲其身，敝屣其位，但冀国权不失，国体无伤，利钝成败弗遑计也。公负异常杰出之才，具一腔忠君爱国之悃，因兹细故竟尔去位，使天下志士闻之能勿为之流涕太息哉。然阅各报所志，当公之将离厦岛也，厦都人士或电当轴以伸屈，或电政府以挽留，卧辙攀辕，依依不舍。或送牌匾以扬公之德政，或赠伞联以彰公之懿行，而缠绵不已之情发之于诗文歌词。复公电闽省、申江商学两界，欢迎致敬。公虽去，尤荣也。然民之爱公如此其挚，良由发于心之爱国耳。民知爱国，实公本爱国之心，行爱民之政，有以使之然也。忠侍公最久，知公最深，今得读厦都人士送别诗文，因忆及公往事，爰撮其要而并序及之。

　　宣统元年季春下浣，受业表弟朱光宗谨序

邓　序

［清］邓孝然[5]

国何以为国，不放弃自由之主权而已。西儒之言曰：世间第一大罪恶，莫甚于侵人自由，而放弃己之自由者，罪亦如之。然不敏，窃以为放弃自由者，其罪首实大于侵人自由。何也？无放弃自由之人，则必无敢于侵人自由之人，惟此甘于放弃而后彼敢于侵犯，彼所侵即此所弃，非有二事也。

吾先生为厦门观察使，吾国之长官也。寓厦籍民玛甘保，本吾国之人民也。甘保于国恤内演剧，先生阻之，礼也，亦为保全自由之主权而已。乃法领事代该籍民抵抗，竟入署掠人，登堂咆哮，其袒籍民之事小，其侵我土权关系绝大。先生以"三原因、八不解"照会法领事，义正词严，原是以伸公理，而保国权也。乃大府摄于外人之势，畏缩退让。法领事遂乘隙而任意要求，以致国权不保，其终局遂不堪问。呜呼！侵我者之过欤？抑放弃者之过欤？

先生今因此去厦，厦绅商学各界留先生之诚，颂先生之德，爱先生之笃，诗文词序多至数十万言。然欣欣然祝曰：吾国其将兴乎！数十年来，政界之保主权者，莫如先生也；数十年来，国民爱主权以留长官者，又莫如厦人士也。有非常之长官，始有非常之国民以应之，官民感情相通，为吾国历来所未有。厦之人因先生去而悲，而然则为吾国罕然望矣。议者曰：刘公之争主权，亦寻常事耳，大府非不知，特国势弱以为难行也。然曰：知其难而为，此先生之所以为先生也。因劝先生刊印阖厦所赠诗文颂辞，为不放弃国权者劝，即以为放弃自由权者戒也。爰为之序。

受业侄邓孝然谨序

注释：

[1] 刘公子贞，即刘庆汾，字子贞，清末贵州遵义人。清光绪十年（1884 年），留学日本，在清驻日公使馆内的东文学堂学习。光绪二十年（1894 年）归国，次年参与中日苏州开埠谈判。光绪二十四年（1898 年）特旨调任总理事务衙门章京。光绪三十三年（1907 年）任兴泉永道道员。宣统元年（1909 年），因天仙茶园案去职。后任职川东。

[2] 刘忠诚公，即刘坤一（1830—1902），字岘庄，清末湖南新宁人。晚清两江总督，南洋通商大臣。卒谥"忠诚"；南皮张相国，即张之洞。祖籍直隶南皮（今河北沧州南皮），故称。

[3] 圜法，指货币制度。

[4] 日斯巴尼亚，即西班牙的旧译名。

[5] 邓孝然，清末重庆奉节人。出身地方乡绅望族，创办煤矿开采、织布、造纸等实业。宣统元年（1909 年），任川汉铁路公司董事会董事，参加引发辛亥革命的"保路运动"。

后　　记

　　继《厦门古籍序跋汇编》之后，这本《厦门古籍序跋补编》终于付梓了。

　　当年出版《厦门古籍序跋汇编》时，编者曾在"后记"中写道："本书所录厦门古籍序跋，挂一漏万，在所难免，兹盼知情者不吝提供信息，以俟他日续补之。"未曾料到，这一晃就是八年。这八年中，编者或觅踪于各地的藏书机构，或留心于有关的典籍文献，通过各种蛛丝马迹寻找未曾谋面的厦门古籍及其序跋。功夫不负有心人，几年来，又搜罗了81部厦门古籍的191篇序跋、题记。除了有6部古籍的7篇序跋为《汇编》编纂时所遗漏的，其余均为近年来所收集。在这些序跋中，有的乃原书已佚，编者自他人文集中觅得的，其中有不少书目为方志艺文中未曾著录，如明代林希元《批选绳尺论》、黄华秀的《南台奏疏》、傅玥的《醉墨楼诗草》、李春开的《正俗编》、洪朱祉的《闲园合集》和《白雪山楼初集》等书之序跋；有的是深藏经久、鲜为人知，编者自其藏处重新发现而录出的，如明代刘存德的《结瓽堂遗稿》，清代黄涛的《质疑集》、刘逢升的《生芝草堂诗存》等书及其序跋。此外，部分流寓人士与厦门地方有关的著述序跋，如清代周揆源的《鹭门同咏集》、杨浚的《四神志略》、徐继畬的《瀛环志略》等，编者在《汇编》编纂时未曾收入，本编予以补之。

　　序跋具有辨章学术、考镜源流的作用，它可帮助读者了解作品内容、体例和出版情况，考证散佚文献，探究观点流派。序跋还能提供作者的生平经历、人际交往等信息，从中可挖掘其所处时代的某些史料。因此，厦门古籍序跋的整理，不仅仅起到辨章考镜之功，而且于厦门古代地方史之研究，亦有备考之用。本编之面世，若能稍稍达此功用，编者即不胜欣慰矣。

是书得以问世，有赖于诸多前辈与同行的关心与支持。厦门文史专家何丙仲先生、泉州市图书馆许兆凯馆长、同安区图书馆黄水木馆长及叶智聪同志等多位同行以及我馆陈红秋、曾舒怡等同仁在资料收集上给予大力的支持；学友吴辉煌拨冗逐篇审阅初稿，纠谬改误，提出不少宝贵意见；责任编辑薛鹏志先生勤力校理，尽瘁编务，付出甚多艰辛劳动，特此向他们表示衷心感谢！

由于厦门古籍散佚甚多，存世者稀。存世文献分散多处，本难于悉数索阅；而散佚文献或偶有序跋存世，也多淹没于浩瀚书海之中，更是大海捞针。尽管编者努力搜罗，然限于学识浅陋，仍有未尽之处，难免留下挂一漏万之憾；而谬误之处，还望方家多多赐教、批评指正。

编　者

2017 年春